Paul Tournier

Jeder Tag ist ein Abenteuer

Band 531, 224 Seiten, 4. Auflage

Das Verlangen nach Abenteuer bestimmt jedes menschliche Leben. Wir suchen es da und dort, es fordert uns heraus, es läßt uns oft leer. Der international bekannte Genfer Tiefenpsychologe ist diesem Erlebnis bis auf die Wurzel nachgegangen und zeigt, daß Wagnis und Abenteuer in allen Lebensphasen für die Selbstverwirklichung des Menschen notwendig sind. Er zeigt, wie wir zu innerer Sicherheit, auch in Rückschlägen, finden können.

Verstehen und schenken

Band 577, 128 Seiten, 3. Auflage

Haben wir noch genügend Aufmerksamkeit füreinander? Diese Frage richtet der bekannte Genfer Psychotherapeut an die Leser dieses Taschenbuches. Das Gelingen einer Partnerschaft hängt nämlich oft davon ab, daß im täglichen Zusammenleben die Offenheit für den anderen nicht verlorengeht und daß Zuneigung sich immer wieder einmal in kleinen Zeichen der Freundschaft äußert. Eine Binsenwahrheit, möchte man meinen. Aber der Autor hat in seiner großen Beratungspraxis die Erfahrung gemacht, daß viele Menschen heute die Kunst des Verstehens und die Kunst des Beschenkens vergessen haben. Es ist nicht schwer, diese Kunst wieder zu erlernen. Das vorliegende Taschenbuch gibt viele konkrete Anregungen dazu.

Die Chance des Alters

Band 670, 224 Seiten

Was dürfen wir von unserem Alter erwarten? Auf diese Frage erhält der Leser eine klare Antwort: eine neue Lebenschance. Der Autor, der die Probleme und Sorgen der späten Jahre aus eigener Erfahrung kennt, bietet überzeugende Vorschläge. Sie gehen davon aus, daß uns nach dem Abschied vom Berufsleben eine neue Möglichkeit der Selbstverwirklichung, eine neue Freiheit geschenkt wird. Sie richtig zu nutzen macht Glück und Erfüllung des Alters aus.

in der Herderbücherei

Herderbücherei

Band 621

„*Wer steht mir gegenüber? Und wer bin ich?* – Wir wüßten keinen Autor, dem es in gleichem Maße gelungen wäre, diese Frage so souverän und umfassend zu beantworten wie Tournier in diesem Buch.“

Schleswiger Nachrichten

„*Unsere Maske und wir* (Taschenbuchtitel Durchbruch zur Persönlichkeit) beschäftigt sich vor allem mit der Entfremdung des modernen Menschen sich selbst und seinen Mitmenschen gegenüber. Tournier greift dabei weit in die Problemkreise der Biologie, der Psychologie und Psychoanalyse hinein, ohne aber je die Allgemeinverständlichkeit seiner Darstellung aufs Spiel zu setzen ... Im verstehenden, offenen Gespräch bietet sich die Möglichkeit, die Masken abzulegen und in eine Kommunikation durchzubrechen ...“

Neue Zürcher Zeitung

„Ein wahres Kleinod auf dem heutigen Büchermarkt ...“

Berner Schulblatt

„... weil es eine Fülle interessanter und origineller Beobachtungen bietet und sich keinen Augenblick vom Menschen weg in theoretischen Mutmaßungen verliert.“

Die Tat, Zürich

Paul Tournier

Durchbruch zur Persönlichkeit

Herderbücherei

Veröffentlicht als Herder-Taschenbuch
Vom Autor gekürzte
Lizenzausgabe des im Humata Verlag Harold S. Blume, Bern
erschienenen Buches „Unsere Maske und wir“
Übersetzt aus dem Französischen von Ruprecht Paqué
Titel der Originalausgabe: „Le personnage et la personne“
(Delachaux et Niestlé S.A., Neuchâtel)

1. Auflage Juli 1977
2. Auflage Januar 1979
3. Auflage Februar 1980

Herder Freiburg · Basel · Wien
Herstellung: Freiburger Graphische Betriebe 1980
ISBN 3-451-07621-7

Inhalt

ERSTER TEIL

Bild und Wirklichkeit

1. Wer bin ich?

Die Weitererzählung von Mund zu Mund, der gute oder schlechte Ruf, Haß und Gunst der Parteien beeinflussen fast vom ersten Augenblick an das Bild, das wir uns von unseren eigenen Zeitgenossen machen. Und gerade dieses Bild ist das, worauf es ankommt, was uns zu Herzen geht, was auf die Menschen wirkt und was wirkliche Bewunderung oder Ablehnung weckt.

Es geht uns sogar selbst in unseren eigenen Augen genauso. Bei unseren Erinnerungen haben wir, trotz aller Aufrichtigkeit, nicht die geringste Gewähr dafür, daß wir uns nicht täuschen. Was uns bewußt wird, sind nicht die Tatsachen, sondern das Bild dieser Tatsachen.

Tag für Tag kommen Männer und Frauen jeden Alters und jeden Standes zu mir, kranke wie gesunde, und möchten sich gerne über sich selber klarwerden. Sie erzählen mir ihr Leben, und sie geben sich ungeheure Mühe, alles ganz genau und richtig wiederzugeben. Sie suchen ihr wahres Selbst, und sie haben das Gefühl, daß unsere ganzen gemeinsamen Versuche in Frage gestellt sein könnten, wenn sie dabei nicht mit völliger Aufrichtigkeit und peinlichster Gewissenhaftigkeit vorgehen.

Oft stellen sie beim nächsten Mal irgendeine Einzelheit richtig oder fügen eine andere hinzu, ohne die ich die Geschehnisse vielleicht falsch verstehen könnte. Diese Sorge ist sicher gerechtfertigt. Ohne eine solche Bereitschaft zur unbedingten Redlichkeit würden sie sich selber niemals finden können.

Dennoch muß ich meine Gesprächspartner auch wieder beruhigen: Um zu entdecken, was wir in Wahrheit sind, ist es glücklicherweise nicht so wichtig zu wissen, was „objektiv" geschehen ist, sondern es kommt vielmehr darauf an, wie wir es gesehen und empfunden haben. Wo uns unser Gedächtnis täuscht, sind solche Einstellungen keineswegs zufällig. Sie sagen ebensoviel über uns aus wie die Ereignisse selbst.

Genauso erzählen uns auch die „Sagen" ebensoviel über den Menschen wie die historischen Tatsachen. Sie verkörpern zwar eine andere Art von Wahrheit, aber nichtsdestoweniger sind sie wahr und stellen zweifellos ein sichereres Zeugnis dar als das gelehrteste Geschichtsbuch.

Was ist unwirklicher als ein Theaterstück? In ihm sehen wir personifizierte Gestalten, aber nicht historische Personen. Und dennoch enthält eine Tragödie von Sophokles eine ebenso verbindliche menschliche Wahrheit wie die genaueste Biographie. Die Schauspieler spielen zwar nur eine Rolle, aber aus ihren Worten und Gebärden spricht dennoch, wie im wirklichen Leben, ein Mensch zu uns. Das Wort „Person" leitet sich sogar eben von diesen Schauspielern her, die zur Verstärkung ihrer Stimme eine Maske trugen (sonare... per).

Daher bezeichnet C. G. Jung mit dem lateinischen Wort „persona" nicht das, was wir im Französischen Person (personne), sondern das, was wir „personnage", Rolle, Gestalt, Typ, nennen. Diese sprachlichen Schwierigkeiten sind keineswegs ein Zufall. Sie zeigen vielmehr gerade die Schwierigkeiten der Frage, mit der ich mich in diesem Buch beschäftigen möchte, nämlich die enge und unlösbare Verbindung zwischen „personnage" und „personne" – obwohl wir beide intuitiv trennen –, zwischen der Rolle, die wir spielen, und dem Menschen, der wir in Wahrheit sind.

Es gab einmal eine Zeit, in der Sage, Dichtung und Musik für die Bildung des Menschen wichtiger waren als die Wissenschaft, und diese Zeit war zweifellos menschlicher als die unsere. Man wußte damals vieles nicht, was wir heute über den menschlichen Körper und über die psychologischen und soziologischen Gesetze wissen, unter denen wir stehen. Dennoch glaube ich, daß man damals mehr vom Menschen wußte als heute.

In Pirandellos Stück „Sechs Personen (franz.: personnages) suchen einen Autor" erklärt eine dieser „Personen", daß eine Phantasiegestalt wie Sancho Pansa wahrer als jeder wirkliche

Mensch sei. Sancho Pansa hat in der Tat uns allen das voraus, daß er ein für allemal abgeschlossen und vollendet ist. Er ist all das, was Cervantes von ihm sagt, aber auch nichts mehr. Dagegen kann ich von mir soviel sagen, wie ich will, ohne deswegen zu einem vollständigen und getreuen Selbstbildnis zu kommen. Jeder Mensch hat noch einen verborgenen Bereich, der auch ihm selber verschlossen bleibt.

Wo ist die Grenze zwischen dem, was ich bin, und dem, was aus mir noch werden kann? Wer weiß, ob nicht schon morgen mein Verhalten in einer neuen Situation eine Seite von mir aufdecken wird, die wichtiger ist als alles, was ich bisher von mir weiß? Und ist das, was ich morgen vermag, nicht schon in dem verborgen, was ich heute bin?

Übrigens ist Sancho Pansa auch nicht für jeden derselbe. Er erscheint mir nicht so, wie er Ihnen erscheint oder wie er Cervantes erschien. Ich habe mein eigenes Bild von ihm, wie es die Lektüre in mir erzeugt hat und wie es von mancherlei Gedankenverbindungen und Erfahrungen meines eigenen Lebens mitgeformt worden ist: *meinem* Sancho Pansa. Dieser Sancho Pansa hängt somit von mir selbst und meinem eigenen Leben ab, von all den bewußten und unbewußten Anklängen, die Cervantes mit seiner Erzählung in mir wachgerufen hat.

Genauso hängt das Bild, das ich mir von all den Menschen mache, die zu mir kommen und sich bemühen, mir um jeden Preis ein ganz genaues Bild von sich zu geben, notwendigerweise nicht nur von ihnen, sondern ebenso von mir ab. Wenn sie zu einem meiner Kollegen gehen, wird sie dieser sicher anders sehen als ich. Und übrigens werden auch sie selbst sich ihm anders zeigen, als sie sich mir gezeigt haben.

Vielleicht ist es jetzt verständlich geworden, warum mich seit Jahren unentwegt diese Frage nach dem Menschen beschäftigt. Was ist der Mensch? – So gestellt, ist sie von entscheidender Bedeutung für unser aller Denken und Sein, für unsere ganze gemeinsame Welt. Aber man kann sie auch ganz persönlich stellen, und in dieser Form ist sie genauso wichtig für den Weg, den jeder von uns zu gehen hat: Wer bin ich eigentlich selber?

Diese Frage beschäftigt jeden von uns, ob er es weiß oder nicht.

Sie schwingt in jeder Sprechstunde mit, die ich halte, und sie stellt sich jedesmal von neuem jedem, der zu mir kommt, und genauso mir selbst. Dieser echte und lebendige Kontakt ist der eigentliche Inhalt meines Berufslebens. Er öffnet mir und dem anderen einen Weg zu uns selber; ich suche ihn nicht nur in meinem Sprechzimmer, sondern wo ich gerade bin und bei jeder Begegnung, sei es im Familienkreis oder unter Freunden, auf einer Tagung oder im Urlaub.

Aber für diejenigen, die zu mir kommen und Rat suchen, stellt sich die Frage noch viel dringlicher: Sie wollen Klarheit über sich selbst gewinnen, und sie erwarten, daß ich ihnen dabei helfe. In der Praxis erscheint mir diese Frage nach dem eigentlichen Menschen viel verwickelter, als man sie sich im allgemeinen vorstellt, und um einige Seiten von ihr näher zu beleuchten, schreibe ich dieses Buch. Das Bücherschreiben ist für mich soviel wie eine Unterhaltung mit meinen Lesern, mit denen, die ich kenne, wie auch mit denen, die ich nicht kenne. Ich stelle ihnen dabei die Fragen, die sich mir bei der Berührung mit dem Leben stellen.

Ich habe sozusagen einen besonders günstigen Platz und kann so mehr sehen als die anderen. Die meisten von denen, die zu mir kommen, sind entschlossen, mir gegenüber offener zu sein, als sie es sonst jemals gewesen sind. Sie sagen mir Dinge, die sie niemals gewagt haben, jemand zu sagen. Und ich habe dazu noch die Aufgabe, sie nicht nur einfach kennenzulernen, sondern den eigentlichen Menschen zu entdecken, der aus ihnen spricht, soweit wie möglich gereinigt und entblößt von all dem trügerischen Schein, in den er sich im Alltag so leicht einhüllt.

Aber so günstig auch mein Platz sein mag und soviel ich von ihm aus sehen kann, wird mir doch immer deutlicher, daß dieser eigentliche Mensch für uns stets ungreifbar bleibt. Es kennt ihn wohl nur Gott allein. Wir erfassen vom anderen wie auch von uns selbst nicht das, was wir in Wahrheit sind, sondern lediglich das, als was wir erscheinen. Dieses Bild ist unvollständig und entstellt, es bleibt Vordergrund und bloßes Gesicht.

So handelt dieses Buch ebensowohl von dem, was ich entdecke und was meiner Ansicht nach zur Klärung der Frage nach dem

Menschen beitragen kann, wie auch von dem, was sich dabei dem Blick entzieht und weiterhin geheimnisvoll und dunkel bleibt. Eine solche seltsame Beziehung besteht zwischen unserem Gesicht und dem Menschen, der wir in Wahrheit sind. Beide sind aneinander gebunden und fallen doch nie zusammen. Wir können zum eigentlichen Menschen nur durch diese äußere Erscheinung hindurch gelangen, die ihn halb zeigt und halb verdeckt, ihn darstellt und doch zugleich entstellt.

Dazu kommt, daß der Mensch lebendig ist. Jedes Gespräch gibt mir ein neues Bild von ihm. Ein zwar unbeweisbares, aber ebenso unabweisbares Gefühl sagt mir, daß es ein und derselbe Mensch ist, in dem all diese aufeinanderfolgenden Erscheinungsbilder ihre Einheit und ihren Zusammenhang haben. Und doch erscheinen mir diese Bilder unzusammenhängend, sehr verschieden, ja widerspruchsvoll. Ein unüberwindliches Verlangen nach Einheit in der Vielheit treibt mich an, nach dem zu suchen, was ihnen gemeinsam ist.

Nicht ist gefährlicher, als sich einzubilden, man sei dabei, ein Menschenleben auf seinen Nenner zu bringen. Ein solcher Versuch wird immer nur zu einem Schema führen, das die unendliche Mannigfaltigkeit des Lebens beschneidet und auf eine willkürliche Abstraktion reduziert. Ich würde nicht den eigentlichen Menschen erfassen, sondern wiederum nur ein Bild, und zwar eines, das noch viel künstlicher wäre, ein Machwerk meines Geistes, eine Vorstellung meines eigenen Bewußtseins.

Diese leidenschaftliche Suche nach dem eigentlichen Menschen, die mein Leben ausfüllt, läßt mich so immer vorsichtiger und zurückhaltender in meinen Schlüssen werden. Ich sehe, wie unzureichend und falsch die Urteile sind, welche die Menschen ständig übereinander fällen, und zwar nicht nur die moralischen, sondern ebenso die psychologischen und philosophischen Urteile. Ich sehe manche Menschen besser, als andere sie sehen, weil sie mir gegenüber offener sind, und merke dabei um so mehr, wie weit mein Bild von ihnen, von der Wirklichkeit entfernt ist.

Ein entzweites Ehepaar kommt zu mir und fragt mich um Rat. Während der Ehemann von seiner Frau spricht, überlege ich, was er wohl in ihrer Verlobungszeit statt dessen gesagt hätte.

Natürlich ist es möglich, daß sie sich seitdem verändert hat, aber gewiß nicht so sehr, wie ihr Mann meint.

Damals hatte er sie mit den Augen der Liebe gesehen. Er hatte sich ein Idealbild von ihr gemacht und liebte dann dieses Bild, das er für die Wirklichkeit hielt. Heute, nach all den Wunden, die er inzwischen empfangen hat, ist er genauso voreingenommen wie damals, und das Bild, das ihn jetzt abstößt und das er verurteilt, ist genausowenig seine Frau wie das Bild, das er sich damals machte. Ich möchte ihn am liebsten fragen: „Hätten Sie nicht Lust, Ihre Frau kennenzulernen?" Aber eben dazu kommt er nicht, weil er schon zuvor ein Urteil über sie bereithält.

Ich war drei Monate alt, als mein Vater starb. So kannte ich ihn nur aus der Biographie, die einer seiner Freunde schrieb, aus dem einen oder anderen Nachruf, aus hinterlassenen Gedichten, aus Artikeln, Briefen, Photographien und späteren Erzählungen. Aus all dem habe ich mir dann ein Bild zurechtgemacht, und dieses Bild hängt notwendigerweise auch von mir ab. Ich habe mein eigenes Ideal hineinprojiziert und habe es nach meinen eigenen Wünschen geformt und verändert.

Aber wenn mir jemand seinen Vater beschreibt, der seine ganze Kindheit mit ihm zusammen verbracht hat, bin ich nicht sicher, ob das Bild, das er sich von seinem Vater macht, der Wahrheit näherkommt als das meine.

Als ich heute von neuem zur Feder greife, hat Genf den Jahrestag der Wiederherstellung der Republik vom 31. Dezember 1813, wo uns Österreich von der französischen Besetzung befreite.

Zur Feier des Tages wurden schon am frühen Morgen auf den Befestigungsanlagen die Kanonen abgeschossen. Jedes Jahr treffe ich dort Landsleute, die sich noch mit dem alten Gruß „Es lebe Österreich! Es lebe die Republik" begrüßen. Sie bringen ihre Kinder mit, die sich mit zugehaltenen Ohren ganz nahe an die Kanonen stellen und die auf diese Weise in die Genfer Traditionen eingeführt und zur rechten Vaterlandsliebe erzogen werden sollen.

Vorhin noch drängte sich die Menge im Münster, um Gott als dem Beschützer der Stadt zu danken, sich die Geschichte der

Befreiung anzuhören und die kirchlichen Ermahnungen an Behörden und Bürger entgegenzunehmen.

All das geht mir als einem Genfer sehr nahe. Unzählige, tief in meiner Seele verwurzelte Kindheitserinnerungen klingen dabei an. Es ist etwas ganz eigenes um dieses kleine Vaterland, in dem ich geboren bin und dessen politische und religiöse Geschichte so eng miteinander verknüpft ist.

Und doch könnte ein kritischer Beobachter das alles leicht für ein bloßes Theaterspiel halten. Geben sie sich nicht alle ein künstliches Ansehen und spielen sie nicht alle eine Rolle, diese Regierungsmitglieder in ihren Kirchenstühlen, wie sie mit gewichtiger Miene die Blicke genießen, die man ihnen von der Seite zuwirft, all die Leute, die sich so feierlich und gemessen geben, und schließlich der Prediger auf der Kanzel, der sich verpflichtet fühlt, große Gesten zu machen und seiner Stimme einen ganz besonderen Ton zu geben.

Plötzlich ertönt mitten aus dem schweigenden Kirchenschiff eine Kinderstimme: „Du, Papa, wer ist denn der Mann, der da oben redet?“ Sicher ist der Kleine zum ersten Mal in der Kirche. Offenbar hat er noch nicht die Dressur der sozialen Konventionen hinter sich. Sein Vater ist ganz verlegen, und statt ihm auf seine so natürliche Frage zu antworten, flüstert er ihm zu, er solle doch still sein. Aber ich sehe, wie um mich die Leute lächeln, wie wenn die unbefangene Echtheit dieses Kindes eine gewisse wohltuende Erleichterung mit sich brächte. Es ist ein Fenster ins Leben aufgegangen, das von der drückenden Feierlichkeit fast erstickt worden war.

In meine Sprechstunde kam oft ein Mann, der heftig gegen die Gesellschaft Partei nahm. Er beklagte sich bitter über die hohle Nichtigkeit aller politischen und religiösen Veranstaltungen. Zu welchen Flachheiten kann eine beifallklatschende Menge selbst einen klugen Menschen verführen.

Der Mann, von dem ich sprach, machte sich zum Sprecher des von der Gesellschaft unterdrückten Lebens. Ist dieses Leben nicht durch Ursprünglichkeit, Aufrichtigkeit und Echtheit gekennzeichnet? Das alles ist den öffentlichen Rollenträgern verlorengegangen. Sie sind nicht mehr Menschen, nicht mehr sie selbst, sondern Marionetten in der Hand eines anonymen, unpersönlichen Regisseurs.

Ich konnte nichts dagegen sagen. Er hatte zweifellos recht. Und ich verstand all seine Behauptungen um so besser, als er mir sein Leben erzählt hatte. Wie für uns alle war der Schlüssel zu seinen Ansichten in seinen eigenen Lebensverhältnissen zu finden. Immer war bei ihm zu Hause gefragt worden: „Was werden die Leute sagen?“, und seine Eltern hatten sich völlig zu Sklaven dieser Frage gemacht. Er hätte so gerne auf der Straße mit den andern Jungen gespielt, er bewunderte sie und hätte sich gerne genauso angezogen wie sie. Aber immer war es ihm verboten worden: „Ein Junge aus unsern Kreisen treibt sich nicht mit Straßenjungen herum!“

Sein Bruder dagegen war genau so, wie seine Eltern ihn wünschten: ein braver kleiner Junge, der wunderbare Schulzeugnisse nach Hause brachte. Er hatte bald gefühlt, daß ihm die Eltern diesen Bruder vorzogen, der ihnen Ehre machte und dessen sie sich nicht zu schämen brauchten. Er haßte diesen Bruder, der es inzwischen zu hohem gesellschaftlichen Ansehen gebracht hatte und der für ihn zum Inbegriff einer unerträglichen menschlichen und gesellschaftlichen Uniformierung geworden war.

An all das muß ich während des Gottesdienstes denken. Wenn es mir so gegangen wäre wie ihm, würde ich mich sicher auch gegen die bestehende Ordnung auflehnen. Ich bin unter anderen Umständen aufgewachsen als er, aber sie haben mich in meinem Verhältnis zu Menschen und Dingen sicher nicht weniger beeinflußt als ihn. Wenn ich jetzt gleich aus der Kirche komme, treffe ich Freunde, denen ich die Hand gebe. Andere, die mir weniger nahestehen, werden mir zunicken und den Hut ziehen. Ich bin Arzt, ich bin Schriftsteller, und ich genieße augenscheinlich die Achtung meiner Mitbürger. Auch ich muß meine Rolle in dem Stück spielen.

Dann wird mich jemand anhalten und mir sagen, mit wieviel Interesse er mein letztes Buch gelesen hat. Das bestätigt mich natürlich in dieser Rolle. Ein anderer setzt sich kritisch mit meinen Gedanken auseinander. Auch das bestätigt mich irgendwie.

Diese Gesellschaft, die den Außenseiter zurückstößt, noch schlimmer, die ihn nicht beachtet, nimmt mich trotz allem, was ich von der menschlichen Eitelkeit im allgemeinen und von meiner eigenen im besonderen weiß, in ihr Spiel auf. Und wenn ich etwas Unkonventionelles tue, dann findet man das höchstens mutig und originell. Tut dagegen ein Außenstehender genau dasselbe, dann gilt es als Frechheit und Anmaßung.

Trotz all der Fehler, die er begangen hat, steht mir im Grunde meines Herzens dieser Außenseiter näher als sein Bruder, der vielleicht dort drüben im Chorgestühl sitzt. Ich bin ein Diener Christi, der sich gegen die starren Formen wandte, die seine Zeit beherrschen, und sich zum Freund derer machte, auf die die angesehenen Persönlichkeiten seiner Zeit mit Verachtung herabsahen. Diese konnten ihm denn auch nicht vergeben, daß er ihre Vorrangstellung in der Öffentlichkeit bestritt, und ließen ihn ans Kreuz schlagen.

Und doch muß ich zugeben, daß mein Leben weniger Ähnlichkeit mit dem Leben jenes Außenseiters hat als mit dem seines Bruders. In meiner Sprechstunde bin ich eins mit dem einen, aber hier inmitten dieser Menge, die an einer überlieferten gesellschaftlichen Ordnung teilhat, gehöre ich zum anderen. Und weil ein geheimes Einverständnis zwischen mir und dieser Menge besteht, sehe ich etwas, was jenem Außenseiter entgeht. In diesem öffentlichen Schauspiel, das für ihn nur eine Maskerade ist, sehe ich die Spiegelung und den greifbaren Ausdruck einer zwar unsichtbaren, aber doch lebendigen Wirklichkeit. Auch das Vaterland ist ein – wenn auch von den festen Formen der Tradition verhülltes – menschliches Gegenüber, und das ist es im Grunde, wonach die Menge sucht. Die Vaterlandsliebe beruht auf einer ganz persönlichen Verbindung zum Vaterland.

Jedes menschliche Gegenüber hat ein Gesicht, und so auch das Vaterland. Auch was manchen als Maske erscheint, ist ein Gesicht. Ich liebe es nicht in einer Abstraktion, sondern so, wie es mir gegenübertritt. Es verdichtet sich im Gesicht seiner Landschaften, seines Sees und seiner Bergzüge, in den fernen Alpen und im Münster, das mein Vater besungen hat, in seiner ganzen Vergangenheit.

Und über meine Vaterstadt hinaus ist es mein Land. Die Schönheit und der Reichtum meines Landes sind zugleich die Schönheit und der Reichtum meiner Seele. Gewiß, sie sind nicht ich, und doch wäre ich ohne sie nicht das, was ich bin.

Und es wird mir auch klar, daß es unmöglich ist, einen Franzosen, einen Finnen, einen Griechen oder einen Amerikaner zu verstehen, ohne ihn in seiner natürlichen Umgebung zu sehen, in der Geschichte seines Volkes, im Rahmen seiner Familie, seines Berufes, seiner Feste und seiner Sitten. Wenn jemand in mein Zimmer kommt, spricht er zu mir nicht nur durch das, was er sagt. Sein volles oder ausgemergeltes Gesicht, seine länglichen oder gedrungenen Hände, seine gepflegte oder nachlässige Haltung, seine Art, sich zu setzen und mir die Hand zu geben, der Stil seiner Wohnung, die Frau, die er zur Gattin gewählt hat, die Kinder, die er mit Zärtlichkeit oder mit Nachlässigkeit behandelt, all das, was ihm Gestalt gibt und seine äußere Erscheinung prägt, auch was er selber aus Eitelkeit oder Affektiertheit hinzutut, ist – wenn man ihn zu verstehen sucht – ein Hinweis auf den, der er in Wahrheit ist.

Damit sind wir wieder bei unserem Ausgangspunkt angelangt. Wie sollen wir den wirklichen Menschen entdecken, wo wir doch immer nur erstellte und untereinander verschiedene Erscheinungsbilder von ihm in die Hand bekommen und wo diese nicht nur von dem betreffenden Menschen selbst, sondern ebenso auch von uns und von seiner Umwelt abhängen?

Die tägliche Erfahrung, diese Suche nach dem eigentlichen und wahren Menschen ist nicht vergebens. Da ist zum Beispiel jemand bei mir. Er hat mir schon viel von sich und seinem Leben erzählt, und er hat es mit der Aufrichtigkeit und unbedingten Offenheit getan, auf die ich oben schon soviel Gewicht legte. Ich habe dabei auch die geringfügigsten Einzelheiten mit Aufmerksamkeit verfolgt, denn sie haben alle ihr Gewicht und ihre Bedeutung. „Ich bewundere die Geduld", sagte er mir darauf, „mit der Sie soviel Dinge anhören, die ihnen oft ganz unwesentlich erscheinen müssen." Diese Bemerkung erstaunt mich, denn „Geduld" setzt eine Anstrengung meinerseits voraus, während es doch im Gegenteil viel mehr Freude macht, einen einzigen

Menschen von Grund auf zu verstehen, als Dutzende oberflächlich zu untersuchen.

Obwohl jede Einzelheit wichtig ist, kommt es aber doch nicht etwa auf das Sammeln und Einordnen dieser Einzelheiten an. Im Schatten dieser anscheinend objektiven Untersuchung geschieht fast ohne unser Wissen noch etwas anderes, und zwar etwas von völlig anderer Art. Zwischen uns entsteht eine Verbindung, es kommt, und zwar eben als die Frucht der gegenseitigen Aufrichtigkeit, zu so etwas wie Sympathie und Zuneigung.

Ich habe plötzlich die innere Gewißheit, nicht mehr nur zuzuhören und aufzunehmen, sondern zu verstehen. Das ist etwas völlig anderes, und es ist nicht die Summe dessen, was ich gehört habe, sondern ein Licht, das plötzlich aus unserem persönlichen Kontakt heraus aufleuchtet. Nichts von dem, was er mir vielleicht noch sagen wird, kann dieses Licht wieder zum Erlöschen bringen.

Bezeichnenderweise hat auch er gleichzeitig mit mir diese innere Gewißheit empfunden. Er fühlte sich verstanden. Mehr noch, er fühlte auch, daß er sich selbst besser verstand und daß ich ihn ebenso verstand wie er selbst. Es wird uns nur das wirklich bewußt, was wir einem anderen mitteilen, auch dann, wenn wir davon schon eine gewisse Vorstellung hatten, die vor ihrer Formulierung notwendigerweise noch unbestimmt blieb. In diesem Augenblick sind sich sein „Ich“ und mein „Ich“ begegnet.

Nach allem, was ich bis dahin über ihn erfahren hatte, hätte ich ein Bild seines Wesens, seines Charakters, seiner Persönlichkeit entwerfen können. Und nach allem, was ich an Psychologie gelernt habe, hätte ich dieses Bild deuten und eine genaue Erklärung für das Verhalten dieses Menschen liefern können. Als Freudianer hätte ich es mir aus dem Wechselspiel zwischen seinen Trieben und den Widerständen seiner sozialen Umwelt erklärt, mit denen diese Triebe zusammenstießen. Als Anhänger Jungs hätte ich ihn von den Individuations- und Integrationsprozessen her verstanden. Als Schüler Adlers, Pawlows oder irgendeines anderen Psychologen würde ich ebenfalls im selben Bild den Stoff zur Veranschaulichung der jeweiligen Theorien meines Meisters finden.

Ich für meinen Teil hüte mich, diese Lehren einander entgegenzustellen. Ich bin davon überzeugt, daß sie alle uns interessante und richtige Gesichtspunkte und brauchbare Bestandteile zum Verständnis des Menschen liefern. Aber sie erklären uns nur seelische Mechanismen.

Eben weil es sich um wissenschaftliche, objektive Betrachtungsweisen handelt, kommen wir dabei zu einem Bild; einem Bild, das, wie wir gesehen haben, trotz unserer Bemühung um Objektivität von unseren eigenen Theorien abhängt, auf die wir den bewegten und ungreifbaren Strom des Lebens schematisch zurückführen, um ihn wissenschaftlich untersuchen zu können. Dieses Bild ist eine wissenschaftliche Untersuchung, eine Erklärung, eine Deutung, aber kein eigentliches Verstehen. Das beweist allein schon die Tatsache, daß es ebensoviel verschiedene Deutungen wie psychologische Lehrmeinungen gibt, die alle gleichermaßen interessant und richtig sind.

Das intuitive Verstehen, von dem ich oben sprach, der persönliche Kontakt, den wir beide, mein Gesprächspartner und ich, zur gleichen Zeit empfanden und der uns die Gewißheit des gegenseitigen Verstehens gab, scheint auf den ersten Blick viel subjektiver zu sein, denn es ist nicht mehr wissenschaftlich. Aber gerade darum ist es viel unabhängiger von den psychologischen Theorien, durch die wir uns vielleicht „subjektiv" voneinander unterscheiden.

Ein Schüler Freuds oder ein Schüler Jungs wird plötzlich wie ich diesen persönlichen Kontakt mit seinem Kranken finden. Die wissenschaftliche Arbeit, die er zuvor nach seiner jeweiligen Methode geleistet hat, wird das Aufbrechen dieses persönlichen Kontaktes vorbereitet haben, so wie es auch bei mir durch die geschilderte lange gegenseitige Annäherung vorbereitet wurde. Und wenn es sich um einen Kranken handelt, kann es natürlich nötig sein, eine noch strengere Methode als die meine anzuwenden.

Das Erfassen der Person hängt weder von den Charakterbildern ab, die wir uns nach unseren jeweiligen Theorien von einem Menschen machen können, noch von der historischen Genauigkeit seiner Erzählungen. Entscheidend für das Aufbrechen des persönlichen Kontaktes ist, wie wir sahen, jene allen psychologischen Methoden gemeinsam zugrunde liegende Bereitschaft zur Aufrichtigkeit und Wahrhaftigkeit.

Ich habe das vor einiger Zeit besonders deutlich gespürt. Eine Frau erzählte mir das für sie schmerzlichste Ereignis aus ihrer Kinderzeit. Unmittelbar vorher sprach sie mir von ihren Bedenken: „Ich fürchte, ich gebe Ihnen ein falsches Bild", sagte sie, „wenn ich Ihnen das, was ich damals fühlte, so darstelle, wie ich es in meiner Kinderseele empfand. Ganz gewiß sah ich die Dinge anders, als sie waren, und Sie werden dadurch vielleicht ein ungerechtes Urteil über meine Mutter fällen."

Ich versuchte, ihre Bedenken zu zerstreuen. Ein Arzt in seinem Sprechzimmer ist ja schließlich kein Untersuchungsrichter, nicht einmal ein Historiker. Wenn ich sie verstehen soll, dann muß sie mir auch sagen, was sie damals empfunden hat. Ginge es um ihre Mutter, dann müßte ich mir ihre Mutter anhören. Ich weiß viel zu gut, wie anders die Dinge dann aussehen würden, um jetzt nach den Erzählungen der Tochter ein Urteil über die Mutter zu fällen.

Aber meine Patientin blieb befangen und erregt und war wie besessen von ihrer Sorge um Wahrhaftigkeit. Sie sprach sehr langsam und suchte jedesmal mit unendlicher Mühe das richtige Wort. Plötzlich fing auch ich an, innerlich zu zittern. „Was für eine Gewalt geht von einem Menschen aus", dachte ich, „der mit ganzer Seele rückhaltlos die Wahrheit sucht!" und ich fühlte, daß hier etwas Übernatürliches geschah, das auch mich erschütterte und überwältigte.

Wie fern lag mir ein Urteil über ihre Mutter. Diese äußerste Bemühung um historische Richtigkeit, welche diese Frau beseelte, ermöglichte den Zugang zu einer Wahrheit anderer Art, die der Historie und ihrer Zeitrechnung entgeht, einer Wahrheit, die den Charakter der Gewißheit in sich selber trägt. Ich meine das, was ich das unmittelbare Verstehen nenne.

Und nur diese Wahrheit trägt zur Heilung bei und hilft dem Menschen. Im Augenblick des wahrhaften Verstehens geschieht etwas, was sich gar nicht mehr wissenschaftlich ausdrücken läßt, weder durch einen historischen Bericht noch durch eine psychologische Beschreibung.

Ich werde vielleicht vieles vergessen, was diese Frau mir erzählt hat. Aber das Zittern, das mich erfaßte, werde ich nicht mehr vergessen. Im Grunde habe ich in diesem Augenblick den Schritt vom vor-stellenden Begreifen (information) zum teilhabenden Verstehen und Inne-sein (communion) gemacht. Das vorstellende Begreifen ist Sache des Verstandes. Das teilhabende Verstehen ist Sache des Geistes. Das Begreifen war der Weg, der zum Verstehen führte. Was von diesem vorstellenden Begreifen erfaßt wird, ist das Gesicht, das sich nach außen hin zeigt. Beim teilhabenden Verstehen und Innesein dagegen versetzt man sich in den Menschen selbst. Im Begreifen kann man einen medizinischen Fall erfassen. Nur das teilhabende Verstehen dagegen vermag den Menschen als Person zu verstehen. Man erwartet von uns Ärzten sowohl das eine wie auch das andere: Wir sollen einen Fall begreifen, aber zugleich auch den Menschen verstehen.

So gibt es zwei Wege zur Erkenntnis des Menschen. Der eine ist gegenständlich und wissenschaftlich, der andere persönlich und unmittelbar. Keiner ist durch den anderen zu ersetzen oder zu erklären, denn es wird jeweils ein ganz anderes Vermögen in uns angesprochen.

Dennoch überschneiden sich die beiden Wege. Wir haben schon gesehen, daß die Erforschung des gegenständlichen Sachverhalts die persönliche Begegnung vorbereitet. Diese öffnet umgekehrt wieder den Blick für ein tieferes Eindringen ins Gegenständliche. Ich mache diese Erfahrung täglich, und diejenigen meiner Kollegen, die sich angeblich ganz streng und ausschließlich an die wissenschaftliche Methode halten, machen diese Erfahrung genauso und gestehen sie sich nur nicht immer ein. Die menschliche Gemeinschaft, die zwischen ihnen und ihren Kranken entsteht, hebt bei diesen die psychologische „Zensur“ auf und öffnet so den Einblick in die tieferliegenden psychischen Zusammenhänge.

Ich muß dabei an den Traum einer meiner Kranken denken: Sie soll zu mir kommen und sucht ihr Sonntagskleid, kann es aber nicht finden. Aber dann kommt ihr im Traun der Gedanke, daß sie ja gar kein Sonntagskleid braucht, wenn sie zu mir kommt. Darin liegt das Symbol der Befreiung ihrer Persönlichkeit: jetzt, wo es zu einer menschlichen Gemeinschaft gekommen ist, fühlt sie sich wohl bei mir. Sie kann sich zeigen, wie sie ist, ohne sich hinter einem Sonntagsgesicht zu verbergen, wie man das sonst gewöhnlich tun muß.

Aber auch wenn sich diese beiden Wege, das verstandesmäßige Begreifen der Wissenschaft und das teilnehmende Verstehen der geistigen Gemeinschaft, auf diese Weise gegenseitig unterstützen, ist es doch schwer, sie zusammenzubringen. Es scheint, daß wir gar nicht dazu imstande sind, den Menschen gleichzeitig als das Gesamtbild einzelner Erscheinungen und als Person zu *sehen*. Wenn wir auf das wissenschaftlich Faßbare sehen, kommt der Mensch nicht mehr zu Wort. Lassen wir dagegen den Menschen sprechen, geht die Wissenschaftlichkeit verloren.

Man hat im letzten Jahrhundert viel vom Determinismus und vom freien Willen gesprochen. Dabei wußte man damals fast nur vom chemisch-physikalischen und vom physiologischen Determinismus. Seitdem hat sich das wissenschaftliche Bild vom Menschen vervollständigt. Der Kreis einer strengen Abfolge von Ursache und Wirkung hat sich wieder geschlossen. Die Arbeiten der Psychoanalytiker, der Pawlowschen Schule und der modernen Soziologen zeigen den Menschen nicht nur in seinem körperlichen Geschehen, sondern auch in all seinen Gefühlen und Gedanken determiniert. „Der Mensch ist nur ein herumlaufender Automat", schreibt Jean Rostand.

Unter Leitung von Professor F. Gonseth hat in Zürich eine Diskussion zu diesem Thema stattgefunden. Nacheinander entwickelten dabei der Mathematiker, der Physiker, der Physiologe und der Psychologe das Weltbild der Wissenschaft, in dem die „kausale Erklärung" weder dem Zufall noch der Freiheit den geringsten Platz mehr läßt. Plötzlich meldet sich eine neue Stimme zu Wort, der „Individualist", der sich aus dem Gefühl heraus dagegen auflehnt: „Das Bild des vollkommenen Automaten ist ganz bestimmt nicht dasjenige Bild vom Menschen, zu dem wir von ganzem Herzen ja sagen können ... Was ich dagegen sagen möchte, ist ganz schlicht und einfach, daß ich lebe." – „Hier stehen wir vor einer Erfahrung, die sich jeder kausalen Erklärung entzieht", setzte der Philosoph hinzu.

In der Tat sind Leben, Menschsein, Freiheit, persönliche Bindung, menschliche Gemeinschaft nicht vor uns ablaufende wissenschaftlich faßbare Erscheinungen, sondern eine Erfahrung, und zwar eine Erfahrung, die sich ungeteilt und ganz unmittelbar aufdrängt. In unserer von Wissenschaft und Technik übersättigten Zeit läuft der Arzt Gefahr, den Sinn für das Personsein des Menschen zu verlieren. Vor allem angesichts des Todes, der die eigentliche Erfahrung ist, in welcher der Mensch als Person angesprochen wird, möchte der Kranke vom Arzt nicht als Automat, sondern als Mensch verstanden werden.

2. Die unpersönliche Welt

„Ich komme zu Ihnen, weil ich das Leben suche!" Mit diesen Worten tritt ein Mann in mein Zimmer und kommt auf mich zu. Mir fällt auf, daß sein Gesicht eine außergewöhnliche Güte ausstrahlt.

Er ist befreundet mit dem Vertreter seines Landes bei der UNO und kommt soeben von einem glänzenden Empfang, den dieser bei sich gab und auf dem sich die internationale Welt von Genf zusammenfand. Mit ungeheuer eindringlichen Worten schildert er mir diesen Empfang. Hinter all den Verbeugungen und dem Lächeln, hinter den freundlichen Worten und geistreichen Bemerkungen, hinter den banalsten Äußerungen und selbst noch im Schweigen und in der Zurückhaltung spielte jeder sein abgezirkeltes Spiel. Jeder hatte seine Hintergedanken und geheimen Absichten, jeder versuchte hinter die Maske des andern zu schauen und ihm dabei zugleich sein eigenes Spiel zu verbergen.

Dabei wurden nicht nur politische, sondern ebenso auch private Ziele verfolgt, und jeder brachte geschickt all die persönlichen Bemerkungen an und ging mit der raffinierten Taktik vor, deren wir uns alle ständig bedienen, um unser Ansehen bei den anderen zu festigen und ihnen den gewünschten Eindruck von uns zu geben. Und all diese vielfältigen Unternehmungen, die jeder für sich führte oder miteinander kombinierte, um besser zu seinem Ziel zu kommen, kreuzten, überschnitten und überlagerten sich gegenseitig.

Kleidung, Händedruck, Gesprächsthema, Schmuck und Brillanten – alles war dabei genau berechnet. Unbewegt und undurchdringlich die Diener, leutselig und beflissen die Gastgeber, spielte jeder die Rolle, die ihm zukam.

„Was für eine Komödie!" meint mein Besucher. Aber er ist nur deswegen so hellsichtig für diese Dinge, weil es ihm bewußt ist, daß er selber täglich vor sich und den anderen dieselbe Komödie spielt, und er leidet daran wie ein Besessener. „Ich suche das Leben", sagt er, „mein eigenes Dasein ist nichts als ein ständiges Alibi." Seit Jahren trägt er seine seelischen Qualen mit sich herum. Das alles ist ja nichts als Fassade, als Zerrbild, als Schein! Eine Erinnerung folgt der anderen. Und dauernd hat er das furchtbare Gefühl, es nicht mit Menschen, sondern mit mehr oder weniger künstlichen Figuren zu tun zu haben und, was noch schlimmer ist, selber in dieses Theaterspielen zu verfallen und es nicht fertigzubringen, natürlich, einfach und wahr zu sein.

„Das ist mir nur ganz selten gelungen, etwa in der Liebe", fährt er fort. „Und selbst dann war der Zauber bald gebrochen, denn es wurde mir klar, daß ich nur zum Schein die Liebe, in Wahrheit aber das Leben suchte. Die Liebe war dabei nicht echt, sondern künstlich. Um sie zu bewahren, mußte ich meine Worte und mein Verhalten berechnen. Ich mußte das Spiel so spielen, wie es die Frau von mir erwartete. Ich mußte auf ihre Launen eingehen, um ihr zu gefallen. Oder ich mußte es zumindest dahinbringen, daß sie fürchtete, mich zu verlieren und deswegen auf meine eigenen Launen einging. So entgleitet einem das Leben, kaum daß man glaubt, es endlich in der Hand zu haben."

Plötzlich unterbricht er sich: „Sie machen mir Angst!" – „Wieso das?" fragte ich zurück. „Ja, seit einigen Sekunden, und ich erzähle Ihnen irgend etwas, nur nicht das, was ich Ihnen sagen wollte." Was mag da wohl in mir vorgegangen sein? Sicher etwas mir selber nicht Bewußtes, denn ich bin voller Sympathie für diesen Mann auf der Suche nach dem Leben und hörte ihm mit Begeisterung zu.

Jedenfalls hat er in seiner intuitiven Art gespürt, wie der Kontakt unterbrochen wurde, von dem ich gerade sprach und ohne den es kein Leben, keine Natürlichkeit und keine menschliche Gemeinschaft gibt. Inzwischen ist der Kontakt wieder da, von dem Moment an, wo er mir offen zu sagen wagte, daß ich ihm Angst machte. Dennoch, wie empfindlich ist eine solche menschliche Verbindung!

Ein ausländischer Kollege erzählte mir neulich, daß er an psychotherapeutischen Gruppensitzungen teilnähme, wo jeder sich ganz streng daran halten müsse, ohne Verstellung und ohne Zurückhaltung alles zu sagen, was er denkt. Ich gestehe, daß ich laut herauslachen mußte, als ich das hörte. Ich weiß, daß das nicht ganz recht war, denn diese Leute meinen es sicher ehrlich und sind davon überzeugt, diesen Grundsatz streng einzuhalten. Und doch fürchte ich, daß sie alle, geprägt von ein und derselben psychoanalytischen Schule, irgendeine unausgesprochene Konvention befolgen, auch wenn das ihnen selbst natürlich nicht bewußt wird. Die Psychoanalyse hat sie von bestimmten sozialen Konventionen befreit, aber sie hat unvermeidlich andere an ihre Stelle gesetzt. Alle Gemeinschaften und alle Bewegungen haben schließlich ihre Sprachregelung und ihren Sittenkodex. Wenn man in ihnen steht, wird man sich dessen nicht bewußt, wohl aber, wenn man sie von außen sieht.

Höflichkeit und Selbstbeschränkung bestimmen das menschliche Zusammenleben, das ohne sie völlig unmöglich wäre. Ich brauche nur an die ersten Worte zu denken, die ich in dieser Gesellschaft von Psychoanalyten sagen würde, wenn ich ihrer Regel folgte, um zu sehen, wie bösartig, wie empfindlich, wie voll von Hintergedanken, wie hochmütig und unaufrichtig ich bin. Völlige gegenseitige Offenheit und Durchsichtigkeit scheint mir nur möglich im engsten Kreise und im Wunder der Gegenwart Gottes. Sonst halte ich sie für utopisch.

Und doch, wer von uns empfindet nicht dasselbe wie mein Besucher? Wir brauchen nur die Augen aufzumachen und uns und die anderen zu betrachten, um zu sehen, was für eine Komödie sich die Menschen gegenseitig vorspielen. Jeder hat seine bestimmten Ziele, ob sie nun selbstlos oder selbstsüchtig sein mögen, und verfolgt sie mit den ihm zur Verfügung stehenden Mitteln.

Der eine ist selbstsicherer als die anderen und schüchtert sie ein, der andere schlägt den vertraulichen Ton an oder bedient sich der List. Man knüpft Verbindungen, man löst sie wieder, und man überlegt, wie man dem anderen beikommen kann. Mit einer geistreichen Bemerkung kann man einer Stellungnahme entgehen, und eine öffentliche Rede dient oft weniger der Darlegung einer Meinung als vielmehr der Registrierung eines Punktgewinns oder der eigenen Rechtfertigung.

Neulich hat mir jemand einen großen Eindruck gemacht. Er sprach von der entscheidenden Stunde seines Lebens, in welcher er das wahre Leben fand, nach dem jener andere Mann suchte. Er war durch den Krieg aus einer bequemen und reichen Jugend herausgerissen worden, wurde von den Nationalsozialisten verfolgt, die sein Land besetzt hatten, und irrte nun wie ein Vagabund umher. Auf der Straße sah er einen Mann, der Brezeln anbot, hatte aber nicht das Geld, sich eine zu kaufen. Ein armer Bettler kam dazu und kaufte sich eine Brezel, drehte sich um, sah ihn und gab sie ihm, anstatt sie selber zu essen.

Diese unmittelbar von Herzen kommende Geste hatte meinen Besucher tief erschüttert. Sie war für ihn eine Offenbarung und wandelte ihn durch und durch. Seitdem leidet er wie jener andere unter dem ständigen Versteckspiel, in dem sich die zivilisierte Menschheit gefällt. „Ich kann nicht mehr in einen Omnibus steigen", sagte er mir, „ohne daß ich innerlich beten muß, wenn ich all diese zusammengepferchten Leute sehe, die sich gegenseitig mit den Blicken mustern, sich nach Äußerlichkeiten beurteilen, ihre Chancen abschätzen und sich ganz anders geben, als sie sind."

Das ganze öffentliche Zusammenleben sieht so wie ein Spiel aus, und zwar in jedem Sinne, den dieses Wort haben kann. Zunächst erscheint es als eine Art Unterhaltung, denn es geht hier in der Tat um die Ablenkung und Zerstreuung, von der Pascal sprach, durch welche die Menschen ihrer persönlichen Angst zu entfliehen suchen. Und geben wir ruhig zu, daß wir uns in dieses Spiel hineinziehen lassen.

Ganz nahe liegt eine andere Bedeutung des Wortes, etwa wenn wir an Sport und an Wettkampf denken. Da ist ein Unternehmer, dessen Gesundheit zu wünschen übrigläßt und der sich große Sorgen deswegen macht. Er hat immer das Gefühl, an der Grenze seiner Kraft zu stehen. Wenn er von einer Reise oder vom Geschäft nach Hause kommt, ist er so müde, daß er sich erholen muß, was nicht gerade sein Familienleben fördert. Dabei hat er durchaus einen Sinn für das Menschliche. Er gibt zu, daß er leider immer weniger persönlichen Kontakt mit seinen Mitarbeitern halten kann, je mehr sein Unternehmen sich ausdehnt. Aber das alles hat ihn nicht daran gehindert, seinem Unternehmen in den letzten Jahren eine beträchtliche Ausdehnung zu geben, und er arbeitet immer noch eifrigst an der Weiterentwicklung.

Das Wort Spiel läßt auch noch an ein Schauspiel auf der Bühne denken, und das Leben ist in der Tat solch ein Stück, in dem jeder von uns wie ein Schauspieler seine Rolle zu spielen hat. Die Bühnenbeleuchtung ist eingeschaltet, und keiner kann aus der Rolle fallen, ohne zugleich die Rolle seiner Mitspieler zu gefährden.

Dann sprechen wir auch noch von den Spielregeln, die man einhalten muß, und hier bedeutet „Spiel" so etwas wie eine Konvention, und zwar eine sehr mächtige Konvention, der sich jeder unterwirft, auch die Außenseiter. Schließlich hat das Wort noch den Sinn einer sklavischen Abhängigkeit, wenn wir an den Spieler denken, der sich seinem Laster nicht mehr entziehen kann.

Wir sind alle Sklaven des Bildes, das wir selber von uns zurechtgemacht haben oder in dem uns die anderen zu sehen glauben. Sartre hat dies sehr eingehend und gut beschrieben. Ein Tintenfaß ist, einfach durch das, was es ist, ein Tintenfaß und nichts anderes. Der Mensch dagegen muß in seinen Augen immer etwas darstellen. Ein Kellner in einem Café ist nur Kellner, wenn er auch den Kellner spielt, mit all dem Drum und Dran, das seine Rolle erfordert. Ich muß an Allendys „Tagebuch eines kranken Arztes" denken. Mit unerbittlichem Scharfblick schildert er dort die Kollegen und Freunde, die ihn bei seiner letzten Krankheit besuchten. Hinter jedem Wort und jeder Gebärde seiner Besucher entdeckt er die ständig darin verborgene Selbstverteidigung, die Verteidigung des Bildes, das man von ihnen hat, sei sie nun bewußt oder unbewußt.

Selbst wenn wir es wollten, könnten wir uns doch diesem dauernden Bühnendasein nicht entziehen, denn es ist uns nicht nur durch die Erfordernisse des Zusammenlebens von außen aufgezwungen, sondern zu unserer zweiten Natur geworden. Im Laufe eines langen Formungsprozesses, der aus uns das gemacht hat, was wir sind, ist diese Rolle fest mit uns selber zusammengewachsen. Dieser Formungsprozeß beginnt schon in den ersten Lebenstagen, um sich dann unter strengeren Bedingungen in der Schule fortzusetzen, die ja eine wahre Musterpresse zur Uniformierung der Menschen ist. Wenn ein Kind zu viel Eigenes hat, um sich ihr zu fügen, wird es zum schwarzen Schaf und spielt nun fortan diese Rolle wie ein anderes Kind die Rolle des braven Schülers.

Ein Schüler sagt dem anderen weiter, wie man diesem oder jenem Lehrer oder Professor beim Examen antworten muß. Das Ziel besteht ja nicht darin, etwas Eigenes von sich zu geben, sondern die Zeugnispapiere zu erhalten, ohne die man keine Stelle mehr im Berufsleben findet. Später lernen wir dann, wie wir uns verhalten müssen, um von den Arbeitskameraden anerkannt, vom Vorgesetzten geachtet, von den Konkurrenten als gleichberechtigt angesehen, von den Kunden geschätzt zu werden, um uns von nachteiligem Umgang fernzuhalten und mit denen zu verkehren, die uns nützen können.

Unsere Bildung, unsere Titel, Ehren und Auszeichnungen, selbst unsere lebendige Lebenserfahrung, unsere Beziehungen und unsere Freundschaften, unsere Verwandten und unser Besitz, all das geht in die Gestalt der Rolle ein, die wir spielen, gibt ihr das Gesicht und bestimmt die guten oder schlechten Beziehungen zu den anderen. Wir haben unsere Rolle so fleißig gelernt, daß sie uns inzwischen ganz natürlich geworden ist. Um unsere ursprüngliche Natur zu erfassen, müßten wir das alles wieder von uns abwerfen. Das aber bleibt ein Traum.

Hinzu kommt alles, was die anderen zusätzlich von uns glauben, im Guten wie im Bösen, und was dann notwendigerweise auch auf uns wirkt. Ich kenne einen Mann, der erst nach 30 Jahren auf einer gemeinsamen Reise seinen Vater „entdeckt“ hat. Bis dahin war dieser für ihn nur der „Vater mit dem Stock“ gewesen.

So kristallisieren sich auch zwischen den Mitgliedern jeder Familie bestimmte, gegenseitige Beziehungen heraus. Das zeigt sich sehr schön, wenn einer meiner Patienten im Laufe der Behandlung mit sich selber besser zurechtkommt und ein freieres Benehmen an den Tag legt. Fast immer stößt er dabei auf starken Widerstand, denn er stört die bestehende Ordnung, und die Familie glaubt sofort, ich hätte einen schlechten Einfluß auf ihn. Als man ihn mir anvertraute, hat man nicht an diese unerwarteten Folgen gedacht. Jetzt tauchen plötzlich Konflikte auf, die bislang nicht bestanden hatten.

Ein junges Mädchen spielte z. B. in seiner Familie das Aschenbrödel. Wenn ihre Schwester ausging, blieb sie stets zu Hause und half der Mutter. Nun erzählt sie plötzlich, daß sie für den Abend eingeladen ist – und alles schreit: „Du kannst doch heute abend nicht ausgehen! Du weißt doch genau, daß deine Schwester heute Klubabend hat! Denk doch an deine Schwester und sei nicht so egoistisch!“

Selbst unter Eheleuten ist es ein Wunder, wenn es zu völliger gegenseitiger Offenheit kommt und vor allem, wenn es dabei bleibt. Das Verhalten des Gatten führt schnell dazu, daß man ihn in bestimmten Punkten schont und sich selber so verhält, daß Schwierigkeiten vermieden werden. Natürlich muß man sich gegenseitig Zugeständnisse machen. Aber es ist etwas anderes, ob man sie aus freien Stücken macht und offen davon zu sprechen wagt oder ob man ungern und gezwungen eine gekünstelte Haltung annimmt.

Vor allem aber bilden sich bei Ehepartnern sehr leicht zwei Gegensätze heraus. Je mehr der eine spricht, desto stiller wird der andere, und um so mehr spricht nun wieder der erste, um die Stille auszufüllen. Je mehr der eine vorsichtig und ängstlich ist, desto mehr spielt der andere den Mutigen und Furchtlosen. Je strenger der eine zu den Kindern ist, desto eher werden sie vom anderen heimlich verwöhnt. Je mehr der eine spart, desto großzügiger wird der andere. Um mit gutem Vorbild voranzugehen, legt sich der erste nun übermäßige Beschränkungen in seinen natürlichen Wünschen auf. Was würde geschehen, wenn er zugäbe, daß er dies oder jenes gerne kaufen möchte! Damit würde er ja seine Frau in ihren gefährlichen Neigungen nur bestärken.

So betont jeder seine eigene Tendenz, um ein Gegengewicht zur Tendenz des anderen zu schaffen. Jeder spielt seine Rolle und wird schließlich zu ihrem Gefangenen. In meiner Sprechstunde geben dann beide zu, daß sie ganz anders sind als ihr Partner denkt.

Ich erinnere mich, wie Dr. Bovet, ein Spezialist für Eheberatung, einmal sagte, daß der schlimmste Feind der Ehe ganz einfach die Langeweile sei. In der Tat taucht unvermeidlich die Langeweile auf, sobald das persönliche Fluidum eines Menschen in einer festen Rolle erstarrt. Selbst das geschlechtliche Leben kann seine reizvolle Abwechslung verlieren und zum gewohnheitsmäßigen Ablauf werden.

*

Vor einiger Zeit schrieb mir ein Kollege, den ich sehr hochschätze, ein paar freundliche Zeilen und überwies mir eine Patientin. Es verging Woche um Woche, ohne daß bei allem guten Willen ihre Besuche bei mir irgendwelche Früchte trugen. Dann kam ich darauf und merkte, daß das Hindernis bei mir lag: Ich war viel zu sehr darum bemüht, Erfolg zu haben und das Vertrauen zu rechtfertigen, das mein Kollege in mich gesetzt hatte. Denn wenn ich von ihm eine gute Meinung habe, so liegt mir natürlich auch daran, daß er gut von mir denkt und daß ich ihn nicht enttäusche.

Noch am selben Tag sprach ich mit der Patientin darüber, und von da an war die Atmosphäre unserer Zusammenkünfte völlig verändert. Die Angst vor einem Mißerfolg hatte mich unnatürlich gemacht. Auf diese Weise führte die Angst vor dem Mißerfolg gerade zum Mißerfolg. Der drohende Mißerfolg erzeugte wieder die Angst, und der Zirkel war geschlossen. Die Tendenz, „eine gute Rolle“ zu spielen, ist ein sehr wichtiges Problem.

Unser Bild wird ja nicht nur von unseren Trieben, unserem Egoismus und unserer Eitelkeit geprägt, sondern auch von ganz gerechtfertigten und – jedenfalls nach außen hin – selbstlosen Zielen. Wir sind geschmeichelt, wenn die andern uns zu Hilfe rufen und uns nötig haben, und ich gestehe, daß ich gegen eine solche Anerkennung nie unempfindlich bin. Schon bevor er zu mir kommt, macht sich der Kranke ein Bild von mir zurecht. Ich erinnere mich an jemand, der sich ganz erstaunt zeigte, als ich die Tür zum Wartezimmer aufmachte. Er hatte einen alten Mann mit weißem Bart erwartet.

Doch werden meine Leser sicher verstehen, daß ich mich jeden Augenblick in der geheimen Versuchung befinde, künstlich die Rolle zu spielen, die man von mir erwartet. Diese Versuchung taucht hinter allen noch so ehrlichen Bemühungen auf, den Anspruch meines Berufs zu erfüllen. Da war jener Mann, der so nach dem Leben sucht. Am liebsten würde ich es vor ihn hinstellen, so daß er nur danach zu greifen braucht. Es kann durchaus sein, daß er bei mir eine entscheidende Erfahrung macht. Aber das wird gerade dann nicht geschehen. Alles wahrhaft Lebendige kommt aus uns heraus, ohne daß wir zu sagen vermöchten, wie es geschieht.

Welch schöne Aufgabe, den Menschen zu helfen, sich selber zu finden und ihre Lebensprobleme zu lösen! Aber wenn das nun zum täglichen Handwerk wird? Persönlicher Kontakt, Menschlichkeit, Liebe – als gelernter Beruf? Ich empfinde diese Gefahr so stark, daß ich wie gelähmt bin, wenn ich merke, daß ein Patient das von mir erwartet, wenn er meint, ich kenne irgendeinen Dreh, eine bestimmte Methode, ein technisches Verfahren, in dem ich Meister wäre. Wenn es dazu kommt, daß ich den Kontakt finde, dann – wie ich glaube gerade deswegen, weil es mir nicht leichtfällt, weil ich von Natur aus und durch meine psychischen Hemmungen zurückhaltend, furchtsam und scheu bin, weil ich Tag für Tag Gott bitten muß, daß ich von mir selber loskomme und für andere frei werde.

Überdies habe ich eine dreifache Berufung: eine ärztliche, eine psychologische und eine geistliche. Wenn es schon schlimm ist, als Arzt oder Psychologe in die Routine der Berufstechnik zu fallen, so ist das in der Seelsorge noch viel schlimmer. Und ich muß gestehen, daß mir an dieser geistlichen Berufung am meisten liegt. Gerade, weil mir meine Erfahrung immer wieder die Grenzen der Medizin und der Psychologie gezeigt hat und weil die eigentliche Not aller Menschen vor allem darin besteht, daß ihnen Gott fehlt.

Viele spüren das und kommen aus diesem Grund zu mir. „Ich wollte, ich hätte Ihren unerschütterlichen Glauben!" sagen dann manche von ihnen und, um sie nicht zu enttäuschen, dürfte ich eigentlich nur von meinen positiven Erfahrungen erzählen. So sind sie auch zunächst immer enttäuscht, wenn ich von meinen eigenen Schwierigkeiten, meinen Zweifeln und meinen Fehlern spreche. Aber bald merken sie auch, daß uns eine solche Offenheit einander näherbringt und miteinander verbindet.

Aber wenn ich auch in einer solchen vertraulichen Aussprache von meinen eigenen Schwierigkeiten sprechen kann, so versteht sich doch, daß im öffentlichen Zusammenleben größere Zurückhaltung angebracht ist. So muß ein Prediger auf der Kanzel selbst dann, wenn es ihm persönlich sehr schlecht geht, eine Glaubensbotschaft verkünden, die nicht an die schwankenden Stimmungen seiner eigenen Seele gebunden ist.

Die kirchliche Berufung wird genauso wie jeder andere Beruf in der Praxis entstellt und verfällt der Alltagsroutine. Eine Pastorentochter zeigte mir einmal einen Brief ihres Vaters. Der Vater spricht darin wie zu einem Gemeindemitglied: in schönen und wohlgesetzten Worten – viel zu schön und viel zu wohlgesetzt! All die guten Ermahnungen, die sie oft gehört hat, kommen bei ihr nicht mehr ans Ziel.

All das ist nicht zu vermeiden und bringt leider viele Gläubige in Verwirrung. Ich glaube sogar, daß hier eine der geheimen Ursachen für die Spannung liegt, die oft bei kirchlichen Beratungen und in den Ausschußsitzungen karitativer Unternehmungen entsteht. Ich kenne viele Leute, die danach immer irgendwie bedrückt waren und die schließlich nach einigen Jahren enttäuscht ihr Amt aufgaben. Man kann nicht gemeinsam an derselben Sache arbeiten, ohne daß es dabei zu Meinungsverschiedenheiten, Streitigkeiten, Eifersüchteleien und Intrigen kommt. Bei einer christlichen Vereinigung wagt man jedoch nicht ganz, es dazu kommen zu lassen. Da man ja unter Christen ist, bemüht man sich in aller Aufrichtigkeit, den Geist der Vergebung, den Geist der Liebe und der gegenseitigen Hilfe an den Tag zu legen. Die ganze Aggressivität wird dabei verdrängt und zeigt sich in verwandelter Gestalt als Angst wieder.

Ich möchte von ganzem Herzen voll von Liebe für alle meine Kranken sein, denn ich weiß wohl, daß sie das am meisten nötig haben und daß Christus eben dies von mir erwartet. Ich kann aber dabei nicht der Gefahr entgehen, mehr Liebe zu zeigen, als ich in Wahrheit habe, und meine Kritik und meinen Ärger hinter einer freundlichen Sanftmut zu verbergen – ein Widerspruch, den ein empfindlicher Mensch sofort spürt. Wäre das vielleicht der Preis für eine hohe Berufung? Denn: „Noblesse oblige." Der Lehrer darf seine Schüler nicht merken lassen, wenn er etwas nicht weiß. Der Rechtsanwalt muß so tun, als zweifle er keinen Augenblick am Erfolg seines Mandanten. Der Arzt würde das Vertrauen seines Patienten schwer erschüttern, wenn er ihn an all seinen Zweifeln über Diagnose und Prognose teilnehmen ließe. Ein Professor würde nicht ernst genommen, wenn er nicht viele wissenschaftliche Arbeiten veröffentlichte.

Bald tun wir furchtbar eilig, ein andermal tun wir so, als hätten wir unbegrenzt viel Zeit, auch wenn wir im Grunde noch so ungeduldig sind. Manchen Leuten gegenüber haben wir nicht den Mut, eine Bitte abzuschlagen, die wir anderen verweigern würden. Mit geheimen Eitelkeiten sind wir noch viel kindischer.

Auch das diplomatische Spiel, das mir mein ausländischer Besucher nach jenem Empfang beschrieb, finden wir – geben wir es ruhig zu – in jeder gemeinnützigen oder wissenschaftlichen Versammlung wieder.

Je edler und gemeinnütziger eine solche Sache ist, desto berechtigter erscheint die Unterstützung ihrer Weiterentwicklung. Ich erinnere mich an eine Frau, die sich von einer religiösen Gemeinschaft angezogen fühlte. Die Freundlichkeit, die man ihr dort bezeugte, die Anteilnahme, die man ihrer Person entgegenbrachte und deren sie so sehr bedurfte, hatten sie sehr beeindruckt. Aber sobald sie selber die Uniform angezogen hatte, wurde ihr klar, daß man notwendigerweise und auch zu Recht erwartete, daß sie der Gemeinschaft diente und nicht umgekehrt. „Ich fühlte langsam", sagte sie mir, „wie die Sache wichtiger wurde als der Mensch."

*

All das ist natürlich nicht eine Besonderheit unserer Zeit, sondern gehört seit jeher untrennbar zum menschlichen Zusammenleben.

Der eigentliche Mensch ist ursprünglich und schöpferisch. Jede feste Rolle dagegen bringt den automatischen Ablauf der Routine mit sich. Die Uniformierung unseres Daseins, die Zusammenpferchung in der Stadt zwingt Millionen von Menschen ein Standardgesicht auf. Manchmal erschrecke ich, wenn ich all die Menschen an mir vorbeigehen sehe. Jeden Tag steigen sie in denselben Autobus, um zur selben Zeit im selben Büro, in derselben Fabrik zu sein und irgendeine bis zum äußersten spezialisierte Arbeit zu verrichten.

Sie sind nur mehr ein Rädchen in der Produktion, ein bloßes Werkzeug, eine bestimmte Funktion. Gefragt wird nur nach dem, was sie machen, nicht nach dem, was sie denken oder fühlen.

Gewiß ist nicht nur die uns umgebende Welt hieran schuld. Man braucht sich nur die Leute anzusehen, die jahrelang gearbeitet haben, um zu einem gewissen Wohlstand zu kommen. Jetzt, wo sie wohlhabend sind, könnten sie ihrer Phantasie freien Lauf lassen. Aber sie gehen lieber jeden Tag ins selbe Café, spielen täglich dasselbe Spiel mit denselben Freunden, sprechen über dasselbe Thema und verbringen ihre Ferien am selben Ort. Ihr Leben läuft ab wie ein Automat.

Und diejenigen, die noch versuchen, ein eigenes Leben zu führen, geraten in das Räderwerk einer Massengesellschaft, in der sich das Eigene und Ursprüngliche eine Zeitlang gegen die Uniformierung auflehnen kann, aber dann schließlich müde wird und untergeht. Je mehr Menschen zusammen sind, desto mehr entwickelt sich der Herdengeist. Der Großbetrieb bringt auf die Dauer Automaten hervor. Ich habe oft Siebecks Wort zitiert: „Erst die Berufung macht den Menschen zur Person."

Dazu kommt die immer weiter fortschreitende Vergrößerung der staatlichen Macht. Der Staat gewinnt immer mehr Einfluß auf den einzelnen Menschen, und immer weitere Bereiche des Privatlebens werden seinem unpersönlichen Eingreifen unterworfen. Es gibt immer mehr Vorschriften, Formulare und Verwaltungsstellen, für die der Mensch stets nur ein Fall, ein Karteiblatt, eine Nummer ist. Die Beamten vertreten jeweils einen winzigen Bereich der unpersönlichen Staatsmacht und können beim besten Willen außerhalb ihres Zuständigkeitsbereichs keine persönliche Verantwortung übernehmen.

In vielen Unternehmen hat man versucht, diesen Dingen zu begegnen. Man hat zur Psychologie gegriffen, um die Arbeit wieder zu vermenschlichen. Aber gerade das hat seltsamerweise wieder zu standardisierten psychologischen Tests, zu neuen Karteien und Statistiken geführt. Was man dabei im Auge hat, was man dabei auf seine Funktionen hin untersucht und kategorisiert, ist aber wiederum nur der Durchschnittstyp. Denn vom Menschen als Person weiß die Wissenschaft nichts.

Sie entwickelt die Technik, sie erfindet neue Maschinen, sie schafft einen immer lebloseren künstlichen Rahmen für unser Leben. Beim letzten internationalen Treffen der Personalen Medizin erzählte uns einer meiner Kollegen, der Chefarzt einer großen psychiatrischen Klinik, den Fall seines Schweizers. Seiner Klinik ist ein großes landwirtschaftliches Unternehmen angeschlossen. Als der oberste Schweizer kündigte, ließ ihn der Chefarzt kommen, um seinen Kündigungsgrund zu erfahren. „Es sind elektrische Melkmaschinen gekauft worden", war die Antwort. „Ich habe keinen persönlichen Kontakt mehr mit dem Vieh. Unter solchen Bedingungen kann ich nicht weiterarbeiten."

Diese Mechanisierung des Lebens findet sich in allen Bereichen und gefährdet den menschlichen Sinn unserer Welt. Einer unserer Söhne ist Architekt, und ich habe so einen guten Einblick in die Probleme, die unsere jungen Leute auf der Suche nach einer menschlicheren Welt bedrücken. Es ist noch nicht ein Jahrhundert her, da waren der Vorplatz des Münsters, die Geschäftsstraßen im Stadtzentrum, die kleinen malerischen Plätze noch Treffpunkte, wo sich die Menschen nach der Arbeit trafen. Sie begegneten sich dort wirklich und ganz persönlich, sie konnten auf und ab gehen, sich in Ruhe unterhalten, sich die Hand geben und mitten auf der Straße kleine Gruppen bilden.

Jetzt ist die Straße überschwemmt von Automobilen. Auf dem

Platz, auf dem einmal das Herz der Stadt schlug, wo man seine Freunde vorstellte und miteinander ins Gespräch kam, wo in aller Freiheit eine öffentliche Meinung entstand – auf diesem selben Platz fährt man jetzt in aller Eile aneinander vorbei.

Ein Arbeiter oder ein Angestellter kann Jahre in einem Unternehmen verbringen, ohne daß sich irgend jemand für ihn selbst, für seine geheimen Sorgen, für die wichtigen Entscheidungen seines Lebens oder für seine geheimen Wünsche interessiert. Die tägliche Routine und die allgemeine Atmosphäre unserer Zeit bringen es mit sich, daß er Schulter an Schulter neben Kameraden steht, die er nicht wirklich kennt und die ihn nicht wirklich kennen.

Untergetaucht in der Masse, eingereiht und ausgerichtet, mitgerissen vom allgemeinen Rausch der Geschwindigkeit tragen sie die Last ihrer geheimen Sorgen weiter mit sich herum. Alle haben es eilig, alle sind sie gefangen in dem oberflächlichen Schauspiel einer mechanisierten Gesellschaft.

Der Arzt bietet in dieser modernen Welt oft die letzte Möglichkeit eines persönlichen Kontaktes. Von ihm erwartet man, verstanden zu werden, denn er kennt doch das Leben und die Menschen, sein Studium hat ihn nicht für allgemeine Begriffe, sondern für die Behandlung einzelner wirklicher Fälle ausgebildet, er ist kein Theoretiker, sondern er geht von der Erfahrung aus. Ihm kann man sich gerne so zeigen, wie man ist. Schon das „Sichausziehen" bei ihm ist ein Symbol für die menschliche Enthüllung.

Viele Kollegen, mit denen ich gesprochen habe, vor allem Betriebsärzte und Ärzte, die ihre Praxis in Arbeitervierteln hatten, wußten sehr genau, was für eine ungeheure menschliche Aufgabe ihnen zugefallen war. In ihr Sprechzimmer kommen immer mehr Menschen, die nirgendwo anders eine vertrauliche Ansprache haben. Wenn der Arzt nur aufmerksam genug auf jede Seelenregung achtet, kann die einfachste Krankheitsgeschichte die Türe zu nur allzulange zurückgehaltenen Bekenntnissen öffnen. Krankheit oder gar Todesgefahr können Fragen auftauchen lassen, die in der ewigen Unruhe des Alltags nicht zur Sprache kamen.

Doch die Ärzte müssen gegen eine völlig entgegengesetzte Umwelt ankämpfen, von der sie so sehr bedrängt werden, daß ihnen kaum ein freier Raum mehr bleibt. In der Entwicklung der Medizin geht alles dahin, sie unpersönlicher zu machen. Auch hier gibt es immer mehr Apparate, die an die elektrische Melkmaschine erinnern.

Professor Mach hat vor einigen Jahren auf dem internationalen Genfer Treffen als Diskussionsleiter dieses Themas sehr gut formuliert: Wo früher die zarte und empfindliche Hand des Arztes die Haut des Kranken berührte, tritt heute die glänzende und eiskalte Chromstahloberfläche eines elektrischen Untersuchungsgerätes an ihre Stelle.

Mit all den komplizierten Problemen, die die Wissenschaft uns stellt, lenkt sie uns von den einfachsten Problemen, nämlich den Problemen des Lebens, ab. Seine gesamte Ausbildung verleitet den Arzt dazu, nicht den Menschen, sondern vor allem körperliche und seelische Kausalzusammenhänge zu sehen. Die Wissenschaft erhöht dabei zugleich sein Ansehen. Der ausländische Besucher, von dem ich am Anfang dieses Kapitels erzählte, überließ mir ein paar an Ort und Stelle gemachte Notizen seiner Erfahrungen. Darin fand ich die höchst anschauliche Schilderung eines Besuchs bei einem sehr angesehenen Kollegen, in der er den ganzen Apparat schneeweißer Majestät, eiskalter technischer Fragen und geheimnisvoller Bewegungen beschrieb. „Mit einem Wort", so endet der Bericht, „trat der Arzt im Gewand eines großen Menschen auf."

Darüber hinaus gibt die zwangsweise Spezialisierung dem einzelnen Organ den Vorrang vor dem Organismus und macht aus der Medizin eine brillante Technik, deren Ablauf bis in die kleinsten Einzelheiten hinein genauestens geregelt ist. Nichts wäre meiner Ansicht nach schlimmer, als in der „Personalen Medizin" ein weiteres, einigen wenigen Ärzten vorbehaltenes Spezialgebiet zu sehen.

Schließlich verwandeln die gesetzlichen Regelungen und die Sozialversicherungen in allen Ländern vor unseren eigenen Augen immer mehr das Gesicht unseres Berufs. Mit seinen immer schneller aufeinanderfolgenden und nach Möglichkeit immer kürzeren Konsultationen gewinnt er den Charakter einer Fließbandarbeit und Serienabfertigung.

Wir können heute nicht mehr auf die Spezialisierung und auf die Mittel der modernen Technik verzichten. Ebensowenig kann davon die Rede sein, eine soziale Entwicklung zu bekämpfen, die wir gerade wegen unserer Sorge um den leidenden Menschen unterstützen müssen.

Bei einigem Nachdenken wird man sich daher klar, daß die Lösung des Problems weniger von den Institutionen als von der Haltung des Arztes selber abhängt. Bei aller Spezialisierung und bei allem Wissen kann dieser durchaus menschlich bleiben, wenn in seinem persönlichen und geistigen Leben einmal der Sinn für das menschliche Gegenüber wachgeworden ist.

Auf Ärztetagungen macht man immer wieder geltend, daß die meisten Ärzte so wenig Zeit haben. Sicher können sie nicht jedem ihrer Kranken soviel Zeit widmen wie ein Psychotherapeut. Dennoch habe ich selbst die Erfahrungen, die für meine neue Berufsrichtung entscheidend waren und von denen ich in meinem ersten Buch gesprochen habe, nicht als Psychotherapeut, sondern als praktischer Arzt in meinem Stadtviertel gemacht. Menschliche Medizin ist keineswegs dasselbe wie psychotherapeutische Technik. Letztere kann durchaus unmenschlich, die gewöhnliche Medizin dagegen sehr menschlich sein. Oft ist es eine ganz nebenbei gemachte Bemerkung, an der der Patient spürt, daß er für den Arzt nicht nur ein Fall, sondern ein Mensch ist.

3. Der widerspruchsvolle Mensch

Wie wir gesehen haben, stellen sich dem Versuch, den eigentlichen Menschen zu entdecken, gewaltige Widerstände entgegen. Im Menschen selbst gibt es Widerstände, und diese sind noch viel schwerer zu überwinden. Wer ist dieser Mensch, der mir hier gegenübersitzt und dem ich mit Aufmerksamkeit zuhöre, in Wahrheit? Er weiß es selbst nicht. Er fühlt nur, daß man ihn gewöhnlich zu ungerecht und zu oberflächlich beurteilt. Seine Mitmenschen, seine Nächsten, vielleicht sogar seine Frau, stempeln ihn mit einem einzigen Wort ab und nennen ihn geizig oder großzügig, tatkräftig oder lahm, mutig oder feige.

Wenn es zu jenem seltenen menschlichen Kontakt gekommen ist, dann liegt gewiß eine tiefgreifende menschliche Erfahrung, eine wirkliche menschliche Begegnung vor, in der beide Teile spüren, daß sie zur Freilegung des eigentlichen Menschen führen kann. Aber um einen Menschen wirklich zu kennen, ist mehr nötig. Die Frage, welches nun sein wahres Wesen ist, bleibt immer noch ungelöst. Ich habe zwar hinter seiner Alltagshülle sein eigentliches Ich berührt, aber ich bin auf diesem Weg nicht sehr weit vorgedrungen.

Je mehr er sich mir öffnet, desto verwickelter, ja desto widersprüchlicher zeigt sich dieses Ich. Wir alle sind voll von inneren Widersprüchen. Es fällt uns schon schwer, sie uns selbst einzugestehen, und den anderen gegenüber versuchen wir, sie soweit wie möglich zu verbergen.

Da ist zum Beispiel ein Mann, der eine glänzende Rolle im politischen Leben spielt. Er besitzt sehr viel Popularität und ist seit Jahren immer wiedergewählt worden. Der Öffentlichkeit zeigt er sich selbstsicher und übt einen großen Einfluß auf sie aus. In der Abgeschlossenheit und im Schutz des Sprechzimmers jedoch gesteht er, daß er unglaublich schüchtern ist. Vor kurzem hat er eine Einladung zum Tee bei Freunden abgelehnt, so sehr fürchtete er, beim Halten der Teetasse mit der Hand zu zittern und sich dadurch zu verraten.

Ein anderer Mann von etwa 40 Jahren wagte nicht, allein zur ersten Sprechstunde zu kommen. Wie ein Kind von 10 Jahren bringt ihn seine Mutter zu mir und erklärt mir seinen Fall. Er selbst sitzt unterdessen teilnahmslos und schüchtern auf dem Sesselrand mit dem Gesicht eines etwas verlegenen kleinen Beamten. Als wir später gegenseitig in Kontakt kommen, entdecke ich in ihm die Seele eines Abenteurers. Er, der nie von den Rockschößen seiner Mutter losgekommen ist, macht in Gedanken weite Reisen in die Ferne und träumt von Heldentum und Wagemut. Er liest Kriminalromane, verschlingt die Erzählungen von Forschern und Entdeckern und identifiziert sich mit den verwegensten Gestalten.

Sie werden einwenden, daß all das nur ein Traum, nur ein inneres und in Wahrheit unwirkliches Leben ist, daß sein wahres Wesen in der Ängstlichkeit zum Ausdruck kommt, die er nach außen hin zeigt. Ich glaube nicht, daß das stimmt. Es ist schon viel über die Flucht in den Traum geschrieben worden, wie von meinen Kollegen, so auch von mir selbst. Aber die tägliche Erfahrung hat mir zu denken gegeben. Warum flüchten manche Menschen in den Traum, während andere sich mit ihrem beschränkten Leben zufrieden geben? Spüren sie nicht vielleicht in ihrem Inneren einen Anspruch, auf den zu antworten ihnen nicht gelungen ist, einen Anspruch, der zugleich ein Zeugnis ihres wahren Wesens ist? Man verzichtet darauf, zu verstehen, was sich in ihnen abspielt, wenn man ihren Traum einfach als Flucht und als leeren Dunst behandelt. Wo Rauch ist, ist auch Feuer.

Dieser Mann scheint mir das Opfer einer kleinmütigen und herrschsüchtigen Mutter zu sein. Sogar noch jetzt sprach sie an seiner Stelle. In dem Alter, in dem er ihr schutzlos ausgeliefert war, hat sie ihn daran gehindert, sich nach seinen eigenen Anlagen zu entwickeln. Als Witwe hatte sie nur dieses einzige Kind behalten und zitterte ständig vor Angst, diesen einzigen und letzten Schatz zu verlieren, der ihr noch blieb. Ständig hielt sie ihn unter ihrem Schutz. Sie verbot ihm alles, was ein Risiko mit sich gebracht hätte. Sogar für seinen Beruf hatte sie nur einen einzigen Wunsch und eine einzige Sorge: ihn gesichert zu wissen.

Natürlich ist das Problem noch etwas komplizierter. Ich möchte nur versuchen, eine wichtige Seite davon verständlich zu machen. Erziehung besteht nicht nur aus äußerem Zwang. Sie dringt vielmehr bis ins Innerste des kindlichen Wesens ein, wo sich schwer wieder zu überwindende Reflexe festsetzen. Alsbald entsteht ein innerer Konflikt zwischen dem unzerstörbaren Eigenwesen des Kindes und diesen Reflexen, die seine freie Gestaltung verhindern. Und indem die beiden entgegenwirkenden Kräfte sich gegenseitig aufheben, lähmt der Konflikt dazu noch jeden spontanen Ausdruck überhaupt.

Wie viele Menschen schon haben mir gestanden, daß sie in manchen Augenblicken Furcht vor sich selber empfanden, Furcht vor den Kräften, die in ihnen wirksam waren, Furcht vor ihren Instinkten, vor ihren Begierden und Wünschen, vor ihren Gefühlen, vor den Handlungen, derer sie sich fähig fühlten. Es scheint also, daß sie eher gewagt hätten, diesen Kräften freien Lauf zu lassen, wenn sie weniger stark gewesen wären, und daß umgekehrt eine übergroße Zurückhaltung das Zeichen für eine große Kraft sein kann.

Ich sage: „Es scheint..." Das Wort fließt mir immer wieder aus der Feder, und ich glaube, es zeigt genau die Schwierigkeit, in der wir uns mit unserer Frage nach dem wahren Wesen eines Menschen befinden. Wenigstens können wir hier soviel sagen, daß die Frage offenbleibt und daß wir nicht mit Gewißheit entscheiden können, ob nun das kleinmütige Beamtendasein oder das geheime Abenteuerleben das wahre Wesen dieses Mannes ausmacht.

Wollte man nur das eine für wahr halten, weil es offenbar wird, und das Abenteuerleben als einen bedeutungslosen Mythos behandeln, dann würde man sich schwer in diesem Mann täuschen. Sein abwechslungsreiches und phantasievolles Heldenleben ist für ihn nicht weniger wichtig, auch wenn es sich im Verborgenen abspielt, es ist sogar viel wichtiger als sein armseliges und ereignisloses Alltagsdasein. Sein Herz ist bei seinen Träumen. Sein äußeres Verhalten läuft ganz von selber ab und geht weniger von ihm aus, als daß es auf ihm lastet. Genauso falsch wäre es aber auch, ihn nur für einen Abenteurer und Draufgänger zu halten und in seinem schüchternen Auftreten lediglich eine ihm fremde Hülle zu sehen, in die er durch seine Erziehung hineingezwungen worden wäre. Äußere Einflüsse wirken auf uns nur in dem Maße, in dem sie bestimmten Neigungen in uns selbst entgegenkommen, etwa so, wie ein Angreifer auf eine Fünfte Kolonne baut, die innerhalb des zu erobernden Gebietes mit ihm gemeinsame Sache macht.

Vielleicht wird ein anderer Fall uns helfen, die Frage noch genauer zu stellen. Es handelt sich wiederum um einen Beamten, der furchtbar an dem Gegensatz zwischen der erbärmlichen Außenfassade seines Lebens und all den reichen Kräften leidet, die sich in ihm aufbäumen. Er ist ein Künstler, dem es nicht gelingt, sich auszudrücken. Und zwar ist er ein echter Künstler. Ich habe einige von den Blättern gelesen, die er insgeheim in einer Schublade aufbewahrt, ohne den Mut zu haben, ihnen eine endgültige Fassung zu geben oder sie zu veröffentlichen, obwohl sie von einem unbestreitbaren Talent zeugen. Ich kenne somit eine Seite von ihm, die allen anderen verborgen bleibt.

Das vorliegende Buch, an dem ich jetzt schreibe, trage ich seit fünf Jahren in meinem Herzen. Wäre ich vor zwei Monaten gestorben, hätte nicht eine einzige Zeile das Tageslicht erblickt. Für jemand, der mich hätte verstehen wollen, wäre dieses ungeschriebene Buch jedoch deswegen nicht weniger wichtig gewesen; so sehr stimmt es, daß der erste Entwurf eines Werkes wichtiger ist als die eigentliche Fassung und Gestaltung.

Mein erstes Buch habe ich vor der Veröffentlichung einigen Freunden gezeigt. Doch haben mich ihre Bemerkungen, so gut sie auch gemeint waren, derartig unsicher gemacht, daß ich nicht mehr imstande war, eine einzige Zeile zu schreiben, ohne sie im nächsten Augenblick für sinnlos zu halten, und das Buch sechs Monate lang zur Seite legen mußte. Um ein Haar hätte ich es völlig aufgegeben.

Es läßt sich daher leicht denken, wie sehr es mich berührt,

wenn ich häufig im Leben scheinbar unfruchtbarer Menschen die Entwürfe von Arbeiten finde, die sie wegen äußerer Umstände oder innerer Zweifel nicht ganz zu Ende gebracht haben. Wer vermöchte hier zu entscheiden, was bei diesem Übergang vom Möglichsein zum „Existieren" am Zufall und was am Menschen selber liegt?!

Mein Freund, der Beamten-Künstler, ist sich jetzt klar darüber, daß er sich die Gestalt des Bildes gegeben hat, das sich seine Eltern von ihm machten. Stets behandelten sie ihn als den Ungeschickten und Unbegabten, während sie zugleich seine Brüder lobten. Der innere Feind, von dem wir soeben sprachen, ist das gewaltige Liebesbedürfnis des Kindes, das die Freudianer so gut herausgestellt haben, und welches das Kind dazu treibt, so zu werden, wie die Eltern es haben wollen. Das Unglück dabei ist, daß die wahren Beweggründe der Eltern für die Bevorzugung der anderen Kinder völlig anderer Art sind, so daß das Kind in diesem Spiel sein Wesen verfälscht, ohne dabei die ersehnte Liebe zu erhalten. Zu diesem inneren Feind gehören aber auch noch unbewußtere Antriebe, die aus den tieferen Schichten und aus falschen Schuldgefühlen entspringen.

Aber auch ohne daß man die Analyse so weit treibt, kann man nur immer wieder die unglaubliche Macht der Suggestion hervorheben. Wenn man ein Kind schlechtweg als Lügner behandelt, macht man trotz seiner eigenen Versuche, ehrlich zu sein, einen Lügner aus ihm.

Wenn man ein Kind als unbegabt behandelt, macht man es unbegabt und unfähig, das hervorzubringen, was in ihm steckt. Einem sehr schönen jungen Mädchen sagte seine Mutter immer wieder, es sei häßlich; vielleicht, um es vor Eitelkeit zu bewahren, vielleicht aus einem unbewußten Grund, der viel häufiger ist, als man annimmt, nämlich aus der Angst heraus, daß ihre eigene Schönheit von der Tochter in den Schatten gestellt werden könnte. Dieses junge Mädchen glaubt nun so wenig an seine Schönheit, daß es die Bewunderung für Ablehnung hält, wenn ein Mann sie länger ansieht.

Die suggestive Wirkung der Etiketten, mit denen man uns bezeichnet, ist außerordentlich groß. Das gilt für unser ganzes Leben, wenn auch freilich besonders für die jüngeren Jahre. Ich kenne zum Beispiel einen verweichlichten Jungen, der zwölf Jahre alt war, als sein Vater starb. Die Mutter behandelte ihn so sehr als Mädchen, daß sie das Rasierzeug des Vater einem Vetter gab, indem sie dem Sohn sagte, er werde es ja doch nie nötig haben. Leider üben auch oft wir Ärzte selbst scheinbar ganz nebenbei gefährliche Suggestionen auf unsere Patienten aus, die um so stärker wirken, als wir mit dem Nimbus der Wissenschaft umgeben sind. Wer einem Patienten erklärt, er besäße eine empfindliche Leber, weil er einmal aus irgendeinem Grunde Gallenbeschwerden hatte, der pflanzt in der Seele dieses Patienten etwas ein, wovon sich dieser vielleicht nie mehr befreien kann und was unter Umständen nun tatsächlich seine Gesundheit gefährdet.

Die Wirkung der Suggestion ist besonders gut zu erkennen, wenn man sieht, welche Rolle sie in der Politik – und zwar sowohl in der Innen- wie in der Außenpolitik – spielt und wie alle Parteien und Regierungen sich ihrer ausgiebigst bedienen. Wie amerikanische Statistiken festgestellt haben sollen, haben kaum mehr als 7% aller Menschen ein unabhängiges Urteil. So ist es möglich, bei der überwiegenden Mehrheit eines Volkes die öffentliche Meinung bewußt zu gestalten.

Zur Macht der Suggestion kommt die Macht der Gewohnheit, die nach Pascal zur zweiten Natur wird und die mit unserem Wesen verschmilzt. Gestern fand ich in der Zeitung ein spanisches Sprichwort: „Gewohnheiten sind erst zart wie Spinnweben und dann fest wie Ankerseile." So ist ein junges Mädchen durch ihre Lebensumstände dazu gebracht worden, die Haltung ständigen Verzichts und völliger Unterwürfigkeit anzunehmen. Seit Monaten arbeiten wir schon an ihrer Befreiung, nicht ohne innerliche Veränderungen bei ihr hervorzurufen. Aber sie gesteht mir, daß sie sich durch die Gewohnheit festgehalten fühlt. Sie gleicht einem Hund, den man so lange an seiner Hütte festgebunden hat, daß er auch dann, wenn er losgebunden ist, aus Gewohnheit seinen alten Umkreis nicht verläßt.

So unglaublich es scheinen mag, gewöhnt sich der Mensch auch an das Leiden, selbst wenn er sich innerlich dagegen auflehnt. Manche Menschen sind gerade dann merkwürdig niedergedrückt, wenn sich die Schwierigkeiten lösen, unter denen sie so schwer gelitten hatten, als ob ihr Wesen nicht mehr ohne Leiden auskäme oder als ob ihnen nun die Widerstandskräfte fehlten, die das Leiden in ihnen auslöste.

*

So entwickeln sich in uns durch Ausgleichsvorgänge, durch Suggestionen und Gewohnheiten einander widersprechende Haltungen, die sich in uns festsetzen und zuspitzen. Je weiter sie voneinander abweichen, desto mehr werden unser inneres Leben und unsere spontanen Äußerungen gehemmt. Es geht uns dann wie den Anfängern beim Skilaufen, die hinfallen, weil sie ihre beiden Skier nicht parallel halten können und ihre Beine dann von den Skiern auseinandergezogen werden. Dieses Zerrissenwerden des Menschen zwischen zwei entgegengesetzten Kräften kann ich täglich bei allen meinen Patienten beobachten.

Ich habe einmal vor Soldaten einen Vortrag über die Furcht gehalten. Unter ihnen befand sich ein ausländischer Offizier, der unserem Land einen Höflichkeitsbesuch machte und der für seine Tapferkeit im letzten Krieg ausgezeichnet worden war. Mit wohltuender Offenheit griff er in das darauffolgende Gespräch ein und erklärte, er wisse nicht, ob er aus Mut oder aus Furcht gehandelt habe. Daß er das so offen sagte, schien mir der beste Beweis für seinen Mut zu sein. Aber wenn wir ebenso ehrlich sind wie er, müssen wir zugeben, daß eine tiefe Unsicherheit über den wahren Beweggründen unseres Verhaltens liegt. Diese Beweggründe sind oft völlig andere als man meint. Ein verwegener Bergsteiger gesteht mir, daß ihn zwar alle Welt bewundere, daß er sich aber dennoch ständig von Angst befallen fühle. Seine Neigung zu gefährlichen Unternehmungen sei ein Versuch, dieser Angst einen festen Gegenstand zu geben. Denn die Furcht vor einer bestimmten Gefahr ist weniger unerträglich als die unbestimmte Angst.

Da ist beispielsweise jemand, den jeder für eitel hält. In Wahrheit ist er voll von Zweifeln an sich selbst und voll von Minderwertigkeitsgefühlen, die er durch sein Auftreten nach außen hin ausgleichen will, ohne daß es ihm jemals gänzlich gelingt. Andere setzen ihre Eitelkeit daran, ihre Eitelkeit geschickt zu verheimlichen. So ist ein selbstsicher scheinender Emporkömmling innerlich oft ganz unsicher. Jemand, den alle wegen seiner Aufopferung und seiner enormen Arbeitsleistung bewundern, gesteht mir, daß er in all diese Aktivität flieht, um an sich ganz einfachen, naheliegenden, aber unangenehmen Pflichten zu entgehen. „Ich glaube, im Grunde bin ich faul", gibt er mir zu. Ein anderer legt ein stets einwandfreies korrektes Benehmen an den Tag, und es fällt ihm sehr schwer, mir zuzugeben, wie er sich benimmt, wenn er allein ist. Wieder ein anderer, der stets seriös erscheint, hat kindische Angewohnheiten, die er sorgfältig verborgen hält. Ein Mönch gesteht mir den unerträglichen Konflikt seines Lebens: Alles bewundert das Vorbild seiner gelassenen Heiterkeit, während er in Wahrheit ständig von geschlechtlichen Anfechtungen verfolgt wird.

Wieviel Menschen sind zu Hause und draußen völlig verschieden. Draußen stehen sie ganz im Dienst der anderen – zu Hause lassen sie sich bedienen wie Paschas. Unter den Ihren sind sie eigensinnig, herrschsüchtig und reizbar, vor den Leuten draußen geduldig und friedfertig. Bei sich zu Hause schweigsam und unnahbar, draußen gesprächig und zutraulich. Ein Pfarrer, dessen Gottesdienst sehr lebendig und sehr besucht ist, ist unfähig, mit seiner Frau allein zu beten. In unser aller Herz ist Glaube mit Zweifel, Liebe mit Feindschaft gemischt. Dabei habe ich hier die Widersprüche des menschlichen Herzens nur von der psychologischen Seite behandelt. Ganz beiseite gelassen habe ich den Konflikt mit dem göttlichen Gebot, wie ihn Paulus im Römerbrief schildert (VII, 19): „... das Gute, das ich will, das tue ich nicht, und das Böse, das ich nicht will, das tue ich."

Es fällt uns sehr schwer, diesen widersprüchlichen und völlig unlogischen Charakter unserer Gefühle zuzugeben. Ich kenne einen jungen Mann, der seinem Vater gegenüber eine tiefe Liebe, aber zugleich auch einen wilden Haß empfindet. Es bedarf einer sehr großen Vertrautheit, ehe er mir sagen kann, was er fühlt. Denn immer noch fürchtet er, daß ich an der Liebe zu seinem Vater, die er ja schließlich wirklich empfindet, zweifeln könnte, sobald er die feindseligen Gefühle eingesteht, die er ihm gegenüber manchmal hat.

In der Tat können die gegensätzlichsten Gefühle, wie Hoffnung und Verzweiflung, Freude und Traurigkeit, Angst und Gottvertrauen dicht nebeneinander in unserem Herzen wohnen. Ich erinnere mich an eine fromme Frau, die mir einen erschütternden Bericht von den Zweifeln gegeben hatte, von denen sie beunruhigt wurde. Sie war vorher bei ihrem Pfarrer gewesen, aber dieser hatte die Unterhaltung sofort abgebrochen: „Sie und Zweifel? Machen sie mir doch nichts vor – so eine gute Christin wie sie!"

Eine Mutter kann tief bekümmert sein, wenn ihr Kind krank ist. Dennoch kann sie sich gleichzeitig, wenn auch vielleicht ohne es zu merken, ebenso darüber freuen, das Kind jetzt pflegen zu dürfen. Wenn es ihm gut geht, entzieht sich das Kind ihrer Aufsicht; ist es dagegen krank, fällt es in die Abhängigkeit der Mutter zurück und gibt ihr so die instinktive Befriedigung, dem Kind gegenüber eine lebenswichtige Rolle spielen zu können. Nun ist aber ein Kind außerordentlich feinfühlig und kann merken, daß es seiner Mutter eine Befriedigung verschafft. Das kann wiederum seine Heilung erschweren und dazu beitragen, ein kränkliches Kind aus ihm zu machen.

Genauso ist es bei Ergebung und Widerstand. Betrachten wir zum Beispiel die Hinnahme der Ehelosigkeit durch eine Frau. Wer sich mit ganzem Herzen darein ergibt und sie als die Voraussetzung eines reicheren und gesünderen Lebens, vielleicht sogar als eine geistliche Berufung hinnimmt, kann plötzlich erfahren, daß er sich immer noch innerlich dagegen auflehnt und daß er diesen Widerstand täglich von neuem überwinden muß. Es scheint sogar, daß eine solche Frau, die auf diese Weise tiefer in sich selber blickt, einen echteren Verzicht leistet als eine andere, die glaubt, sie habe die Ehelosigkeit widerstandslos hingenommen.

So kann auch eine Mutter darunter leiden, daß sich ihr Kind von ihr loslöst und ein eigenes Verhältnis zum Leben gewinnt, und sich gleichzeitig zutiefst darüber freuen.

Wir werden nicht von der Logik, sondern von unseren Gefühlen bestimmt, auch wenn wir uns immer einbilden, wir würden von unserer Einsicht und unserem Verstand geleitet.

Bei allen öffentlichen Begegnungen, vom einfachsten Gespräch unter Freunden bis zum Besuch bei der Schneiderin oder der Zusammenkunft im Vereinshaus, in den Ausschußsitzungen wie bei Gelehrtenversammlungen und internationalen Konferenzen, begegnen sich die Argumente in einer scheinbar objektiven und rationalen Auseinandersetzung, während doch in Wahrheit jeder die Haltung vertritt, die ihm sein Instinkt, seine Neigungen und seine angeborenen Urbilder vorschreiben. Furcht und Eifersucht, kindliche Bewunderung und unbewußte Projektionen sind hinter unseren rationalen Argumentationen ständig mit im Spiel.

Jedes geistliche oder geistige Erlebnis ist ständig von einem Gefühl begleitet. Es macht uns Freude, mit anderen Menschen zu tun zu haben, die dieselben Überzeugungen vertreten, die wir lieben und die uns lieben, weil wir gemeinsam mit ihnen in einer gleichen Front stehen. Wer eine solche Erfahrung in einer Gemeinde oder einer politischen Partei, bei der Lektüre von Marx oder von Thomas von Aquin, von Barth oder von Steiner, von Freud, Bergson oder Kierkegaard gemacht hat, verteidigt stets das gedankliche System seines Meisters mit viel mehr Leidenschaft und viel weniger Differenzierungen als der Meister selbst. Wieviel wirklicher Kontakt besteht bei allen diesen Diskussionen, kommt es dabei wirklich zu einem echten Zwiegespräch? Es handelt sich dabei um einen Austausch von Monologen, wobei sich jeder wundert, daß die logischen Argumente, die er für unwiderlegbar hält, den andern gar nicht überzeugen.

Wieviel Gespräche würden einen andern Verlauf nehmen, wenn wir uns gegenseitig unsere vom Gefühl her bestimmten und ganz persönlichen Beweggründe eingestehen würden, die unsere Ansichten bestimmen!

Ich komme gerade von einer Sitzung des Organisationskomitees für die Internationale Tagung der Personalen Medizin. Weil wir uns mit der menschlichen Person beschäftigen, wissen wir, daß alle Ansichten und Meinungen weniger objektiv sind, als man gewöhnlich glaubt, und in enger Verbindung mit den persönlichen Erfahrungen des Betreffenden stehen. Nachts hatte ich einen Traum gehabt, der offenbar meine tieferen Reaktionen gegenüber den Diskussionen vom Vorabend verriet. Am Morgen erzählte ich ihn dann meinen Kollegen und Freunden. Ein Kollege, der Psychoanalytiker ist, fragte mich darauf nach meinen Ideenverbindungen, um so meinen Traum zu analysieren, der meine Haltung in der Diskussion vom Vorabend von einer ganz neuen Seite beleuchtete. Ein völlig cartesisch geschulter Chirurg, der mit solchen Untersuchungen wenig vertraut war, warf darauf die Frage auf, ob wir hier nicht für nichts und wieder nichts ein künstliches Gebäude von höchst zweifelhaften Deutungen aufbauten. Ich selber hatte jedoch das Gefühl, daß wir einen viel wirklicheren Boden gewonnen hatten als in den Kontroversen des vorangegangenen Abends.

Der Psychoanalytiker interessierte sich besonders für einen Punkt meines Traumes, der unklar geblieben war: die leuchtend rote Farbe eines Kleides. In diesem Augenblick kam meine Frau dazu, die von der ganzen Sache gar nichts wußte. Sofort fragte er sie, was ihrer Ansicht nach diese rote Farbe in einem Traum ihres Mannes bedeuten könne. „Seinen ganzen verdrängten Ärger“, gab sie zur Antwort. „Und glauben Sie, daß viel solcher verdrängter Ärger vorliegt?“ fragte er zurück. „Und ob!“ war die Antwort. „Wenn wir irgendeine Auseinandersetzung haben, dann explodiere ich, während er selbst völlig leidenschaftslos bleibt. Wenn wir dann später davon sprechen, gibt er zu, daß er sich genauso geärgert hat wie ich und seinen Ärger lediglich zurückhielt.“

Der ganze Morgen war über diese Sache hingegangen. Aber für unser gegenseitiges Verständnis und für die Einheit unserer kleinen Gemeinschaft war damit mehr erreicht als mit allen intellektuellen Streitgesprächen. Auf dem Heimweg stellte ich mir vor, was für unerwartete Aufschlüsse sich plötzlich ergeben könnten, wenn man sich in solchen Ausschußsitzungen, und sei es in einer Sitzung von Psychoanalytikern, mit den Träumen der Mitglieder beschäftigen würde. Festgefahrene Gegensätze würden plötzlich verständlich werden und auf diese Weise leichter zu einer Lösung kommen.

Denn bis jetzt habe ich von den Widersprüchen in uns gesprochen, die wir alle sehen und in unserem eigenen Herzen und bei unserem Nächsten ohne Schwierigkeiten beobachten können. Ganz anders sähe es freilich aus, wenn ich das Wort einem Kenner der unbewußten Schichten unserer Seele überließe. Was dieser dort entdeckt, steht noch viel mehr im Gegensatz zu dem Bild, das ein Patient von sich selber hat. Freud hat als erster eine ganze Welt von geheimen Wünschen und elementaren Triebkräften herausgestellt, die sich tarnen, die das Verhalten jedes Menschen bestimmen, ohne daß dieser es weiß, und sich nur in seinen Träumen und seinen Fehlleistungen verraten. Adler hat all das aufgedeckt, was in unserem äußeren Verhalten als Ausgleich für ein Minderwertigkeitsgefühl auftritt. Und Jung hat unsere Kenntnis dieser unbewußten Abläufe schließlich nach vielen Richtungen hin ausgeweitet. Er hat die ererbten Triebkräfte, das kollektive Unbewußte und die geistigen Antriebe, die sogenannten Archetypen, aufgedeckt.

Man könnte Freud vorwerfen, daß er zunächst gezeigt hat, wieviel komplexer der Mensch ist, als man bislang annahm, um dann zu versuchen, ihn mit einer allzu einfachen Erklärung abzutun und seine ganze Vielgestaltigkeit auf ein Standardschema zurückzuführen. Diesen Vorwurf kann man Jung nicht machen. Er schildert selbst seine an eine mystische Erfahrung grenzende Betroffenheit, als er sah, wie verschieden die Menschen voneinander sind und welcher Reichtum in dieser Vielfalt verborgen ist. Gewiß wußte er das schon vorher, aber es war doch etwas anderes, es auf eine solche Weise zu erfahren, und er ist dadurch vor willkürlichen Verallgemeinerungen bewahrt worden.

Das Problem der menschlichen Person, um die wir uns hier bemühen, wird freilich dadurch außerordentlich viel schwieriger. In der Sicht des Menschen, die uns diese Psychologie liefert, stehen sich lauter Gegensätze gegenüber: Der Gegensatz zwischen Gefühl und Verstand, zwischen intuitivem Ahnen und nüchterner Registrierung der Tatsachen, zwischen dem männlichen Verstandesprinzip, dem „animus", und dem weiblichen Gefühlsprinzip, der „anima", zwischen dem Bewußten und dem Unbewußten. „... im allgemeinen", sagt Jung, „steht der Gehalt des Unbewußten im Gegensatz zu unserem Bewußtseinszustand."

Wir können das Tag für Tag von neuem feststellen. Da ist zunächst der von Freud beschriebene Gegensatz zwischen den unmoralischen Trieben des Instinktes und der vom jeweiligen Menschen vertretenen bewußten Moral, die ihm durch seine Erziehung und seine Umwelt aufgenötigt worden ist. „Im Grunde ist meine Seele völlig rein und sauber", sagte mir eine Kranke mit voller Überzeugung. „Bis jetzt glaubte ich keinerlei sexuelle Triebe zu besitzen", meinte eine andere. Und neulich fand eine Frau, die von völlig anderen Selbstvorwürfen gepeinigt war, die Sexualität sei nie ein Problem für sie gewesen. Natürlich habe ich sie zu einem Kollegen der Schule Freuds geschickt, bei dem solche Kranken dann entdecken, daß sie gänzlich anders sind, als sie bisher geglaubt hatten. Die Freudianer haben uns auch gezeigt, wieviel kindliche Verhaltensweisen und Reaktionen bei den sogenannten Erwachsenen, für die wir uns halten, bestehenbleiben. Eine starke, selbständige Frau, die außerordentlich hart gegen sich selber ist, entdeckt plötzlich eine riesige Sehnsucht danach, verzärtelt zu werden, eine Sehnsucht, die sich tief nach unten verdrängt, im Grund ihrer Seele erhalten hat. Ein Schwächling sieht mit einem Mal, daß seine Schwäche nur eine Maske ist, hinter der sich sein Temperament versteckt, das so stark ist, daß er sich vor ihm fürchtet. Dann entdeckt er, daß die Gleichgültigkeit, die er den Frauen gegenüber empfindet, eine zweite Maske ist, welche die erste Maske verdecken soll.

Aber Jung hat uns gezeigt, daß es noch ganz andere Widersprüche im Menschen gibt. Da ist der Intellektuelle, der äußerlich so einseitig intellektuell ist, daß auch die Religion für ihn lediglich aus einer logischen Kette von Schlußfolgerungen besteht, ja, daß sogar Spiel und Sport bei ihm zur Wissenschaft, zur Berechnung, zur methodischen Übung werden, bei der kein Raum für einen plötzlichen Einfall ist und die ihm keinerlei Freude macht. Und dennoch ist er, ohne es zu wissen, ein Gefühlsmensch: Er hat Angst ins Theater zu gehen, weil ihm nur allzu schnell die Tränen ins Auge kommen und er sich seiner Tränen schämen würde.

Da ist der Positivist, der sich von jeder metaphysischen Frage frei glaubt und der doch, wie sich schließlich zeigt, von einer unbewußten religiösen Unruhe umgetrieben wird.

Da ist ein Deprimierter, der seit Jahren einen Arzt nach dem anderen besucht, weil er fest davon überzeugt ist, Krebs zu haben und kurz vor dem Tod zu stehen, und lediglich meint, daß die Ärzte dies nicht erkannt hätten. Er ist so voll von Angst und Verzweiflung, daß ihm kein Wort genügt, um sie zum Ausdruck zu bringen. Und doch muß in seiner Seele eine heimliche Hoffnung wohnen, denn er träumt oft von schwierigen Reisen in der Kutsche oder im Auto, bei denen sich das Fahrzeug in Schienen und Wagenspuren verfängt, auf tausend Hindernisse trifft, eine Panne hat oder einen steilen Hang hinauffahren muß. Aber immer gelingt es ihm, wieder freizukommen, die Hindernisse zu umgehen, von neuem anzufahren und auf den Gipfel zu kommen. Er fühlt sich erschöpft und kraftlos und setzt alle seine Erwartungen lediglich in die äußeren Hilfsmittel der Medizin und Chirurgie. Bezeichnenderweise träumt er, daß er einkaufen geht, aber die Ware, die er sucht, nicht findet, bis ihm plötzlich einfällt, daß er diese Ware ja zu Hause schon hat.

Da ist der Idealist, der „seinen Schatten verdrängt hat", d.h., der all dem gegenüber, was ihm an ihm selbst nicht gefällt, die Augen verschließt, und der mir aus einem offenbar ehrlichen Antrieb heraus sagt, daß er sich frei von Sünde fühle. Seine Frau ist natürlich völlig anderer Ansicht. Aber er hat keine Ahnung von dem Leid, das er ihr zufügt, während er großartige Kreuzzüge für die Gerechtigkeit unternimmt. Er leidet unter den Verdrängungen, zu denen ihn sein moralisches Gewissen zwingt, die Baruk so gut beschrieben hat, der hier die verborgene Quelle jener Aggressivität entdeckt, welche die Freudianer für eine ursprünglich und unmittelbar gegebene Regung des Menschen halten.

Der märchenhafte Aufschwung, den unsere psychologischen Kenntnisse im Laufe des letzten halben Jahrhunderts genommen haben, stellt offensichtlich mehr Probleme als er zu lösen vermag. Der Mensch erscheint immer komplizierter, immer widersprüchlicher, immer bewegter. Was ist nun wahr, was ist echt, was ist die menschliche Person im eigentlichen Sinn, ohne all die Tarnungen, von denen sie verhüllt wird? Sowohl Kranken, wie Gesunden raubt diese Frage den Halt.

Die psychologische Analyse vermindert übrigens keineswegs die Widersprüche in der menschlichen Seele. Die Psychoanalytiker selbst sind ehrlich und bescheiden genug, um das zuzugeben. Ihre Methoden sind lediglich ein Behandlungsmittel für Hemmungen und schwere psychische Störungen, ein Weg, auf dem die Kranken ein gewisses Grundvermögen zu Glück, normaler Tätigkeit und sozialem Leben wiederfinden sollen. Aber auch nach monatelanger oder jahrelanger Analyse bleiben sie – wie wir alle – voll von Komplexen, inneren Konflikten und Zwiespältigkeiten. Dieses letzte Wort trifft sehr glücklich den Sachverhalt: Je mehr man den Menschen studiert, desto mehr findet man ihn gespalten zwischen einander entgegengesetzten Wünschen und Gefühlen.

Was Jung „Integration" nennt, ist keineswegs eine Vereinfachung der Seele. Es handelt sich vielmehr um ein fortschreitendes Bewußtwerden der geheimen Tendenzen und eine klare und mutige Hinnahme des unendlich verzweigten und widerspruchsvollen Ganzen, das man ist. Seine Arbeiten sind daher außerordentlich interessant und nützlich. Dennoch bleibt das Problem der menschlichen Person dabei im Dunkeln.

In der Tat stellt sich uns hier eine schwere Frage. Die Analyse zeigt uns unbewußte Regungen unserer Seele, die völlig von den uns bewußten Regungen abweichen. Können wir nun sagen, unser eigentliches Ich bestünde aus diesen unbewußten Antrieben und unser bewußtes Leben sei nur ein Überbau, ein Gewand, das uns durch unsere Erziehung und die psychischen Tarnmechanismen gewaltsam übergeworfen wurde? Ihren Büchern nach zu urteilen, scheinen die Psychoanalytiker so zu denken.

Die klassische Psychologie, die sich nur mit der Aufzählung der „Seelenvermögen" befaßte, verkannte die unbewußten Kräfte, die erst von der Tiefenpsychologie entdeckt worden sind. Diese ist jetzt jedoch ihrerseits in Gefahr, die Bedeutung des Bewußtseins zu unterschätzen. Ich kenne zum Beispiel einen Mann, dessen ganzes bisheriges Leben aus einem Mißerfolg nach dem anderen besteht. Die klassische Psychologie hätte ihn als willensschwach betrachtet. Die Tiefenpsychologie dagegen liefert uns eine viel tiefergehende Deutung seines Falles.

Und doch lehrt mich die praktische Erfahrung, daß die Entdeckung der unbewußten Abläufe, die an seinen Mißerfolgen schuld sind, nicht zur Heilung ausreicht. Was nötig ist, ist ein völliger Neuanfang, und ich glaube nicht, daß es einen Psychotherapeuthen gibt, der nicht früher oder später, bewußt oder unbewußt, an den Punkt kommt, wo er die bewußten Energien seines Patienten anspricht.

Wir sind vor der Versuchung gewarnt, den Menschen allzusehr zu vereinfachen, sei es nun dadurch, daß wir sein unbewußtes oder sein bewußtes Leben unterschätzen. Wir müssen ihn als Ganzes auffassen, mit allen seinen Widersprüchen und allen bewußten und unbewußten Kräften, die in ihm wirken und die alle gleichermaßen wirklich sind. Alle Kräfte und alle Wirkungszusammenhänge, mit denen sich die Wissenschaft beschäftigt, gehören in den Bereich der menschlichen Außenansicht. Die eigentliche Person des Menschen läßt sich weder aus den unbewußten Vorgängen noch aus dem Spiel der bewußten Fähigkeiten ableiten. Sie entzieht sich der objektiven Beobachtung.

Die Unveränderlichkeit der unbewußten Wirkkräfte veranlaßt viele moderne Psychologen dazu, sie für wichtiger zu halten und sie mehr oder weniger mit der eigentlichen Person zu identifizieren. „Das Unbewußte verändert sich nie", sagt Jung. Aber genauso könnte ich jemanden, der ein Bild von mir haben möchte, die Röntgenaufnahme meines Schädels geben, mit der Begründung, daß meine Gesichtszüge dauernd wechseln, während mein Schädel sich ja nicht verändere. Trotz seiner Veränderlichkeit, ja sogar gerade wegen dieser Veränderlichkeit, drückt jedoch mein Gesicht in seiner ständigen Bewegtheit das, was mich persönlich ausmacht, viel besser aus als meine Knochen, in denen ich den anderen Menschen viel ähnlicher sehe.

Überdies ist es auch gar nicht sicher, daß die Inhalte des Unbewußten in höherem Grade objektiv sind. So bringt mir ein junger Mann einen großartigen Traum mit, einen richtigen Jungschen Traum, der Jung gewiß ebenso begeistern würde wie er mich begeistert. Doch gesteht der junge Mann mir bald, daß er am Abend zuvor in einem Buch mit sehr schönen Träumen gelesen hatte und sich brennend auch so einen Traum wünschte. Hat nun nicht vielleicht sein Unbewußtes diesen Traum, den er mir mitbringen wollte, künstlich hervorgebracht? Es zeigt sich hier wieder dasselbe wie bei den Kindern, die ihren Eltern zuliebe diejenigen Seiten an sich ausbilden, welche die Eltern gerne sehen.

Bekanntlich träumt ein Kranker mehr, wenn eine Psychoanalyse gut vorangeht, und hört er auf zu träumen, sobald sich Unstimmigkeiten mit dem Arzt ergeben. Wenn ich mich bei einem Kranken besonders für die von Freud herausgestellte Seite seines psychischen Verhaltens interessiere, dann bringt er mir eine Fülle von Anzeichen für seine sexuellen Verdrängungen und ungelösten Kindheitskonflikte. Wenn ich bei demselben Kranken mehr zu einer Jungschen Interpretation seines Falles neige, wird er mir auch dafür Material liefern.

Wir kommen damit auf das zurück, was ich schon am Anfang dieses Buches herausgestellt habe: Die Person des Beobachters geht in das Ergebnis einer Beobachtung ebenso ein wie der Beobachtete selbst. Das gibt sehr zu denken. Nicht einmal der therapeutische Erfolg kann hier noch als Kriterium (für die objektive Richtigkeit) gelten. Denn wenn der Kranke dem Arzt zu Gefallen Material mitbringt, das dessen Lehren stützt, dann trägt er damit zugleich zum Gelingen der Übertragung bei, die ein ganz wichtiger Faktor für die Heilung ist. Er ist seinem Arzt gegenüber in der Situation eines Kindes, das dann aus sich herauskommt, wenn es merkt, daß sein Vater stolz und zufrieden mit ihm ist.

ZWEITER TEIL

Das Leben

4. Kein Mensch ohne Hülle

Nach all dem, was wir bis jetzt gesehen haben, kann man verstehen, wenn Georges Gusdorf in einem kürzlich erschienenen Buch feststellt, daß auf der Suche nach dem eigenen Ich die Selbstbeobachtung völlig versagt.

Gusdorf erinnert zunächst daran, daß die Alten gar nicht am Individuum interessiert waren, sondern an der Darstellung eines richtungweisenden Begriffs vom Menschen. Selbst wenn Sokrates versucht, „seinen Gesprächspartnern zu zeigen, daß sie Konflikte in sich trugen, von denen sie gar nichts wußten", geht es ihm nicht darum, sie in ihrer „Besonderheit" zu erfassen, sondern ein schon im voraus bestimmtes Leitbild vom Menschen herauszustellen. „Im Kratylos sehen wir, wie sich vor ihm der Abgrund einer ziellosen Analyse auftut", vor der er sich wohl gehütet hat.

Dagegen erscheint mit Montaigne ein neues menschliches Verhalten in der Geschichte: Die individuelle Selbstbeobachtung. Um sich so zu entdecken, wie er in Wirklichkeit ist, untersucht sich der Mensch jetzt gerade ohne vorgefaßte Begriffe oder dogmatische Vorurteile: „Ich lehre nicht, ich beschreibe nur", sagt Montaigne und fährt fort: „Nur ihr selbst könnt wissen, ob ihr feige und grausam oder rechtschaffen und demütig seid; die anderen Menschen können euch nicht sehen, sondern euer Wesen nur mit vagen Mutmaßungen erschließen; sie sehen weniger, was ihr eurer Natur nach seid, als was ihr künstlich aus euch macht."

Diese neue Haltung kommt dann voll zur Geltung bei Rousseau, der in den Vorbemerkungen zu seinen „Bekenntnissen" den Anspruch erhebt, in seinem Selbstporträt – und zwar zum ersten Mal in der Geschichte – „ein genau der Natur nachgezeichnetes Bild des Menschen ohne jede Beschönigung" zu geben. Seitdem erscheint die Ehrlichkeit als die notwendige und zureichende Bedingung der Selbsterkenntnis, bis schließlich François Mauriac sagen kann: „Die Ehrlichkeit sich selbst gegenüber ist bekanntlich die Tugend unserer Generation."

Aus dieser Haltung entspringt auch der in der Neuzeit so weit verbreitete charakteristische Versuch, sein Innenleben tagebuchartig festzuhalten. Mein Genfer Mitbürger H. F. Amiel hat sein ganzes Leben lang mit peinlichster Sorgfalt ein solches Tagebuch geführt. Doch wie er selber zugibt und wie jeder merken wird, der ebenso redlich versucht, auf diesem Weg zu seinem eigentlichen Selbst vorzustoßen, bleibt das ein vergebliches Bemühen. Das Wesentliche läßt sich auf diese Weise nicht fassen. „Wenn man mein Tagebuch entdecken würde", bemerkt Julien Green einmal, „würde es ein sehr ungenaues Bild von mir geben … es ist mir nicht gelungen, das hineinzubringen, was für mich wirklich wesentlich ist."

Die Selbstbeobachtung gibt uns keinerlei sichere Erkenntnis. „Ich bin jetzt 36 Jahre alt", schreibt Gide einmal, „und weiß immer noch nicht, ob ich ein Geizhals oder ein großzügiger Mann, ob ich ein sparsamer Esser oder ein Vielfraß bin …" – fürwahr eine bestürzende Antwort auf das oben zitierte Montaigne-Wort! Ja noch mehr, die Selbstbeobachtung verändert auch noch das eigene Ich: „Wer sich selbst betrachtet, macht sich anders, als er ist", bemerkt Claudel. Die Selbstbeobachtung ist ein aufreibendes Unternehmen. Wir gehen dabei wie ein Vogel auf den Leim und werden unfähig, mit der Welt und mit Gott in Beziehung zu treten. Wir schließen uns ein in den engen Kreis einer unfruchtbaren und ziellosen Analyse, in der unser Ich eingeengt und entstellt wird und ohne Ende ein Scheinproblem dem anderen folgt.

Schon der heilige Franz von Sales, der die menschliche Seele bis ins kleinste kannte, schrieb einmal: „Der Geist Gottes kann unmöglich in einem Menschen wohnen, der zuviel von dem wissen will, was in ihm vorgeht … Ihr fürchtet die Furcht und dann fürchtet ihr euch vor dieser Furcht vor der Furcht. Ihr ärgert euch über den Ärger und dann ärgert ihr euch darüber, daß ihr euch über den Ärger ärgert. So habe ich manchen gesehen, der erst zornig wurde und sich dann darüber erzürnte, zornig geworden zu sein. All das gleicht den Kreisen, die ein Steinwurf im Wasser erzeugt: Zuerst entsteht ein kleiner Kreis, dieser erzeugt einen größeren, und der größere erzeugt dann abermals einen noch größeren Kreis."

So kann man jetzt auch André Gides Ausruf verstehen: „Was ist geschehen? Ich habe meine Jugend, meine unverbildete Ursprünglichkeit in mir getötet..." Und an anderer Stelle schreibt er: „Durch den literarischen Ehrgeiz verliert dieses Tagebuch jeden Wert, sogar seine Ehrlichkeit." Auch der unentwegt auf der Suche nach seinem eigentlichen Ich befindliche Amiel gesteht schließlich, daß uns „das bindungslose Denken entpersönlicht". „Niemand ist sich selbst so fremd wie er selber", sagt Nietzsche.

Das seelische Tagebuch ist eine Sache des Jünglingsalters. Wer es sein ganzes Leben lang fortführt, erreicht nicht nur nicht die ersehnte Reife, sondern bleibt ein ewiger Jüngling. Jung hat jedoch gezeigt, daß das Jünglingsalter das Stadium des Idealismus, der „Verdrängung des eigenen Schattens" und der völligen Selbstverkennung ist. Die ewigen Jünglinge sind gerade diejenigen, die sich ihrer selbst nicht ganz bewußt geworden sind und denen so die Durchgestaltung ihres eigenen Ichs nicht gelungen ist.

Der Mensch bleibt sich selbst ein Geheimnis, und wer dieses Geheimnis dadurch aufklären will, daß er in seine eigene Seele zu blicken versucht, versinkt noch mehr in Dunkelheit und Verwirrung. Eine Ausländerin schrieb mir einmal einen langen Brief, in dem sie mir ihr ganzes Leben erzählt. Sie wundert sich selbst darüber, wie unverständlich sie sich bei manchen Gelegenheiten benommen hat und sagt schließlich: „... als Kind wollte ich immer eine kleine Schwester der Armen sein, und es ist mir nie klargeworden, ob ich nun hierzu oder ob ich zu einem Dirnenleben geschaffen war..."

So verfolgen wir ein Traumgebilde, wenn wir versuchen, das Wesen unseres Ichs von allem Putz und aller Kostümierung des Lebens befreit in die Hand zu bekommen. Dazu müßte zunächst eine Grundeigenschaft des Lebens, nämlich das Gedächtnis, und damit das Leben selbst verschwinden. Und wenn wir einmal annehmen, das wäre möglich, dann würden wir nicht ein lebendiges Ich, sondern eine Munie, eine knöcherne Karikatur unseres Ichs in die Hand bekommen.

Ich will damit nicht etwa sagen, daß eine solche Vertiefung in das eigene Ich sinnlos wäre. Sie ist reich, nur zu reich an Entdeckungen. Jedesmal, wenn wir ehrlich sind, merken wir, daß ein Verhalten, das wir für spontan gehalten hatten, das Ergebnis von tieferliegenden Vorgängen und Abläufen ist, die uns dadurch um so unbestreitbarer und wirklicher erscheinen. Eine solche Erfahrung ist stets aufregend, demütigend und fruchtbar. Sie vermittelt uns den Eindruck, ja die bestürzende Überzeugung, daß wir uns jetzt ganz anders sehen, als wir zu sein glaubten. Aber diese Tiefenforschung kommt an kein Ende. Wenn unsere Ehrlichkeit anspruchsvoll genug ist, sehen wir bald, daß wir unter jedem Kleid, das wir uns angezogen haben, ein neues finden können.

Was wir im blendenden Licht unserer Entdeckung für unser wahres Ich gehalten haben, ist in der Tat nur eine zwar wirkliche, aber doch unvollständige Seite dieses Ichs. Instinktregungen, die Freud gesehen hat und die wir mit den Tieren gemeinsam haben, oder die ererbten Archetypen des kollektiven Unbewußten, die C. G. Jung beschreibt und die wir mit allen anderen Menschen gemeinsam haben. Wir stehen jetzt lediglich vor völlig unpersönlichen Naturkräften.

Wäre dann unser Persönlichstes das, was ganz an der Oberfläche liegt, das Zufällige und das Gemachte? Ein starkes inneres Gefühl lehnt einen solchen Gedanken ab. Dennoch scheint die praktische Erfahrung dieses Gefühl ständig Lügen zu strafen. Da ist zum Beispiel eine Waise, mit der ich mehrere Male sehr vertrauensvoll gesprochen habe. Sie ist wie vom Leben vernichtet, im Innersten gelähmt und ständig von ihrer Krankheit gehemmt. Wir haben gemeinsam herausgefunden, wie sehr die Einflüsse ihrer Umgebung, bestimmte angenommene Gewohnheiten, schmerzliche Erfahrungen sowohl aus früherer wie aus neuerer Zeit, unbewußte Kräfte und falsche Reaktionen, hinter denen sich diese Kräfte verbergen, dazu beigetragen haben, den Menschen zu formen, als der sie erscheint.

Aber was ist sie nun wirklich? Es gelingt ihr nicht, nach außen hin das zu sein, was wir zu ahnen glauben. Und kann man das Wirklichkeit nennen, was sich nach außen hin nicht kundtut? Kann man es gar für gewisser halten als das Bild, das sich zeigt und das so schwer wiegt, daß es unmöglich wird, sich davon zu lösen? Sehen wir nicht eine Fata Morgana, wenn wir hinter dieser Totenmaske ein außerordentlich lebendiges und blutvolles Wesen zu ahnen glauben?

Damals erklärte sie mir, sie fühle sich wie in einer Sackgasse: Sie sah ein, daß man all die äußeren und inneren Einflüsse, die das Bild von uns selber verwandeln, nicht einfach zur Seite schieben könne. Wir trennten uns in einer Atmosphäre unsagbarer Traurigkeit.

Am nächsten Tag machte sie dann eine völlig unerwartete religiöse Erfahrung. Ohne es zu ahnen, hatte ich durch eine Bemerkung dazu beigetragen, an die ich mich selber nicht einmal mehr erinnern konnte, als sie wieder davon sprach. Auch ich war ein Waisenkind gewesen und lebe mein irdisches Leben in der Hoffnung, meine Eltern bei der Auferstehung wiederzufinden. Ich hatte anscheinend ganz zufällig davon gesprochen, ohne jede Absicht und Berechnung. Dabei war in ihr etwas geschehen, was völlig übergangslos ihren Seelenzustand verwandelte und das sie selber so formulierte: „Bislang hatte ich mich immer als die Waise eines Toten gefühlt, und jetzt plötzlich ist mir klargeworden, daß ich das Waisenkind eines Auferstandenen bin."

Es scheint, daß wir versuchen müssen, das Beste aus dieser untrennbaren Verbindung zu machen, der Verbindung desjenigen, der wir im Grunde sind, und desjenigen, als der wir uns nach außen hin geben, ja noch mehr: derjenigen, als die wir uns nach außen hin geben. Denn wir zeigen uns nicht unser ganzes Leben lang in ein und derselben Rolle, sondern wir haben unzählige solche Möglichkeiten. Bei jeder neuen Begegnung zeigen wir uns anders. Mit dem einen Freund sind wir der ernsthafte Denker, mit dem anderen der lustige Kamerad. In jeder Situation zeigen wir ein anderes Gesicht, und wir spielen sogar viele solche Rollen (personnage) zur gleichen Zeit.

In mir ist einerseits der gequälte und unruhige Mensch, voller Zweifel an sich und der Welt, der genauso all die Ängste und Zweifel und Enttäuschungen kennt, die mir meine Kranken anvertrauen. In mir ist aber auch zugleich der unerschütterliche Gläubige, der unumstößliche Erfahrungen von der Gnade Gottes gemacht hat und der entschlossen davon Zeugnis ablegt. Und ebenso ist in mir auch derjenige, der sich selbst erkennen und so klar wie nur möglich so zeigen will, wie er ist, ja sogar derjenige, der in der zwanglosen Offenheit sich selbst in ein gutes Licht setzen möchte. In mir gibt es den Arzt, der leidenschaftlich an der *Medizin hängt* und mit Hingebung anderen Menschen hilft. Und in mir lebt zugleich der Egoist und der Weltverächter, der sich am liebsten auf eine einsame Hütte zurückziehen würde.

Der Traum spricht mehr in Bildern als in Worten. Aber wie uns die Psychoanalytiker gezeigt haben, ist diese Sprache keineswegs persönlicher und individueller. Welchem Volk und welcher Kultur auch der Träumende angehören mag, und ganz gleich, ob es sich um einen Gebildeten oder um einen Ungebildeten handelt – es tauchen in seinem Träumen die gleichen Freudschen Symbole und die gleichen Jungschen Archetypen auf. Sie finden sich in den Märchen, in den Legenden und in den Volksliedern aller Länder wieder. Alle ewigen Wahrheiten der Mythologie, alle weltweiten Gleichnisse der großen Dichtung sind uns allen gleichermaßen in die Seele geschrieben. Das alles sind schon überlieferte Formen, zwar menschliche Gestalten, aber nicht individuelle Gestalten, sondern menschliche Typengestalten. Sie sind sogar die Voraussetzung für die Möglichkeit der Dichtung: Die Gemütsbewegung, die diese in uns hervorruft, entspringt aus der Begegnung der dichterischen Gestalt mit der Möglichkeit, die in uns schlummert und nun durch die Dichtung wachgerufen wird.

Die ganze Kunst, so persönlich sie auch scheint oder zu erscheinen versucht, ist wesenhaft gemeinsame Teilhabe am Selben, Band zwischen den einzelnen Menschen, überpersönliche und zwischenmenschliche Wirklichkeit. Die cartesischen Rationalisten behaupten immer den Vorrang des Verstandes, dessen Sprache sie für die universalste Sprache halten. Aber die Sprache der großen Bilder, die Sprache der Dichtung und der Kunst ist genauso universal. Kein Schauspiel, keine Musik, keine Malerei ohne eine solche gemeinsame Grundlage, in der man sich schon im voraus einig ist. Nicht einmal die Photographie kann ohne sie auskommen: Mein Hund erkennt seine Photographie nicht, sondern hält sie lediglich für ein Stück geschwärzten Papiers.

Das gilt sogar für den avantgardistischen Künstler. Mit seinen Eingebungen stößt er sich mehr oder weniger an den Konventionen seiner Zeit und bleibt daher oft lange Zeit verkannt. Aber er trägt dazu bei, neue Konventionen zu schaffen. Das kann ihm nur gelingen, weil seine Eingebungen viel weniger ursprünglich sind, als es zunächst schien, und in der menschlichen Seele gemeinsame Saiten zum Klingen bringen. Wenn er völlig persönlich und einmalig sein könnte, würde er auch völlig allein bleiben und wäre kein Künstler. Meine Generation hat in der Musik eine ganz unvergleichliche Umwälzung erlebt. Ich habe eine Menge jazzbegeisterter junger Leute kennengelernt, die von ihren Eltern deswegen mit Vorwürfen überschüttet und sogar für dekadent erklärt wurden. Ich gehöre zur Generation der Eltern, und die jungen Leute mußten mir erst in eingehenden persönlichen Gesprächen das schildern, was diese Musik in ihnen wachrief, bevor ich begriff, daß sie auch bei mir verborgene Seelenbereiche ansprach, die mir bisher nur nicht bewußt geworden waren.

Es erstaunt mich in diesem Zusammenhang immer wieder, wenn die meisten Leute erklären, sie seien „schockiert", sobald sie auf eine ihnen ungewohnte Ausdrucksform stoßen. Sie beziehen sofort eine Kampfstellung, als ob sie ihre eigene Lebensform gegen die ungewohnte Lebensform des anderen verteidigen müßten. Doch das trägt nur zu ihrer Verengung und Erstarrung in den ihnen geläufigen Formen bei. Wenn man dagegen Lust daran findet, das zu entdecken und zu verstehen, was man noch nicht kennt, dann wird jede Begegnung eine Gelegenheit zur Entfaltung und Ausweitung des eigenen Lebens.

Auch wenn wir uns von allen gesellschaftlichen Formen loslösen wollten, würden wir uns nicht zur Person, sondern zum Individuum entwickeln. Der Begriff der Person ist gebunden an die menschliche Gemeinschaft, an einen gemeinsamen Geist, ein gemeinsames Erbe, und damit an bestimmte konventionelle Ausdrucksmöglichkeiten, die gewissermaßen die Kleiderkammer der Person darstellen. In der Begegnung mit dem Nächsten suchen wir zwar den persönlichen Kontakt, aber dieser hat als Voraussetzung eine gewisse gegenseitige Verständlichkeit unserer Ausdrucksmittel, die im Bereich der schon festgelegten Formen liegt.

Wenn ich weder die Sprache des Verstandes noch die Sprache der Dichtung spreche, dann spreche ich durch meinen Blick, durch mein Lächeln, mein Schweigen und meine Gebärden und durch die Haltung, die ich mir gebe. Bei einiger Überlegung merkt man, daß hierin immer und unvermeidlich – wenn auch nach Zeit und Ort verschieden – ein gewisser Teil Konvention eingeht. Selbst der Liebende in seiner Leidenschaft bedient sich oft benutzter Worte und oft wiederholter Gebärden, so daß ihn seine Angebetete, wenn sie kühl und nüchtern bleibt, bald als Komödianten behandeln wird. Sie wird Anklänge an Lamartine oder an Stendhal oder an irgendeinen neuen Film entdecken, und so kann sie auch das echteste Gefühl leicht für eine Nachahmung halten.

Fast nur die rein körperlichen Gefühlsäußerungen wie etwa Tränen scheinen jeder äußeren Einwirkung entzogen zu sein. Und doch habe ich viele Familien kennengelernt, in denen nie geweint wird, auch nicht bei einem Trauerfall. Und viele Männer und Frauen gaben zu, daß sie gezögert hatten, zu mir zu kommen, aus Angst davor, bei der Erzählung ihrer Nöte in Tränen auszubrechen!

Und doch ist es eine plötzliche flüchtige Träne oder ein unmerkliches Lächeln, in dem das wahre Antlitz hinter dem üblichen Alltagsgesicht erscheint! Diese Menschen möchten sich zwar gerne öffnen, fürchten sich aber doch zugleich, den Schleier zu entfernen, der sie schützt.

Die Anhänger der Nacktkultur oder wenigstens einige von ihnen scheinen allen Ernstes dem paradiesischen und utopischen

Traum nachzugehen, sich völlig von allem Äußeren zu lösen, um so zu einer echteren menschlichen Gemeinschaft zu kommen. Sich einfach so zu zeigen, wie man ist, sogar ohne das zu verbergen, was das schlichteste Schamgefühl verhüllen möchte, wird hierbei zum Symbol für den völligen Verzicht auf Scheinheiligkeit und Heuchelei. Oft bringen uns unsere Kranken Träume, in denen sie sich nackt gesehen haben, was stets ein Zeichen für die heimliche Sehnsucht ist, die Maske von sich zu werfen. Ich möchte in meinem Urteil über die Nacktkultur nicht voreilig sein, denn sie würde eigentlich eine eingehende Studie verdienen. Aber ich hatte den Eindruck, daß gerade dieser „idealistische" Traum einer unschuldigen Gesellschaft das Zeichen einer seelischen Störung ist. So würde sich auch die Anziehungskraft erklären, welche die Nacktkultur auf Menschen ausübt, die an unbewußten Verdrängungen leiden.

In der Bibel gibt es hierzu eine sehr aufschlußreiche Stelle. Nach dem Sündenfall haben Adam und Eva sich instinktiv aus Feigenblättern einen Schurz geflochten (1. Mos. 3,7). Aber Gott hilft diesen ersten Ansätzen des Schneiderhandwerks bald selber nach und macht ihnen Kleider aus Fellen (1. Mos., 3,21). Er wußte also, daß wir von nun an in der Situation, in der wir uns als Menschen befinden, bis zur endgültigen Erlösung der Welt nicht nackte, hüllenlose Personen sein können. Weit davon entfernt, dem Menschen seine Bekleidung wieder zu nehmen, gibt er ihm sogar ein schöneres Kleid. Später ermahnt uns der Apostel Paulus, den alten Menschen, d. h. den natürlichen Menschen, abzulegen, und fordert uns auf, den neuen Menschen anzuziehen, den, der aus dem Geiste geboren ist (Kol. 3,9f.). Er spricht ferner davon, daß wir den Panzer der Gerechtigkeit, den Helm des Heils und den Gürtel der Wahrheit anlegen sollen (Eph. 6, 14–17).

Mit dem ihr eigenen Realismus lenkt uns so die biblische Offenbarung von dem utopischen Traum eines Lebens ab, das frei von jedem Schein und Schutz wäre. An die Stelle unserer vergeblichen Bemühungen, unser eigentliches Antlitz von jeder Maske zu befreien, setzt sie einen ganz anderen Gedanken: Das Kleid anzunehmen, das Gott selber uns gibt, uns für ein solches Alltagsgesicht zu entscheiden, und zwar für dasjenige, das Gott für uns ausgesucht hat.

Die Bibel verachtet keineswegs jeden äußeren Schmuck. Die ganze Natur sieht sie als den prächtigen Rahmen, in den Gott unser Leben gestellt hat. Sie besingt die Schönheit der Frau, die Herrlichkeit des salomonischen Tempels, die Blumenpracht und Anmut der Landschaft. Sie spricht von kostbaren Gewändern, von Gold- und Silberschmuck, von Musik und Tanz, von Riten und frommen Gewohnheiten. Sie verlangt von uns, alles, was wir tun, ordentlich zu tun, d.h. die Form zu pflegen, denn Gott ist nicht ein Gott der Unordnung.

Wer seine Verachtung für die Form und seine Vorliebe für ein Bohème-Leben zur Schau trägt, hat sich deswegen nicht weniger stilisiert. Er hat sich nur einen seiner Ansicht nach originelleren Stil gegeben, auf den er genauso stolz ist wie ein anderer, der stets geschniegelt und gebügelt daherkommt.

Während ich dieses Buch schreibe, bemühe ich mich darum, die einzelnen Teile und Kapitel in ein abgewogenes Ganzes zu bringen, und ich fühle mich unbehaglich, wenn ein Kapitel unverhältnismäßig lang wird. Ich habe dann das Gefühl, daß ich nicht genügend Rücksicht auf den Leser nehme. Ich glaube, daß sich in dieser Sorge um den rechten Aufbau des Ganzen ein ursprünglicher Zug meines Wesens ausdrückt. So steht jede Tätigkeit in dieser Welt unter bestimmten Bedingungen und verlangt gewisse Formen.

Kürzlich hatte ich ein wichtiges Gespräch mit ein paar befreundeten Chirurgen. „Seit Jahren denke ich über die Fragen nach, die du uns gestellt hast", sagte mir einer von ihnen. „In der Chirurgie ist das gar nicht so einfach. Ich erkenne zwar an, daß der Kranke einen persönlichen Kontakt mit seinem Arzt braucht. Aber die besten Chirurgen sind nicht die, die am meisten mit ihren Patienten sprechen. Der unbestrittene Meister in meiner Stadt ist ein ganz schweigsamer Mann. Er untersucht den Kranken lange, ohne ein Wort zu sagen, und fällt dann unvermittelt das Urteil: ‚Sie werden morgen früh operiert!' Sein Zögern, seine echte menschliche Anteilnahme – all das bleibt verborgen hinter der nüchternen und entschlossenen Haltung des Handelnden. Das erweckt beim Kranken uneingeschränktes Vertrauen, und wenn er sich auf den Operationstisch legt, hat er keinerlei Angst."

*

Vor einiger Zeit besuchte ich ein großes Sanatorium in den Alpen, und zwar gerade einen Tag nach dem Fest der heiligen Katharina. An diesem Tag findet in jenem Sanatorium ein Kostüm- und Maskenball statt. Wie mir die Chefärzte sagten, versäumen sie nie einen solchen Ball, denn er kann ihnen Aufschlüsse über die Person ihrer Kranken geben, die sie im Alltag nie erhalten würden. Warum verkleidet sich die eine Frau als Mann und die andere als große Dame oder als böse Fee? So etwas ist alles andere als ein Zufall.

Zudem betragen sich die Kranken hinter der Maske auch anders als sonst. Sie offenbaren Neigungen, die sie gewöhnlich verbergen. So wird paradoxerweise der wahre Mensch von Kostüm und Maske nicht verdeckt, sondern gerade enthüllt.

Wir stellen in Gedanken immer mehr oder weniger ausdrücklich Form und Inhalt gegenüber, und wir möchten den Inhalt anerkannt sehen und nicht die Form. Aber diese Gegenüberstellung ist zu naiv und zu anspruchsvoll zugleich: Die Form ist das, was man sehen kann, und wir neigen dazu, sowohl bei andern wie bei uns selbst, die schmeichelhafte Einbildung zu nähren, das, was man nicht sähe, sei mehr wert als das, was man sieht. „Das Äußere ist das Abbild des Inneren", sagte Jakob Boehme einmal.

So ist es überall im Leben. Das Alltagsgesicht, das wir uns zurechtmachen, ist nicht so zufällig, wie wir meinen. Je weniger wir darauf achten, desto getreuer bringt es unser wahres Selbst zum Ausdruck.

Der gewählte Beruf, die Einrichtung meines Arbeitszimmers, mein Ferienaufenthalt, der ganze Rahmen meines Lebens und all die Dinge, die meine äußere Lebensform bilden, sind der Ausdruck meiner Person und daher nicht von ihr zu trennen. Die Frau, die sich ein Kleid kauft, weiß das sehr genau und ebenso die Verkäuferin, wenn sie sagt: „In diesem Kleid sehen Sie ganz entzückend aus. Es ist ein einmaliges Pariser Modell und gibt Ihnen eine ganz persönliche Note." Wir sehen, wie sich das Gesellschaftliche und das Persönliche hier kaum faßbar überlagern: Nichts ist konventioneller als die Mode, die allen Frauen bestimmte Ausdrucksform und einer ganzen Epoche ihren Stil aufzwingt.

Unser Kleid formt auch unser Wesen. Die Rolle, die wir nach außen hin spielen, wirkt ständig auf uns zurück und beeinflußt uns bis in den innersten Kern unseres Ichs. Gewiß macht die Kutte noch nicht den Mönch – und das Sprichwort zeigt gut die Schwierigkeit des Problems – sowenig wie es genügt, sich in ein Gewand zu hüllen, um ein Heiliger zu werden. Aber es ist auch nicht sinnlos, wenn der Priester die Soutane, der Richter den Talar und der Soldat die Uniform tragen muß.

Die Propaganda erreicht uns zwar von außen, aber sie dringt auch bis ins Innerste ein. Die Haltung, die wir uns geben, jede Bewegung, die wir machen, trägt zu unserer inneren Formung bei. Man kann sogar durch eine systematische Umschulung der Handschrift den Charakter beeinflussen. Selbst unsere Körpergestalt wird von der Rolle beeinflußt, die wir spielen. Die Karikaturisten wissen das nur zu gut.

So trägt unser körperliches, unser seelisches und sogar unser geistig-religiöses Leben das Gepräge unserer Rolle. Ich habe schon die Geschichte meines Freundes erzählt, der jeden fragte, was er tun müsse, um den Glauben zu finden. Es war jedesmal eine Art Herausforderung; denn er fügte hinzu: „Ihr sagt, der Glaube sei eine Gnade – also kann ich selber ja nichts dazu tun." Eines Tages antwortete ihm jemand: „Fange einfach einmal an, so zu leben, als ob du den Glauben hättest – dann wirst du schon sehen." Als er wieder zu Hause war, merkte mein Freund, daß die Herausforderung sich gegen ihn selber gekehrt hatte. Es war ihm völlig klar, was bei ihm anders werden mußte. Und mit den ersten Schritten auf diesem Weg hat er dann auch den Glauben gefunden.

So verschiebt sich jetzt unser Problem. Wir verzichten auf den utopischen Traum, völlig nackt zu leben und unser Ich ohne jedes Kleid sichtbar zu machen, und erkennen statt dessen, daß beides untrennbar miteinander verbunden ist. Woher kommt aber dann unser unabweisbares Bedürfnis, sie zu unterscheiden und zu trennen? Woher kommt das Unbehagen, das wir alle empfinden, wenn wir selber oder wenn andere eine Rolle spielen?

Es geht darum, mit sich selber eins zu sein. Es geht um den herrlichen Satz Pindars: „Werde, der du bist!" Darin liegt eine Umkehrung unserer Denkrichtung. Statt der Außenwelt den Rücken zu kehren und in unser Inneres hineinzuschauen, um dort unser doch immer ungreifbares wahres Ich zu entdecken, blicken wir jetzt nach außen, auf die Welt, auf den Nächsten, auf Gott. Wir bemühen uns in aller Offenheit um eine feste Form, doch wir versuchen sie nach unserer innersten Überzeugung zu gestalten und uns in dieser Gestaltung auszudrücken und darzustellen.

Das ist nicht mehr eine kalte verstandesmäßige Untersuchung, sondern eine lebendige Bewegung, eine tägliche Selbsterziehung, ein Werden, eine ständige Neu- und Umgestaltung unseres Äußeren, um es unseren Gedanken, unseren Gefühlen und Wünschen besser anzupassen. Es handelt sich dabei um einen Willensakt, um eine bewußte Wahl, und was dabei gewählt wird, ist eine Form, eine Weise des Sichverhaltens und des Sichgebens, die so echt und wahr wie nur irgend möglich sein soll.

Was uns in der Natur so sehr anspricht und mit Bewunderung erfüllt, ist die Echtheit ihrer Erscheinung. Sie ist schön, weil sie ohne unechtes Getue einfach ist, was sie ist. Wir werden immer ein Kleid tragen und würden ein Stück von uns selbst ablegen, wenn wir ohne Kleider auskommen wollten. Doch wir können uns darum bemühen, daß das Kleid den Menschen nicht verdeckt, sondern mit ihm übereinstimmt.

Jede Unstimmigkeit zwischen Außen- und Innenleben ruft ein unbehagliches Gefühl hervor. Das gilt natürlich für alles scheinheilige Getue, sei es nun bewußt oder unbewußt. Das gilt aber auch für innere Widersprüche, die in uns entstanden sind und die sich selbst bei größter Aufrichtigkeit nicht vermeiden lassen. Wenn aber nun das Bild, das wir nach außen hin abgeben, mit unseren völlig unbewußten Seelenregungen in Konflikt kommt, dann kann dieses Unbehagen die Form geheimnisvoller seelischer Symptome annehmen, wie Angst, Depressionen, Zwangsvorstellungen oder Hemmungen, die eine psychologische Analyse nötig machen.

Aber das Unbehagen kann auch aus Unstimmigkeiten völlig anderer Art entstehen. Das gilt zum Beispiel für einen Menschen, der an der Ausübung seines eigentlichen Berufs verhindert worden ist. Seine soziale Funktion entspricht in keiner Weise seinem Wesen, das sich in seiner Stellung nicht auswirken kann. Hier ist das Unbehagen kein Krankheitszeichen, sondern ein Beweis für seine Lebenskraft und seine Gesundheit. Wie ein kleines Küken, das mit dem Schnabel an die Schale pickt, regt sich hier im Innern der Mensch, um das Gefängnis seiner Form zu sprengen.

Dasselbe gilt für einen Menschen der heutigen Zeit, der mit seiner Seele noch im 18. Jahrhundert lebt. Oder für einen anderen, der den Erwachsenen spielt, obwohl er in Wahrheit infantil geblieben ist. Eine Patientin erzählte mir von einem ihrer Träume: Sie war eingeladen und hatte ihr schönstes Kleid angezogen. Aber vor dem Spiegel merkte sie plötzlich, daß sie so gewachsen war, daß ihr das Kleid viel zu kurz geworden war und ihr überhaupt nicht mehr stand.

Dieser Traum schildert genau die Situation der Patientin: Auf dem Weg, der gewissermaßen durch unsere Aussprachen abgesteckt ist, hat sie ein gutes Stück hinter sich gebracht. Sie hat sich entwickelt, ist gereift und herangewachsen. Sie fühlt einen inneren Reichtum, der mit der äußeren Armut ihres Lebens in Widerspruch steht. Genau genommen hat sich auch dieses äußere Leben etwas geändert: Durch eine wahre Gnade Gottes hat meine Patientin eine neue interessantere und sinnvollere Arbeit gefunden. Aber es fehlt noch viel daran, daß ihre soziale Stellung und ihre innere Wirklichkeit einander entsprechen. Sie ist sehr temperamentvoll und hat sich schon oft an den Mauern ihres Gefängnisses wundgestoßen. So setzt sie vernünftig hinzu, daß sie jetzt lieber warten wolle, bis ihr Gott ein passendes Kleid schenkt.

Aber eine völlige Übereinstimmung zwischen Außen und Innen bleibt für uns auf dieser Welt eine Utopie. Paradoxerweise nähern wir uns ihr in dem gleichen Maße, in dem uns Tag für Tag ihre ständige Entzweiung bewußt wird. So führt der Weg zur Selbsterkenntnis, wenn ich so sagen darf, von einem Unbehagen zum anderen. Aber das langsame und tastende Vordringen ist viel fruchtbarer und lebendiger als eine lückenlose und abgeschlossene Selbsterkenntnis. Das Ich bleibt in seiner letzten, bewegenden, vielfältigen, geheimnisvollen und unbegreiflichen Wirklichkeit am Ende doch unfaßbar.

Wir müssen die Spannung, die zwischen Außen und Innen weiterbestehen bleibt, als unsere menschliche Situation hinnehmen. Gerade sie ist es, die uns zum eigentlichen Menschen macht. In der Natur sind alle anderen Geschöpfe einfach sie selbst und leiden nicht wie wir an diesem ständigen Mißverhältnis. Das ist auch der Grund, weshalb unsere gesamte Naturerkenntnis eine ganz andere Gewißheit hat als unsere Selbsterkenntnis. Wir müssen uns darein finden, lediglich in flüchtigen und blitzartigen Erleuchtungen ein wenig von uns zu ahnen, ohne uns wirklich zu kennen und uns damit zufrieden geben, von Dem erkannt zu werden, der uns allein kennt. „Wir sehen jetzt“, sagt Paulus, „durch einen Spiegel in einem dunklen Wort; dann aber von Angesicht zu Angesicht. Jetzt erkenne ich's stückweise, dann aber werde ich erkennen, gleichwie ich erkannt bin.“ (1. Kor. 13.12)

5. Die Biologie und das Leben

Ich weiß nicht genau, wie alt ich war. Es muß etwa das Alter gewesen sein, in dem man mit Begeisterung Jules Verne liest. Zum erstenmal in meinem Leben wurde ich zu einem wissenschaftlichen Vortrag mitgenommen. Das Auditorium maximum war brechend voll. Der berühmteste damalige Gelehrte Genfs, Raoul Pictet, sprach über das Thema: „Was ist das Leben?"

Er gehörte zu den Wissenschaftlern, die sich nicht in einem engen Spezialgebiet abkapseln. Nach seinen Arbeiten über Kälteerzeugung und Erscheinungen bei sehr tiefen Temperaturen, die seinen Ruf begründet hatten, wandte er sich der Zwillingsforschung zu.

Natürlich habe ich nicht alles verstanden. Aber ich glaube, daß mein Eindruck von jenem Vortrag richtig war: Ich war enttäuscht. Naiverweise hatte ich geglaubt, der Redner werde auf die Frage antworten, was das Leben sei. Er gab uns jedoch einen Bericht über die Feststellungen und statistischen Ergebnisse seiner Zwillingsforschung. Ich erfuhr, daß es zwei Arten von Zwillingen gibt: eineiige und zweieiige Zwillinge. Aber trotz meiner Jugend spürte ich doch, daß von da noch ein weiter Weg bis zur Erklärung des Lebens war.

Der Vortragende hatte sich – den Forderungen der Wissenschaft getreu – an seine Beobachtungen gehalten. Schuld an meiner Enttäuschung war der Vortragstitel, obwohl er typisch für die damalige Zeit war. Es herrschte damals ein mystischer Glaube an die Wissenschaft, und man setzte märchenhafte Hoffnungen auf sie. Die wissenschaftlichen Entdeckungen jagten einander. Welche Geheimnisse würde die Wissenschaft nicht erklären können?

Die Biologie hat seit der Zeit Raoul Pictets große Fortschritte gemacht, aber ebenso auch die Bescheidenheit der Biologen. Und nicht nur die Bescheidenheit der Biologen, sondern auch aller anderen Wissenschaftler. Die Angehörigen der exakten Naturwissenschaften, die Astronomen und Physiker, erkennen seit der Relativitätstheorie Einsteins und seit der Heisenbergschen Unbestimmtheitsrelation die unüberschreitbaren Grenzen der wissenschaftlichen Gewißheit an: Diese betrifft nicht die Dinge an sich, sondern die Beziehungen zwischen ihnen, nicht die Wirklichkeit selbst, sondern ein Bild der Wirklichkeit, in das ein Teil unserer eigenen Voraussetzungen eingeht.

Jeder kennt das erste der von Descartes aufgestellten Prinzipien: „Um zur Erkenntnis aller Dinge zu gelangen ... darf ich niemals etwas als wahr anerkennen, dessen Wahrheit ich nicht selber einsehe ... und ich darf nur über das urteilen, was sich meinem Geiste mit solcher Klarheit und Deutlichkeit zeigt, daß ich keinerlei Veranlassung dazu habe, daran zu zweifeln." Bis zum Beginn unseres Jahrhunderts hat man seitdem ehrlich geglaubt, auf dem Gebiet der Erkenntnis die sicheren und gewissen Ergebnisse der Wissenschaft von metaphysischen Spekulationen trennen zu können. Die Wissenschaft schien ein festes Gebäude zu sein, bei dem sich von unerschütterlichen Fundamenten aus ein Stein auf den anderen türmte. Diese Fundamente erweisen sich jedoch jetzt als Hypothesen und Konventionen.

Die Naturgesetze, die man zu Beginn des Jahrhunderts noch für absolut hielt, erscheinen ihrerseits nur mehr als statistische Gesetze, die wie soziologische und psychologische Gesetze vom Beobachter und seinem Standort abhängig sind.

Noch bescheidener ist man in der Biologie. Man erforscht zwar weiterhin die Gesetze, unter denen die Lebenserscheinungen stehen – für welche dieselben Vorbehalte gelten wie für die physikalischen Gesetze –, aber man muß zugleich zugeben, daß diese Gesetze nicht das Leben selbst erklären können. Genauso untersucht die Psychologie die Gesetzmäßigkeit der seelischen Erscheinungen, ohne daß deren Erforschung die psychologische Grundtatsache, das Bewußtsein, erklären kann, das keine Erscheinung, sondern eine eigene innere Erfahrung ist. Das Bewußtsein und das Gewissen gehören nach Arnault Tzanck nicht in den Bereich des „Wissens“, sondern den des „Glaubens“: „Wir nehmen einfach an, daß unsresgleichen ein Bewußtsein hat wie wir selbst. Aber das wissen wir nicht, sondern das glauben wir. Hier ist ein echter Glaubensakt im Spiel.“

So schreibt auch Siebeck: „Die Wissenschaft ist sich dessen bewußt geworden, daß sie zwar viele Dinge erklären kann, die mit dem Leben zusammenhängen, nicht aber das Leben selbst.“ Auch Viktor v. Weizsäcker erkennt wie er das unerforschbare Geheimnis des Lebens an. Zu den Medizinern gesellen sich die Fachbiologen, selbst diejenigen, die wie Jean Rostand noch eine ähnliche Wissenschaftsbegeisterung an den Tag legen wie einst Renan.

Vor allem ist das unerklärliche Auftauchen des Lebens – und genauso des Bewußtseins – die größte Lücke in der wissenschaftlichen Erklärung der Welt. „Eins ist sicher“, schreibt Friedel, „das Leben, jedenfalls in seiner wissenschaftlich zugänglichen Form, war auf der Erde nicht immer da, und jetzt ist es da.“ „Der Ursprung des Lebens hat noch keine genügende Erklärung gefunden“, schreibt Rostand. In diesem Satz verrät das kleine Wörtchen, „noch“ den Optimismus des Verfassers? Es deutet an, daß das Geheimnis vielleicht eines Tages gelüftet werden kann.

Andere Biologen, wie Lecomte du Noüy, haben dagegen mit großer Strenge dargelegt, daß eine Ableitung des Lebens aus dem bloßen selbständigen Zusammenspiel der physikalisch-chemischen Erscheinungen sehr wenig Wahrscheinlichkeit für sich hat. Er stützt sich dabei auf die Arbeiten eines Physikers, meines Lehrers Ch.-E. Guye, und schließt: „Die Wahrscheinlichkeit, daß auch nur ein einziges hochgradig asymmetrisches Molekül in der normalen Wärmebewegung der Atome und Moleküle durch Zufall entstanden sein könnte, ist praktisch gleich Null ..., somit bleiben die Erscheinungen, die das erste Auftreten, die Entwicklung und die fortschreitende Entfaltung des Lebens betreffen *ohne jede wissenschaftliche Erklärung.*“

Diese beiden in ihrer Haltung so verschiedenen Biologen stimmen auch darin überein, daß sie die Schwierigkeit anerkennen, das Leben auch nur zu definieren. „Das Problem des Lebens hat die Menschen stets in Atem gehalten. Trotzdem gibt es bis heute noch keine voll befriedigende Begriffsbestimmung", schreibt Lecomte du Noüy. Jean Rostand gesteht zunächst, daß wir die belebte und die unbelebte Welt lediglich „intuitiv" gegenüberstellen, und fährt dann fort: „Vielleicht haben die Lebewesen nicht ein einziges Merkmal, das man im Ansatz nicht auch in der anorganischen Welt finden könnte ...". Er zählt dann die Merkmale auf, die man als die spezifischen Kennzeichen des Lebens betrachten könnte: Fortbewegung, Gestalt, lebendige Ganzheit, Reizempfindlichkeit, zweckmäßige Reaktionen, Spontaneität, Gedächtnis, Beziehung zur Umwelt, Fortpflanzung, Wachstum und Anpassung. Er zeigt, daß alle diese Erscheinungen entweder nicht mit Sicherheit bei jedem Lebewesen vorhanden sind oder daß sie sich auch außerhalb des Lebens finden.

So besteht der lebende Organismus aus den gleichen physikalischen und chemischen Bausteinen wie die anorganische Welt, und an ihm treten analoge physikalisch-chemische Vorgänge auf. Ein berühmter Text Claude Bernards formuliert das Problem noch schärfer: „Ich bin der Ansicht, daß es bei einem Lebewesen notwendigerweise zwei verschiedene Erscheinungsbereiche geben muß: Erstens die Hervorbringung des Lebens und die Koordinierung der einzelnen Lebenserscheinungen; zweitens die Phänomene der Selbstzerstörung und des Todes. Nur der erste dieser beiden Erscheinungsbereiche läßt sich nicht unmittelbar mit etwas anderem vergleichen. Er kommt dem Lebendigen und nur dem Lebendigen zu. Dieser schrittweise Aufbau ist das eigentlich Lebendige ... Der zweite Bereich dagegen, die Selbstzerstörung des Lebens, ist meist von physikalisch-chemischer Art, das Ergebnis eines Verbrennungsvorgangs oder eines anderen mit vielen chemischen Zerfalls- und Spaltungserscheinungen vergleichbaren Vorgangs. Er wird zu einer Todeserscheinung, sobald er sich bei einem lebendigen Wesen abspielt ..."

„Wir sind hier bemerkenswerterweise die Opfer einer gewohnheitsmäßigen Täuschung; wenn wir von Lebenserscheinungen sprechen wollen, erwähnen wir in Wahrheit Todeserscheinungen. Die Lebensäußerungen fallen uns nicht auf. Die zentrale Organisation spielt sich *im Innern, lautlos und unsichtbar* für den Zuschauer, ab und b ringt in aller Stille die benötigten Stoffe zusammen. Dagegen springen uns die Zerstörungserscheinungen und die Zeichen des „lebendigen Sterbens" in die Augen und führen uns dazu, das Leben durch sie zu kennzeichnen." Tzancks Schlußfolgerung „Vom Leben sehen wir nur den Tod" wird jetzt eher verständlich.

Der Leser wird jetzt auch verstehen, worauf ich hinaus will: Auch das „Ich" bleibt „im Innern, lautlos und unsichtbar". Was wir sehen, ist die der Wissenschaft zugängliche Außenansicht, der sichtbare Ausdruck. Aber greifen wir nicht vor und bleiben wir zunächst bei Claude Bernard. An einer anderen Stelle hat er diese beiden Erscheinungsbereiche nochmals erläutert: „Nehmen wir zwei Eier, die beide unter denselben äußeren Bedingungen stehen und von denen das eine befruchtet und das andere unbefruchtet ist. Beide werden sich auflösen, das eine physikalisch-chemisch, das andere lebendig; was das zweite vom ersten unterscheidet, ist die hinzukommende Lebenskraft. Dieselben Elemente gestalten sich jetzt zu einem lebendigen Leib."

Eben dies hat den genialen Physiologen dazu geführt, zur Erklärung des Lebens den Begriff der „Lebenskraft" einzuführen, d.h. einen der Wissenschaft völlig fremden Begriff: „Das, was bewirkt, daß sich jedes Wesen nach einem Plan und einem bestimmten schon im voraus bestehenden Vorbild entwickelt und die wunderbare Unterordnung und das harmonische Zusammenwirken der Lebenserscheinungen hervorruft, ist nicht etwa ein zufälliges Zusammentreffen chemisch-physikalischer Vorgänge. Im lebendigen Leib gibt es so etwas wie eine Ordnung und ein oberstes Gesetz, das wir nicht einfach übergehen können, da es im Grunde der hervortretende Zug des Lebendigen ist."

*

Man kann verstehen, daß die Wissenschaft, die nur kausale Erklärungen kennt und jeden finalen Erklärungsversuch ablehnt, gar nicht imstande ist, das Leben zu begreifen.

Das Leben entspringt nicht aus den Lebenserscheinungen, sondern diese werden umgekehrt vom Leben geleitet: „Die Lebenskraft bestimmt Erscheinungen, die sie selber nicht hervorbringt; die physikalischen Kräfte bringen Erscheinungen hervor, die sie selber nicht bestimmen" (Claude Bernard).

„Unser Körper besteht aus Zellen und die Zellen aus Atomen, aber diese Zellen und Atome sind noch nicht die *ganze* Wirklichkeit des menschlichen Leibes. Die *Art und Weise,* wie diese Atome, Moleküle und schließlich Zellen wirken und die die Einheit des einzelnen Menschen ausmacht, ist gleichfalls eine, und zwar eine viel wichtigere Wirklichkeit."

Was das lebendige Wesen ausmacht, ist also nicht sein Bau und sind nicht die chemisch-physikalischen Vorgänge, die sich in ihm abspielen, sondern vielmehr die Lenkung und die lebendige Einheit dieser Vorgänge. Man könnte daher ein lebendes Wesen mit einem Orchester vergleichen, das von einem unsichtbaren Dirigenten geleitet wird. Der Wissenschaftler, der dieses Orchester als etwas objektiv Vorhandenes untersucht und in die einzelnen Musiker zerlegt, kann niemals das Geheimnis des Zusammenklangs erfassen, der sich aus ihrem Spiel ergibt. Denn wer diese Harmonie „prästabilisiert" hat, ist der Komponist, und wer sie zum Klingen bringt, ist der unsichtbare Dirigent, der allein das Ziel und Ende kennt, auf das er hinaus will. Der Komponist ist eine Art Erstursache oder Urwille, der den Entwurf gemacht hat; der Dirigent ist eine Zweitursache oder ein abgeleiteter Wille, der den ersten mehr oder weniger gut durchführt; das Orchester schließlich ist eine Vordergrundwirklichkeit, die diesen beiden Willensträgern mehr oder weniger gut gehorcht.

Das Thema dieses Buches entspricht demselben Schema: Der Komponist ist Gott, der den Plan der Schöpfung bis ins kleinste ausgearbeitet hat und auf ein bestimmtes Ziel und Ende hinaus will; der Dirigent ist das unsichtbare Ich, das diesem Plan mehr oder weniger folgt; das Orchester ist die sichtbare Form, in der sich mehr oder weniger die Absichten des Dirigenten ausdrükken.

Kehren wir zur Biologie zurück. Hier können wir wirklich nicht mehr erwarten, als aus dem Munde eines so entschiedenen

„Materialisten" wie J. Rostand einen „finalistischen" Ausdruck zu hören: „Alles sieht so aus, als ob der Keim einen Mechanismus von höchster Präzision in sich trüge, der so berechnet ist, daß das Endziel erreicht wird." Das Leben ist somit nicht durch eine der Wissenschaft zugängliche materielle Funktion, sondern durch eine immaterielle, geistige, finale Funktion gekennzeichnet.

Arnault Tzanck, der in der strengen Zucht des Laboratoriums und der Lehren der materialistischen Wissenschaft aufgewachsen ist, erzählt, wie er dazu kam, die unentbehrliche Rolle zu erkennen, die diese beiden nicht-materiellen Begriffe der Auslese und des Gedächtnisses für das Verständnis des Lebens spielen: „Es sieht so aus, als ob das Gewebe selbst die einzelnen Wirkstoffe wiedererkennen würde ... In einer solchen spezifischen Reaktion lassen sich leicht all die Züge wiederfinden, die man sonst dem Gedächtnis zuschreibt." Was er „schöpferisches Bewußtsein" nennt, ist offensichtlich das was ich in diesem Buch das eigentliche Ich, die Person nenne: eine nicht wahrnehmbare, unsichtbare aber grundlegende Wirklichkeit und Lebensquelle, deren Wirkungen wir indirekt in der wahrnehmbaren Wirklichkeit erfahren, mit der sich die Wissenschaft beschäftigt.

Alles im Leben ist Bewegung und ständiges Pendeln und Schwingen um ein mittleres Gleichgewicht. Starrheit bedeutet Tod. So ist auch die Zusammensetzung der Körpersäfte nur im Durchschnitt gleichbleibend und ist stets mehr oder weniger in Veränderung begriffen. Deswegen ist es in der Medizin auch so schwer, eine Grenze zwischen dem Normalen und dem Krankhaften festzulegen. Das Krankhafte ist eine zu starke Abweichung von der Mittellage, aber Gesundheit bedeutet keineswegs das Fehlen jeder solchen Abweichung.

Was also im Vergleich zur anorganischen Welt das Lebendige ausmacht, ist diese beständige Unbeständigkeit, die jedoch offenbar von einer regulierenden Kraft, von einem steuernden Bewußtsein gelenkt wird, denn im Normalzustand ist das Ausmaß der Abweichungen stets beschränkt. Es sieht so aus, als ob ein geheimnisvoller und verborgener Wille die Fähigkeit hätte, diesen komplizierten Organismus in einer bestimmten Richtung zu leiten und jeden Teil, der sich von dieser Richtung entfernt, immer wieder auf sie zurückzulenken.

In dem oben angeführten Gleichnis vom Orchester sprach ich davon, daß es „mehr oder weniger“ seinem Dirigenten und daß dieser wieder dem Komponisten folge. Wenn die Baßgeigen zu laut spielen, gibt ihnen der Dirigent ein Zeichen, leiser zu spielen. So entsteht die Annäherung an die Harmonie durch dauernde Korrektur aufkommender Disharmonien. Das ist genau das, was wir soeben beim lebenden Wesen sahen: Ständige kleine Abweichungen der einzelnen Organe und darüber gleichzeitig ein Wille, der nach einem vorausbestehenden Plan das Kräfte-Spiel alsbald wieder in Ordnung bringt.

„Man behandelt den Organismus als Apparat, und man hat auch recht damit. Aber man betrachtet ihn als mechanischen, starren, unbeweglichen Apparat, der auf die engen Grenzen mathematischer Präzision beschränkt ist, und damit hat man sehr unrecht. Der Organismus hat einen elastischen und anpassungsfähigen Mechanismus, er ist ein organischer Apparat ...“ So hat das lebendige Wesen im Vergleich zur anorganischen Welt einen bestimmten Spielraum, und gerade das macht es zum lebenden Wesen. Sein Leben erhält sich im Zusammenspiel dieser ständigen Abweichungen mit der ausgleichenden Steuerung durch die organische Sensibilität. Wir werden noch sehen, daß der Mensch im Vergleich zum Tier einen größeren Spielraum für solche Abweichungen hat, und gerade das ist es auch, was ihn zum Menschen macht.

Hier stoßen wir auf ein schwieriges Problem, das mir jedoch von größter Bedeutung für das Verständnis der Beziehung zwischen unserem eigentlichen Ich und unserer äußeren Erscheinung zu sein scheint.

Ein und dieselbe Bewegung hat im einen oder anderen Fall eine völlig andersartige Bedeutung. Im einen Fall handelt es sich um einen immer wiederholten automatischen Reflex, im anderen um eine einmalige Willensentscheidung. Was im Leben eines Menschen sichtbar und der wissenschaftlichen Beobachtung zugänglich wird, ist das, was sich automatisch abspielt, die feste Ausprägung, die wir uns geben. Denn die Wissenschaft übergeht die Einzeltatsache; sie kann ihre Gesetze nur aus sich wiederholenden Vorgängen ableiten. Ich meine hier natürlich die Naturwissenschaft, und eben durch diesen Unterschied wird die Geschichtswissenschaft zu einer ganz anderen Art Wissenschaft. Aber auch die Geschichte wird nur in dem Maße zur Wissenschaft, wie der Historiker mehrere ähnliche und dadurch typische Tatsachen miteinander vergleicht. Sonst bleibt sie nur eine Sammlung von unerklärbaren Einzeltatsachen.

So wird es verständlich, daß sich das Ich stets der gegenständlichen Untersuchung entzieht und daß wir immer nur die äußere Erscheinung vorfinden. Die Wissenschaft erfaßt am lebendigen Wesen nur die automatischen Abläufe. Dieses erscheint ihr lediglich als die Gesamtheit solcher Abläufe.

So scheint sich das Leben in zwei verschiedene Bereiche zu teilen, die den beiden Erscheinungsbereichen Claude Bernards entsprechen: Einmal gibt es einen schöpferischen Bereich einmaliger, schlagartiger und auf ein Ziel hin gerichteter Ereignisse. Er ist metaphysisch, der wissenschaftlichen Beobachtung unzugänglich und findet sich im Gegensatz zum anderen Bereich nur beim Leben selbst. Er entspricht dem Einschlag des Steuers an der Straßenkreuzung, mit dem eine bestimmte Richtung gewählt und der Wagen in diese Richtung gebracht wird.

Sodann gibt es einen zweiten physischen und der Wissenschaft zugänglichen kausalen Bereich automatischer, sich wiederholender und in der Zeit ablaufender Vorgänge. Er entspricht den unbewußten Steuerungsvorgängen, mit denen die einmal eingeschlagene Richtung aufrechterhalten wird.

Arnault Tzanck hat im Zusammenhang mit der Entwicklungslehre ein gutes Beispiel für diese Auffassung des Lebens gegeben. Es ist bekannt, daß die Lehre von der schrittweisen Umwandlung der Arten nach großartigen Anfangserfolgen aufgegeben werden mußte. Sie ging von der Hypothese einer natürlichen Abstammung der Arten aus, die notwendigerweise voraussetzte, daß „die Lebewesen fähig wären, neue Eigenschaften zu erwerben und ihren Nachkommen zu vererben... Nun findet man nicht nur keinerlei schlüssige Beweise solcher natürlichen Umwandlungen, sondern es ist auch nicht gelungen, künstliche

Veränderungen bei Organismen erblich übertragbar zu machen".*

Mit anderen Worten: Jede neue, schöpferische Erscheinung entzieht sich stets der wissenschaftlichen Beobachtung, die lediglich die mechanischen Abläufe sieht, die gerade zur „Starrheit der Arten gegen eine Entwicklung" beitragen. So schließt Tzanck: „Es sieht so aus, als ob am Anfang jeder Anpassung eine Möglichkeit der Wahl, d. h. ein Bewußtsein stünde. Es sieht ferner so aus, als ob solche bewußten Erwerbungen dann von der Materie wie von einem Gedächtnis mechanisch reproduzierbar wären. Von diesen zwei Dingen – der Anpassung einerseits, der Reproduktion andererseits – sind nur Fakten der zweiten Art unserem Wissen zugänglich."

In dem, was wesentlich, schöpferisch und persönlich ist, entgeht somit das Leben unserer Beobachtung; wir sehen nur die Automatik, die diesen ursprünglichen Akt fortsetzt und die an sich selbst nichts spezifisch Lebendiges hat. Diese Automatik gibt sowohl dem einzelnen wie der Gattung ihre feste Ausprägung; sie erzeugt den Typ. Was dagegen zur Person gehört, ist gerade die freie Wahl, all das, was nicht schon festgelegt, nicht schon determiniert ist und was nicht automatisch vor sich geht. Sichtbar wird es dagegen erst in den automatischen Abläufen, die es hervorgebracht hat. Wir verstehen jetzt, warum wir die äußere Ausprägung eines Menschen nicht vom eigentlichen Menschen trennen konnten und warum uns dieser nicht unmittelbar zugänglich war. Wir können lediglich seine Spuren in der Ausprägung verfolgen, in der er sich uns zeigt und die schon mehr oder weniger in ihrer Form erstarrt ist, wobei ihr Leben und Freiheit mehr oder weniger verlorengegangen sind.

So zeugt der geordnete mechanische Ablauf vom Leben und hebt er zugleich doch dabei das Leben auf. Er ist zugleich die bleibende Frucht, der unentbehrliche Diener und das Grab des Lebens.

*

---

* *Anmerk. d. Übers.:* Diese Ansicht ist durch die Mutationslehre überholt.

Sprechen wir zunächst von der bleibenden Frucht: Das habe ich im 4. Kapitel zu zeigen versucht, wo es sich als unmöglich herausstellte, die Ausprägung nach außen hin und das eigentliche Ich zu trennen, und in jedem Augenblick unseres Lebens ursprünglich und ganz von innen heraus zu leben. Unsere Existenz ist nach allen Richtungen hin aus solchen körperlichen, seelischen, moralischen, ja sogar religiösen feststehenden Verhaltensweisen gewebt, die unserem Dasein eine gewisse Kontinuität verleihen.

Ich habe oft mit jenen Leuten zu tun, die sich wie besessen um vollkommene Echtheit und Originalität bemühen. Sie möchten sich von der Abhängigkeit von ihrem Körper, von ihrer ererbten Welt, von ihren Komplexen, von ihren Reflexen, von ihrer Erziehung lösen, um ganz sie selber zu sein. Sie verteidigen sich gegen jeden äußeren Einfluß, aus Angst, dabei ihre Persönlichkeit zu verlieren. Sie möchten niemandem etwas verdanken, nur eigene neue Gedanken und Gefühle haben, die noch nie ein anderer empfunden hat.

In Wirklichkeit ist ihr Leben mittelmäßig, und ihre Persönlichkeit verarmt durch diesen Rückzug auf sich selber und durch das Fehlen jedes fruchtbaren Austausches mit anderen. Wenn wir all das wegdenken, was wir in der äußeren Form von anderen übernommen haben und was im Innern Gewohnheit ist – was bleibt von uns übrig? Eine große Leere. Im Gespräch mit einem dieser Leute kam mir ein Gleichnis in den Sinn: Man stickt nicht in der freien Luft, sondern auf einer Unterlage. Das ganze System der unserem Willen nicht unterworfenen Vorgänge ist eine solche Unterlage. Ohne sie könnte kein Wesen existieren, ohne sie gäbe es weder das leben noch die Möglichkeit einer solchen Stikkerei, wie sie der eigene Schöpfungsakt darstellt.

So sind zweitens die mechanischen Abläufe in der Tat notwendige Diener des Lebens. Wenn mein „schöpferisches Bewußtsein" sich jeden Augenblick mit dem Funktionieren jeder meiner Zellen und jedes meiner Organe sowie mit der Sekretion jeder meiner Drüsen beschäftigen wollte, dann wäre ich nicht mehr imstande, diese Zeilen zu schreiben. Durch solche mechanischen Abläufe schafft sich das Bewußtsein ein zusätzliches Guthaben.

In einem meisterhaften Buch schildert Paul Cossa den Aufbau des Nervensystems „vom Reflex bis zum seelischen Akt". Er zeigt, daß zwar die niederen konkreten Empfindungs- und Bewegungsfunktionen anatomisch genau lokalisiert sind, keineswegs jedoch die höheren und abstrakteren Funktionen des Bewußtseins, und daß der streng automatische Ablauf dieser niederen Funktionen die „fortschreitende Befreiung der Nervetätigkeit von ihrem anatomischen Untergrund" ermöglicht.

Unsere Organe funktionieren sogar sehr viel besser, wenn wir ihrer Selbsttätigkeit vertrauen und nicht an sie denken. Das läßt sich sehr gut bei Hypochondern sehen, die an unzähligen Funktionsstörungen leiden, weil sie ständig bewußt auf ihren Körper achten. Diese Störungen halten dann ihre Gedanken fest, und so ist der circulus vitiosus geschlossen. Ihre Beschäftigung mit sich selbst wird dann ihrerseits so automatisch, daß sie gar nicht mehr an etwas anderes denken können als an ihre Beschwerden.

Aber der mechanische Ablauf ist schließlich auch zugleich das Grab des Lebens. Wenn wir von jemandem sagen, daß er sehr lebendig und sehr persönlich im Umgang ist, dann verstehen wir gerade darunter, daß er voll von schöpferischer Phantasie, von unerwarteten Einfällen und überraschenden Erfindungen und Entdeckungen ist. Das ist das genaue Gegenteil eines schematischen Ablaufs. Und jene Routinetypen erscheinen schon als Tote, lange bevor sie körperlich sterben und alle leiblichen und seelischen Mechanismen aufhören, von denen sie selbst gewissermaßen überlebt worden sind.

Was den lebendigen Reichtum des Kindes ausmacht, ist gerade, daß es noch nicht wie der Erwachsene die erbarmungslose Prägemaschine von Konfektionsmustern durchlaufen hat. Seine Ursprünglichkeit ist ansteckend: wenn wir mit Kindern in Berührung kommen, fühlen wir uns freier, als ob der zu enge Anzug, in dem wir fast ersticken, ein wenig weiter geworden wäre. Und wenn die Gedanken und Gewohnheiten eines Menschen in einem starren System steckenbleiben, dann fühlen wir, daß er vorzeitig gealtert und das Leben in ihm erloschen ist. Endlos wiederholt er dieselben Gesten und dieselben Formeln, und man kennt bei jeder Gelegenheit schon im voraus seine Reaktionen.

In der Tat sind solche selbsttätig ablaufenden Vorgänge an uns nicht mehr im eigentlichen Sinn menschlich, sondern gehören nur noch zu uns als Lebewesen. Das gilt ohne Zweifel von dem mächtigen Spiel unserer Instinkte. Das gilt für die bedingten Reflexe, die wir in unserer Erziehung und in unseren Gewohnheiten angenommen haben. Aber sogar die von unseren Vorfahren ererbten sogenannten seelischen Archetypen, wie sie die Schule C. G. Jungs beschreibt und die uns ohne unser Wissen bestimmen, erinnern durch ihre Unabhängigkeit von unserem Willen an die nichtmenschlichen Lebewesen, auch wenn sie uns in gewisser Hinsicht von ihnen unterscheiden.

Beim Tier geht alles automatisch vor sich. Ich kann das gut an meinem Hund beobachten: In dem Augenblick, in dem wir unsere Schachpartie beendet haben, erhebt er sich und kommt auf uns zu, denn das ist immer der Auftakt zu seinem Spaziergang.

Es geht hier nicht darum, das Tier in uns zu verleugnen und den hochentwickelten Mechanismus abzulehnen, der auf jeden Reiz in völlig angemessener Weise reagiert. Vielmehr ist dies der Unterbau unseres Daseins. Aber wenn nichts anderes in mir da ist, dann bin ich kein Mensch. So ist zum Beispiel die Liebe, die wir wissenschaftlich erforschen können, nur eine natürliche Funktion. Ob es sich um den Sexualtrieb handelt oder um die Mutterliebe, um gefühlsmäßige Einstellungen oder um das Bedürfnis, zu lieben und geliebt zu werden – stets handelt es sich nur um automatische Reaktionen auf äußere Reize.

Aber wenn die Liebe plötzlich und unerwartet aufbricht, etwa einem Feind gegenüber, und an die Stelle der natürlichen Abwehr- und Angriffsreaktion tritt, wenn sie uns Gnade und Vergebung ins Herz legt und sich völlig selbstlos verstrahlt, dann liegt ein schöpferischer, wahrhaft freier und nicht determinierter Akt vor.

Dieses Handeln im eigentlichen Sinn, das wahrhaft ursprüngliche und schöpferische Handeln, bleibt aus dem übrigen Zusammenhang herausgelöst. Es ist einmalig und unberechenbar und entzieht sich somit der wissenschaftlichen Untersuchung. Hier tritt der eigentliche Mensch ans Licht und verwandelt die schon geprägte äußere Form. Aber auch das kann wiederum zum Ursprung einer neuen Reaktionsweise auf die verschiedensten Situationen, zu einem neuen Handlungsschema werden. Solche neuen Handlungsschemata sind dann wieder der objektiven psychologischen Untersuchung zugänglich. Sie sind dabei jedoch Zeugen jener ursprünglich hervorbrechenden Kraft.

Dasselbe scheint für das organische Leben zu gelten. Arnault Tzanck zitiert zwei Aussprüche Claude Bernards: „Leben heißt Schöpfung" und „Leben heißt Sterben". Darin liegt kein Widerspruch, wie er hinzufügt. „Das Leben ist zugleich Schöpfung und Sterben: Schöpfung im innersten und verborgenen Dasein – Sterben und Erstarrung in seinen äußeren Gestaltungen."

Freilich richten wir hier um der klaren Unterscheidung willen eine etwas zu schematische Trennungslinie zwischen den beiden Aspekten des Lebens auf, die in Wahrheit eng miteinander verbunden sind. In jeder Sekunde baut das Leben auf dem Untergang unserer Zellen auf. Die „Zersetzungserscheinungen", von denen Claude Bernard sprach, die allein der Wissenschaft zugänglichen chemisch-physikalischen Erscheinungen des Zellverfalls, die den anorganischen Erscheinungen völlig gleichen, spielen sich in uns ab, während wir leben, und ohne sie würden wir nicht leben können. Dasselbe gilt für unser bewußtes Leben, dessen von den Psychologen untersuchte Gedankenverbindungen und Assoziationen den chemischen Erscheinungen in unseren Zellen und Körpersäften in allen Punkten vergleichbar sind. Unser persönliches Leben ist also unlösbar an das Leben unserer körperlichen und seelischen Strukturen gebunden. Es braucht nur eine Störung bei diesen aufzutreten, und schon sind wir unfähig zu jeder schöpferischen Entscheidung.

Aber das Leben ist mehr als das. In der unerbittlichen Gleichförmigkeit aller mechanisch ablaufenden Vorgänge entspringt es immer wieder von neuem aus den geheimen Tiefen des Daseins. Es sprengt gleichsam in einzelnen Ausbrüchen die starren Formen, die es sich selbst auferlegt hat. Und so verwandelt auch plötzlich das Ich seine geprägte Form und gibt sich ein neues Gesicht.

„Das eigentliche Bewußtsein", schreibt Arnault Tzanck, „lebt nicht von Wiederholungen, sondern aus der schöpferischen Phantasie." Und „wahrhaftes Denken ist selbständiges und eigenständiges Denken", sagt er an anderer Stelle. So stört das schöpferische Ereignis und das aufbrechende Leben die feste Ordnung der Gewohnheit und schafft zugleich eine neue Ordnung an Stelle der bestehenden. Man könnte sagen, daß das Leben zwischen seinen allein sichtbaren gewohnten Bahnen und seinem plötzlichen blitzartigen und unfaßbaren Aufleuchten, mit dem es sich aus diesen Bahnen befreit, wie ein Herzschlag pulsiert. In einem solchen vorübergehenden plötzlichen Aufleuchten zeigt sich unser Ich, während die dauerhaften Formen unser Kleid sind.

Nur ein Automat, ein Toter, ein Gegenstand sind völlig stabil. Wir finden hier wieder die Begriffe des Spielraums und der Schwankungsgrenze, die ich schon als charakteristisch für das Leben bezeichnet habe.

Wir stoßen hier auch auf die alte philosophische Unterscheidung der *Natura naturans* und *Natura naturata:* Das Leben ist zugleich schöpferischer Ursprung der Natur und natürlicher Zustand des Geschaffenen, das wir erforschen. Den schöpferischen Ursprung können wir nicht greifen sowenig wie manche chemische Stoffe „in statu nascendi". Denn sobald diese in einer chemischen Reaktion auftreten, verbinden sie sich schon mit anderen Teilchen.

Genausowenig kann uns die genaue Untersuchung eines Verbrennungsmotors sagen, warum er läuft. Denn es bedurfte eines äußeren Anstoßes, um den Funktionskreislauf in Gang zu setzen, in dem sich die empfangene Bewegung fortsetzt.

Das erklärt Bergsons bekannten Ausspruch: „Der Verstand ist seinem Wesen nach nicht in der Lage, das Leben zu verstehen." An einer anderen Stelle präzisiert er diese Behauptung: „Der Verstand ... kann nur diskontinuierliche und bewegliche Dinge erfassen, er ist außerstande, das Leben in seiner Kontinuität und in seiner Weiterbewegung zu begreifen." Er nähert sich damit der orientalischen Weisheit: „Wir wissen nicht, was das Leben ist", sagt Konfuzius.

6. Die Psychologie und der Geist

Diejenigen meiner Kollegen, die alles Metaphysische aus der Medizin verbannt haben, werden solche Schlußfolgerungen natürlich nicht anerkennen. Sie sind auch ehrlich davon überzeugt, dadurch den Dingen besser gerecht zu werden. Sie können mir mit Recht eine vorgefaßte Meinung vorwerfen, und zwar die des Gläubigen, der davon überzeugt ist, daß der Ursprung der Welt, die Quelle des Lebens und des Bewußtseins außerhalb der physischen Welt bei einem freien und schöpferischen Willen liegt, den er Gott nennt, und daß auch die Person, durch die sich der Mensch vom Tier unterscheidet, als „Ebenbild Gottes" (1. Mos. 1,27) eine solche unsichtbare Existenz hat. Aber genausogut finde auch ich bei diesen Kollegen eine vorgefaßte Meinung, und zwar die des Positivismus, der nur das als wirklich gelten läßt, was der wissenschaftlichen Untersuchung zugänglich ist.

Ich glaube nicht, daß eine rationale Diskussion unsere Streitfrage lösen könnte. Ich wollte nur so viel zeigen, daß die positivistische Wissenschaft, jedenfalls auf ihrem gegenwärtigen Stand, keine Erklärung für das Leben geben kann. Wenn ich sage, daß das Leben und die Person geistiger Art sind, dann bin ich freilich der erste, der zugibt, daß man das nur annehmen und glauben, aber nicht beweisen kann.

Jedenfalls besteht eine erstaunliche Gleichartigkeit zwischen dem Problem des Lebens und dem der Person. Wahrscheinlich ist es kein Zufall, daß beide verhüllt und verborgen bleiben und wir nur ihre mittelbaren Auswirkungen zu Gesicht bekommen. Die Lehre, die uns hier soeben die Biologie gegeben hat, scheint mir für die Frage nach der Person von großer Wichtigkeit zu sein. Ich bin nicht nur Psychologe, sondern ich bin auch Arzt, und zwar Arzt für den Leib wie für die Seele, und möchte das auch bleiben. Es scheint mir, daß den Psychologen, die nicht zugleich auch Arzt sind, eine wichtige Urteilsgrundlage fehlt. Die Anatomie und die Physiologie bleiben die Grundlage für die Kenntnis des Menschen. Unser ganzes Leben lang bleiben wir von unserem Leib abhängig und können uns nur innerhalb der von ihm gesetzten Grenzen bewegen und entwickeln.

Ob wir nun von einem Leitbild, einem Lebensplan oder einer Lebenskraft, mit Bergson von einem „élan vital", oder von einem schöpferischen Bewußtsein sprechen, stets greifen wir dabei zur Erklärung des Lebens auf eine geistige Kraft zurück, die außerhalb der sinnlich wahrnehmbaren Welt liegt, aber in dieser Welt eine wahrnehmbare Bewegung hervorruft. Ich habe nicht vor, diese verborgene Wirklichkeit zu beweisen, denn sie entzieht sich ja gerade der gegenständlichen, objektiven Beobachtung. Ich behaupte nur, daß es die einzig zufriedenstellende Erklärung der Erscheinungen ist, die wir in der Biologie beobachten können. Wir setzen damit eine unsichtbare geistige Macht voraus, die die sichtbare Welt des Lebendigen beseelt.

Genau das ist die Auffassung der Bibel. Die schöpferische Kraft ist Gott, das göttliche Wort, das zunächst die anorganische Welt ins „Dasein" und darauf die biologische Welt ins Leben ruft: „Und Gott der Herr machte den Menschen aus einem Erdenkloß, und er blies ihm ein den lebendigen Odem in seine Nase. Und also ward der Mensch eine lebendige Seele" (1. Mos. 2,7). Und Paulus verkündet auf dem Areopag zu Athen den „Gott, der die Welt gemacht hat und alles, was darinnen ist", und sagt weiter, daß er „nicht ferne von einem jeglichen unter uns" ist, denn „in ihm leben, weben und sind wir." (Apg 17,24 und 28).

Ich möchte versuchen, zu zeigen, wie diese Auffassung manche Schwierigkeit auf dem Gebiete der Medizin löst, die ohne sie völlig unüberwindlich erscheint. Kommen wir nochmals auf unser Gleichnis vom Orchester zurück. In jedem Orchester gibt es zwei Hauptgruppen von Instrumenten: die Streichinstrumente und die Blasinstrumente. Wir können den Körper und die Seele der lebenden Wesen mit diesen beiden Teilen des Orchesters vergleichen, wobei ich mit „Seele“ natürlich nicht die Seele der Theologen meine – d.h. die Seele im religiösen und transzendenten Sinn –, sondern die Seele der Psychologen, die Psyche.

Die beiden Instrumentegruppen werden geleitet und aufeinander abgestimmt von jenem unsichtbaren Dirigenten, von dem ich oben sprach. Je nach dem Plan des Komponisten läßt dieser Dirigent das Hauptthema bald von der einen, bald von der anderen Gruppe spielen. Ganz genauso fallen uns nun auch bei einem Kranken bald körperliche, bald seelische Symptome ins Auge, stets aber gibt es Symptome in beiden Bereichen zugleich.

Ohne den unsichtbaren Dirigenten bleibt die erstaunliche Beziehung zwischen den organischen und seelischen Erscheinungen ein unlösbares Geheimnis. So bin ich zum Beispiel traurig (seelisches Zeichen) und weine (körperliches Zeichen). Was stellt hier sicher, daß sich beide Erscheinungen entsprechen? Ich kann, wie es manche Ärzte tun, annehmen, daß ich weine, weil ich traurig bin. Das wäre die psychogene Deutung. Aber der Wirkungszusammenhang bleibt völlig ungeklärt: Warum bewirkt meine Traurigkeit eine Sekretion der Tränendrüsen und nicht eine Kontraktion des großen Zehs? Andere Ärzte wieder würden sagen, daß ich das Gefühl der Traurigkeit habe, weil meine Tränendrüsen in Tätigkeit sind (wobei sich natürlich gleichzeitig noch viele andere Vorgänge in meinem vegetativen Nervensystem vollziehen). Das wäre die organische Deutung. Aber dann bleibt immer noch ungeklärt, warum diese Veränderungen des Nervensystems gerade mit traurigen und nicht etwa mit fröhlichen Empfindungen verbunden sind.

Auf jeden Fall ist die Auseinandersetzung zwischen den Anhängern der psychogenen und den Anhängern der somatischen Deutung ausweglos festgefahren. Das einzige, was wir feststellen können, ist, daß die seelischen und körperlichen Erscheinungen miteinander in Einklang stehen. Es ist unmöglich, zu beweisen, daß die eine Erscheinung von der anderen abhängig ist oder daß beide, wie ich es hier behaupte, von einem unsichtbaren Dirigenten, nämlich von der Person, abhängig sind. Für mich hängt weder die Seele vom Körper noch der Körper von der Seele ab, sondern beide sind für mich der Ausdruck einer unsichtbaren geistigen Wirklichkeit, der Person.

Ich habe vorhin das einfache Beispiel der Tränen gewählt, um mich leichter verständlich zu machen. Aber das Problem findet sich überall in der gesamten Medizin wieder. Der Einklang von seelischen und körperlichen Erscheinungen hat die Ärzte schon seit Hippokrates in Atem gehalten, ohne daß man vom rein wissenschaftlichen Standpunkt aus eine befriedigende Lösung gefunden hätte.

Formt die Seele den Körper, oder wird die Seele vom Körper bestimmt? Niemand kann diese Fragen mit Sicherheit entscheiden.

Die meisten Ärzte beschäftigen sich kaum mit diesen verwirrenden Grundsatzfragen. Sie sind Praktiker, die je nach dem einzelnen Fall bald zu einer somatischen, bald zu einer seelischen Deutung greifen. Bei jedem einzelnen Fall stellen sie sich mehr oder weniger ausdrücklich die Frage: Handelt es sich um eine körperliche oder um eine seelische Störung? Wenn sie mit den körperlichen Medikamenten keinen Erfolg haben, sagen sie sich: Das ist sicher nervös bedingt. Und wenn die Psychotherapie versagt, denken sie: Es muß sich doch um eine organische Störung handeln.

Die Medizin, die ich noch gelernt habe, unterschied also zwei völlig verschiedene Krankheitsarten: die organischen Krankheiten und die seelisch bedingten Funktionsstörungen. Diese Trennung hat mir nie gefallen.

Die amerikanische psycho-somatische Schule hat uns gezeigt, daß ein schwerer organischer Schaden, wie z.B. ein Magengeschwür, in dem die klassische Medizin die Erstursache der Krankheit sah, gerade umgekehrt nach jahrelangen rein seelisch bedingten Funktionsstörungen das Endergebnis der Krankheit sein kann. So hat auch René Leriche in vielen Veröffentlichungen unser Denken mehr in die Richtung einer ganzheitlichen Sicht gelenkt. Er zeigt, daß ein organischer Schaden, der in die chirurgische Abteilung gehört, und zwar eine Hüftversteifung, sich jahrelang in aller Stille durch ganz geringfügige und völlig unspezifische Gewebestörungen vorbereitet hat.

Es scheint also, daß wir darauf verzichten müssen, so wie wir es noch gelernt haben, organische Krankheiten und seelische Funktionsstörungen einander gegenüberzustellen, daß wir vielmehr an die Stelle dieser Unterscheidung einen anderen Krankheitsbegriff setzen müssen, nach dem eine Krankheit gleichzeitig in körperlichen und seelischen, jedoch mehr oder weniger reversiblen Veränderungen in Erscheinung tritt. Die ständigen physiologischen Schwankungen, von denen ich im letzten Kapitel gesprochen habe, sind nicht nur Funktionsveränderungen, sondern haben auch eine organische Seite, denn sie zeigen sich in der Form anderer prozentualer Zusammensetzungen im Labor, als Schatten auf dem Röntgenschirm oder als Veränderungen im mikroskopischen Bereich. Aber sie sind wieder umkehrbar, solange die Regulierung durch die „organische Sensibilität" erhalten bleibt.

Je weiter diese Schwankungen gehen oder je öfter sie sich wiederholen, desto weniger werden sie noch umkehrbar. Dann liegt das vor, was wir eine körperliche oder seelische „Beschädigung" nennen. Vielleicht wäre es besser, dazu „Narbe" (oder „Schaden") zu sagen. Der Körper ist weniger elastisch als die Seele, so wie das Messing der Blasinstrumente in unserem Orchester weniger elastisch ist als die Saiten der Streichinstrumente. Wenn die Verletzungen und Beschädigungen ihre Umkehrbarkeit verlieren und damit die Regenerationsfähigkeit aufhört, dann versagt an dieser Stelle die selbsttätige Regulierung, sie fixieren sich und vernarben als bleibende Schäden.

*

Es zeigt sich, daß eine solche Auffassung des Menschen unendlich viel befriedigender für das Denken ist als ein nur körperlicher oder nur psychischer oder abwechselnd körperlicher und psychischer Begriff. Sowohl die körperlichen als auch die seelischen Erscheinungen des gesunden wie auch des kranken Menschen hätten danach ihren Ursprung im Geist und in der geistigen Bestimmung des Menschen. Körper und Seele wären lediglich die Ausdrucksmittel des Geistes, der alle beide lenkt und dadurch aufeinander abnimmt. Unserer wissenschaftlichen

Untersuchung erscheinen beide dann als bloße Mechanismen, d.h. also in einer festen Form, die jedoch Ausdrucksmittel für die geistige Wirklichkeit der Person ist.

Als ich vor kurzem in Skandinavien war, sprachen meine Kolkegen von den Arbeiten Heinrich Huebschmanns, die dabei von einem Lungenspezialisten unter ihnen heftig kritisiert wurden. Huebschmann hat eine große Zahl von Lungenkranken psychologisch untersucht und hat dabei gezeigt, daß die Entwicklungsstadien der körperlichen Krankheit regelmäßig mit den Zeiten zusammenfallen, in denen der Betreffende unter schweren seelischen Konflikten, vor allem unter Gewissenskonflikten litt. Der norwegische Lungenspezialist wehrte sich anscheinend gegen diese Tendenz, den organischen Krankheiten eine „psychologische Deutung" zu geben.

Meiner Meinung nach liegt hier eine bedeutsame Begriffsverwirrung vor. Ich sehe meinerseits in den Arbeiten Huebschmanns nicht eine „psychologische Deutung", sondern eine geistige Deutung, und das ist etwas völlig anderes. Ein schwerer Gewissenskonflikt ist nicht nur eine psychologische Erscheinung, sondern ein geistiges Geschehen, in dem es um das Schicksal der Person geht.

Im vergangenen Jahr kam eine Lungenkranke in meine Sprechstunde. Sie war seit mehr als vier Jahren Patientin bei einem bekannten Lungenspezialisten, der sie übrigens ausgezeichnet behandelte. Schon vor zwei Jahren hatte sie ihm gegenüber den Wunsch geäußert, sich bei mir behandeln zu lassen. Er hatte ihr jedoch davon abgeraten: „Dr. Tournier behandelt Nervenkranke, Sie sind jedoch nicht nervenkrank, sondern lungenkrank!" Als ihr dann der Arzt im letzten Jahr für den Winter zu einem Gebirgsaufenthalt riet, kam sie wieder auf ihren ursprünglichen Wunsch zurück. Darauf lehnte ich selbst es paradoxerweise zunächst ab, sie zu behandeln, weil ich fürchtete, daß unter dem Vorwand einer seelischen Behandlung die notwendige körperliche Pflege zu sehr ins Hintertreffen komme.

Aber die Kranke trug ihren Wunsch sowohl dem behandelnden Arzt wie auch mir selber mit soviel Nachdruck vor, daß ich mit seinem Einverständnis in eine Behandlung einwilligte. Dabei stellte sich heraus, daß die Kranke unter einer großen Anzahl seelischer Probleme litt, die mein Kollege natürlich weder durch Abhören der Brust noch durch Röntgendurchleuchtungen entdecken konnte. Sie litt zunächst an einem Verlassenheits- und einem Minderwertigkeitskomplex, die beide auf ihre Kindheit zurückgingen. Dann hatte sie religiöse Schwierigkeiten: Sie war katholisch und hatte in zweiter Ehe einen geschiedenen Protestanten geheiratet, was sie in Konflikt mit ihrer Kirche brachte. Schließlich bestanden noch andere Schwierigkeiten, vor allem im Zusammenhang mit den Kindern, die ihr Mann aus erster Ehe mitgebracht hatte.

Sehr bald erzählte sie mir dann noch mehr von sich. So kamen wir ganz unmerklich von der Psychologie in den Bereich der geistigen Konflikte. Als junges Mädchen hatte sie in einem katholischen Pensionat Freundschaft mit einer Ausländerin geschlossen, die eine begeisterte Nietzscheanhängerin war. Sie war noch viel zu kindlich, um der Auseinandersetzung mit einem Freigeist gewachsen zu sein. So ließ sie sich bald bekehren. Die Religion, in der sie aufgewachsen war, stellte sich ihr jetzt als Trugbild dar. Seit damals war sie nicht mehr imstande, zu beten, nicht einmal beim unglücklichen Tod ihres ersten Mannes. Sie spürte zwar, daß ihr etwas fehlte, hatte aber nie jemanden gefunden, dem sie sich anvertrauen konnte.

Auf unsere Aussprache hin fand sie ihren katholischen Glauben wieder. Als sie zum nächsten Gespräch kam, strahlte sie und erzählte mir, daß sie wieder beten könne. Halb im Scherz fügte sie hinzu, daß sie jetzt abends, wenn ihr Mann – ein vielbeschäftigter Industrieller – später nach Hause kam, nicht mehr vor Unruhe verging, sondern in seiner Verspätung eine gute Gelegenheit zur Sammlung und Erholung sah. Von dem Tag an besserte sich ihr Lungenzustand zusehends. Vier Monate später konnte mein Kollege die Heilung der Tuberkulose feststellen.

Dieser Fall beleuchtet sehr gut das grundsätzliche Problem der Beziehungen zwischen Körper, Seele und Geist. Ich will damit nicht etwa sagen, daß sie an einer „psychogenen Tuberkulose“ litt. Ich behaupte vielmehr, daß hier ein geistiges Problem vorlag, das sich zugleich auf ihre körperliche und auf ihre seelische Gesundheit auswirkte, so daß mein Kollege körperliche und ich selber seelische Symptome bei ihr feststellen konnten.

Wir sind hier in den geistigen Bereich zwar auf dem Weg über die Psychologie eingedrungen, denn die Psychologie unterstützt den persönlichen Kontakt viel mehr als eine körperliche Untersuchung oder eine Röntgendurchleuchtung. Aber ehrlich gesagt habe ich in diesem Fall keine sehr gelehrte Psychologie getrieben. Ich kann mich nicht besinnen, eine einzige Traumanalyse gemacht zu haben. Ich habe nur einfach mit der Kranken gesprochen und ihr zugehört, wie es jeder praktische Arzt nach der körperlichen Untersuchung tun könnte.

Es zeigt sich, wie wichtig diese Unterscheidung zwischen den beiden Bereichen der Psychologie und des Geistes ist, auf deren deutliche Trennung ich soviel Wert lege. Die Psychologie ist eine Wissenschaft, eine Methode, eine Technik, die psychische Zusammenhänge und Abläufe aufdeckt. Aber sobald es im Laufe einer Behandlung um das Verhalten des Kranken gegenüber dem Nächsten und sich selbst, gegenüber Gott und dem Leben geht, haben wir den technischen Bereich verlassen und befinden uns im Gebiet der Ethik und Metaphysik. Von da an betreibt der Arzt nicht mehr Psychotherapie, sondern Seelsorge.

Man hat mir schon manches Mal vorgeworfen, die Grenze zwischen den beiden Bereichen mißachtet und diese gefährlich vermengt zu haben. Die Gefahr scheint jedoch eher darin zu liegen, daß man sie nicht offen und mit voller Überlegung, wie ich es hier tue, sondern unbewußt miteinander vermengt. Alle Psychotherapeuten müssen in der Praxis beide Seiten sehen. Die Grenze wird jedoch gerade von demjenigen mißachtet, der vergißt, sich als reiner Psychotherapeut an den wissenschaftlichen Bereich der Psychologie zu halten, während er in Wirklichkeit bereits Seelsorge betreibt.

Der Psychotherapeut zum Beispiel, der einem Kranken – in einer übrigens ziemlich naiven therapeutischen Absicht – nahelegt, „sexuelle Erfahrungen" außerhalb der Ehe zu suchen, treibt nicht mehr Psychotherapie, sondern Seelsorge, freilich eine Seelsorge nach seiner eignen Theologie, die aus den Instinkten einen Gott macht. Wenn mich Ärzte oder Theologen fragen, ob es recht sei, daß sich der Arzt auf das in ihren Augen außerhalb der Heilkunst liegende geistig-religiöse Gebiet einläßt, muß ich daher mit einer Gegenfrage antworten: Was für eine Art Seelsorge betreibt er? An welche Theologie, an welche Auffassung vom Menschen und von der Welt schließt sich diese Seelsorge an?

Die Grenze ist freilich sehr schwer zu ziehen, und man merkt kaum, wenn man sie überschreitet. Ich habe dies vor kurzem in einem Aufsatz über die vier Hauptaufgaben des Psychotherapeuten zu zeigen versucht. Die Grenzüberschreitung geschieht zunächst in der „Katharsis": Sobald der Kranke von all dem gesprochen hat, was er von anderen erlitten hat, spricht er regelmäßig auch von dem, was er als eigene Schuld empfindet. Damit ist das Problem der Sünde aufgeworfen, und mit der Sünde taucht auch die Frage nach der Gnade auf, der einzigen Antwort, die es auf die Sünde gibt. Mit diesen Fragen ist jedoch der technisch-analytische Bereich schon überschritten.

Sodann in der „Übertragung": Hier geht es, wie Alphonse Maeder gezeigt hat, nicht nur um eine bloße Gefühlsbindung, sondern um einen persönlichen Kontakt, eine geistige Erfahrung und Gemeinschaft. Ferner in der Selbsterkenntnis und Gewissenserforschung: Je mehr der Kranke sich über sich selber klar wird, desto mehr erfährt er an sich den obenerwähnten unlösbaren menschlichen Widerspruch und das Unvermögen des Menschen, das zu verwirklichen, worum es ihm eigentlich geht. Was er jetzt nötig hat, ist nicht mehr nur die Heilung, sondern das Heil, die Gewißheit der eigenen Erlösung und der Erlösung der ganzen Welt.

Und schließlich haben wir gesehen, daß der Psychotherapeut unvermeidlich auch zum Philosophen wird. Das Eindringen in die Tiefen der Seele stellt ihn notwendig vor Fragen, auf welche die Technik der Seelenbehandlung keine Antwort gibt. Selbst wenn der Psychotherapeut auf diese Fragen keine Antwort gibt und sich streng an seine grundsätzliche Neutralität in geistig-religiösen Angelegenheiten hält, übt er durch seine eigene Haltung in diesen Dingen notwendigerweise einen Einfluß auf seinen Patienten aus, und zwar einen nicht mehr im eigentlichen Sinne psychotherapeutischen, sondern einen geistig-religiösen, einen Einfluß, der nicht mehr von der angewandten psychotherapeutischen Technik abhängt, sondern von dem, was er als Mensch ist, von seiner eigenen Weltanschauung und von seinem Glauben. Das gilt übrigens für jeden Arzt, sogar für den Chirurgen; denn jeder Arzt übt einen seelischen Einfluß auf den Kranken aus.

Ich möchte hier an einen Satz Kütemeyers erinnern: „Der Geist steht der Seele nicht näher als dem Körper." Das geistig-religiöse Leben nimmt den ganzen Menschen in Anspruch, nicht nur die Psyche, mit der sich die Psychologen beschäftigen. „Das Wesentliche für den Menschen ist und bleibt der Glaube", sagt Alphonse Maeder. „Die Person entsteht aus dem Geist", schreibt A. Stocker. Auch wenn die Grenze zwischen der Psychologie und dem Geist schwer zu bestimmen ist, treten wir hier doch in einen völlig anderen Bereich ein, in den Bereich der Werturteile, des Glaubens und der verbindlichen Entscheidungen – mit einem Wort in den Bereich der Person und nicht mehr der selbsttätig ablaufenden psychischen Vorgänge. Und das Schicksal dieses geistigen Lebens drückt sich gleichermaßen im Körper wie in der Seele aus.

Das Wirken des Geistes wird in dieser Welt nur in den physischen oder psychischen Erscheinungen sichtbar, die von ihm abhängen; in nachlassender oder frischer Lebenskraft, in Seelenzuständen, Gefühlen und Gedanken. Das führt zu manchen Schwierigkeiten, denn wenn der Körper oder das Gemüt durch Krankheit verändert sind, geben sie ein falsches Bild des geistigen Lebens. So werden Deprimierte von falschen Schuldgefühlen geplagt und machen aus psychischen Störungen eine Gewissensfrage. Das ist genauso, als ob wir durch ein rotes Fenster sehen und uns dadurch die ganze Landschaft rot erscheint.

Auch kommen wir zur Person nur auf dem Weg über eine schon festliegende Gestalt (personnage), sei es die physische Gestalt für die organische Medizin oder die psychische Gestalt für die wissenschaftliche Psychologie. So geben uns die Körperform, die Bildung des Gesichts, die Gestalt der Hände und alle anderen Ausprägungen des Leibes genauso Auskunft über die Person wie die psychischen Komplexe oder psychologischen Testergebnisse. Wenn ich bis jetzt noch nicht von diesen psychologischen Testen gesprochen habe – worüber sich der Leser vielleicht generseits aus den angeborenen Anlagen sowie andererseits aus all nicht sehen würde.

Von all diesen Testverfahren wende ich vor allem das älteste an, das C. G. Jung aufgebracht hat und das auf der an einzelne Worte anknüpfenden freien Gedankenassoziation beruht. Desgleichen verwende ich den bekanntesten Test, den Rohrschachtest, bei dem die freie Gedankenassoziation an die abenteuerlichen Konturen eines Tintenflecks anknüpft, der sich durch Falten und Pressen auf dem Papier ausgebreitet hat.

Aber es liegt auf der Hand, daß psychologische Teste – wie jede andere wissenschaftliche Technik – nur indirekt zur Person hinführen. Sie zeigen ihrem Wesen nach nur automatische Reaktionen. Ihr Wert besteht ja gerade darin, daß sie Reaktionen des betreffenden Menschen zeigen, die möglichst unabhängig von der bewußten Kontrolle des Verstandes, des Gewissens und des Willens sind. Bestenfalls kann man sie als Mittel zum Studium der Persönlichkeit bezeichnen. Die Persönlichkeit liegt zwischen der Person und der äußeren Erscheinung; denn sie setzt sich einerseits aus den angeborenen Anlagen sowie andererseits aus all dem zusammen, was durch Erziehung und Lebenserfahrung zu diesen Anlagen hinzugekommen ist. Aber sie gehört zum Bereich der festen Formen, so wie ich diesen hier definiert habe, denn sie ist lediglich eine Gesamtheit von verfestigten Strukturen und Verhaltensweisen.

Die Tiefenpsychologie kann zweifellos ein sehr guter Weg zum persönlichen Kontakt und zu einer wahren geistigen Begegnung sein, denn sie zwingt den Arzt aus seiner kühlen und intellektuellen Sachlichkeit heraus. „Durch die Psychoanalyse ist das Subjektive in die Psychopathologie eingeführt worden“, schreibt Viktor v. Weizsäcker. Aber wenn sie in einer zu weitgehenden Verallgemeinerung ihrer Lehren den Anspruch erhebt, eine vollständige Erklärung des Menschen zu liefern, kann sie diesen auch entpersönlichen und als eine automatisch ablaufende Maschine darstellen, die genauso determiniert ist wie der Esel Buridans.

*

Es bleibt noch zu sagen, daß auch das geistige Leben selbst diese zwei Seiten hat, von denen ich sprach, denn es besteht sowohl aus einzelnen schöpferischen Erleuchtungen wie auch aus der bleibenden Fähigkeit zu automatisch ablaufenden Routinehandlungen. Schon in der Kunst finden wir diese Verbindung: Ein Kunstwerk entspringt der schöpferischen Inspiration, aber zu seiner Hervorbringung bedarf es einer Technik, und das heißt einer erworbenen automatisch ablaufenden Routine.

Nicht anders ist es im religiösen Leben selbst. Dort finden wir Punkt für Punkt wieder, was wir vom Leben gesagt haben.

Sprechen wir zunächst von den Schwankungen: Es kommen viele Leute zu mir, die von einem stetigen und festen religiösen Leben träumen. Sie werfen sich vor, daß sie aus Begeisterung wieder in Lauheit und aus Gehorsam wieder in Sünde zurückfallen. Sicher haben sie damit recht, und auch ich werfe mir dies vor. Aber ich muß ihnen doch zugleich verständlich machen, daß dies unsere normale menschliche Situation ist. Es gibt kaum so etwas wie ein völlig stetiges religiöses Leben. Zudem wäre dies auch ein eher indisches als christliches Ideal, wenn man etwa an das Erlöschen der Person und das Aufgehen im All denkt.

Gott und der Kontakt mit Ihm ist kein „Besitz". Man verliert ihn und findet ihn wieder, und eben dies ist die echte und lebendige religiöse Erfahrung. Sie gleicht einem Abenteuer, wie es das Beispiel des verlorenen Sohnes zeigt.

Gott hat dem Menschen mit seiner Freiheit einen größeren Spielraum gelassen als dem Tier. Ich spreche jetzt nicht mehr nur von dem Spielraum für organische Veränderungen, von dem oben die Rede war und der das körperliche Leben erhält, sondern ich spreche von dem Spielraum moralischen Ungehorsams, der – wenn ich so sagen darf – das religiöse Leben erhält. Das moralische Gewissen entspricht hier genau der „organischen Sensibilität". Es tritt in Tätigkeit, sobald wir den von Gott vorgezeichneten Weg verlassen, um uns auf diesen Weg zurückzuführen. Gerade die Erfahrung der Reue und Buße versöhnt uns mit Gott und gibt unserem religiösen Leben neue Kraft. Genaugenommen ist es nicht die Reue und die Buße, die uns mit Gott versöhnt, sondern die Versöhnung geht über Christus und über die göttliche Gnade. Aber die Reue und Buße sind dabei unumgänglich, wie es auch Christus selbst von Anfang an gesagt hat: „Tut Buße, denn das Himmelreich ist nahe herbeigekommen." (Matth. 4,17)

So verwirklicht sich der Plan Gottes in unserem geistig-religiösen Leben ebenso wie in unserem organischen Leben durch die ständige Korrektur unserer Abweichungen. Ich habe von den Unstimmigkeiten zwischen unserem wahren Ich und unserer Lebensform gesprochen, von dem Unbehagen, das diese Unstimmigkeiten erzeugen und von der tiefen Beschämung, die wir empfinden, wenn wir merken, daß wir nicht das sind, was wir sein wollten und zu sein glaubten. Solche Augenblicke sind Marksteine in unserem religiösen Leben: Wir fallen auf die Knie und finden in der Vergebung und in der Gnade Gottes wieder die Übereinstimmung mit ihm und mit uns selbst. Wir mußten schon einsehen, daß völlige Offenheit und Ehrlichkeit ein unerreichbares Ideal bleiben. Was dagegen möglich ist, sind zeitweise Augenblicke der Ehrlichkeit, eben solche Augenblicke, in denen wir uns eingestehen, daß wir nicht die sind, die wir scheinen wollten. Und das sind auch die Augenblicke, in denen wir den Kontakt mit Gott wiederfinden.

In unserem religiösen Leben bestehen die Fortschritte eben aus solchen Entdeckungen, bei denen wir merken, daß wir uns von Gott entfernt haben, statt ihm näherzukommen. So kann ein so großer Heiliger wie Franziskus von Assisi sich selber als den größten Sünder bezeichnen. Freilich können wir diesen unsicheren und ständig schwankenden Zustand nicht etwa ins Positive wenden, genausowenig wie wir es als gegeben hinnehmen können, daß wir immer wieder Unstimmigkeiten zwischen unserer Lebensform und unserem wahren Selbst entdecken. Wir brauchen nur an den Aufruf Christi zu denken: „Ihr sollt vollkommen sein, wie Euer Vater im Himmel vollkommen ist" (Matth. 5,48). Dieses Streben nach Vollkommenheit findet sich ebensogut bei denen, die glauben, wie bei denen, die nicht glauben. Dazu gehört unter anderem auch eine vollkommene Übereinstimmung zwischen unserer Lebensform und dem, was wir in Wahrheit sind. Gerade weil wir fühlen, daß es unmöglich ist, diesem Aufruf zur Vollkommenheit Folge zu leisten, müssen wir gestehen, daß wir Gottes und seiner Gnade, Christi und seines Sühnetodes bedürfen. Wenn wir meinten, wir hätten Gott nicht nötig, gäbe es dann noch ein religiöses Leben für uns?

So zeigt sich jetzt die Frömmigkeit in einer Gesamtheit von Gewohnheiten, die nun diesen Menschentyp bilden: Im regelmäßigen Gebet, in der Beichte, dem Lesen der Heiligen Schrift, in der Kirche mit all ihren Riten und Zeremonien. Wer sich unter dem Vorwand, aus dem lebendigen Augenblick heraus zu leben, in seiner Gottesverehrung keinerlei Ordnung und Disziplin auferlegen will, dessen religiöses Leben wird bald verlöschen. Genauso wenig, wie wir beim Körper oder bei der Psyche das Leben außerhalb der schematisch ablaufenden Lebensvorgänge erfassen konnten, können wir uns ein von jeder festen und regelmäßigen Form losgelöstes religiöses Leben denken.

Solche festen und automatisch ablaufenden Formen sind die unentbehrlichen Diener des religiösen Lebens, dem sie auf diese Weise einen Halt geben. Das Gebet, das wir als Kinder gelernt und tausendmal wiederholt haben, ist eine seelische Gewohnheit und eine unerläßliche Stütze für die Gestaltung unseres religiösen Lebens. Man kann beide so wenig voneinander trennen, wie man unsere Person und unsere äußere Erscheinung voneinander trennen kann. Durch die dauernde Wiederholung haben sich die kirchlichen Formen, innerhalb deren sich unser religiöses Leben entwickelt hat, fest in uns eingeprägt, und wir können das Ritual nicht ändern, ohne daß das religiöse Leben selber in Gefahr kommt.

Ich denke dabei an eine geschiedene Frau, die katholisch erzogen wurde. Sie hat sich wieder verheiratet und ist dadurch von der Einnahme des Abendmahls in ihrer Kirche ausgeschlossen. Ihr zweiter Gatte ist Protestant, und sie folgte ihm gerne in seine Kirche, glücklich, auf diese Weise wieder zum Abendmahl kommen zu können. Die theologischen Unterschiede interessieren sie nicht. Sie hängt vielmehr in aller Aufrichtigkeit an den dogmatischen Auffassungen ihres neuen Bekenntnisses. Aber nachdem sich unser persönlicher Kontakt langsam gefestigt hat, fragt sie mich eines Tages plötzlich: „Können Sie mir sagen, warum ich manchmal nicht mehr beten kann?" Gleich darauf fährt sie selber fort: „Ich war daran gewohnt, beim Beten vor Kerzen und Heiligenbildern zu knien, während um mich herum andere Gebete und Litaneien zu hören waren. Diese kahlen protestantischen Kirchen lassen mich vor Kälte zu Eis erstarren."

„Was hindert Sie daran", gab ich ihr zur Antwort, „in Ihrem Zimmer einen kleinen Betstuhl mit Heiligenbild und Kerze aufzustellen und dann eben dort zu beten." Meine protestantischen Glaubensgenossen werden mir vielleicht Vorwürfe machen, aber ich erzähle dies trotzdem, denn es erscheint mir wichtiger als alle theologischen und kirchlichen Streitigkeiten, einem Menschen wieder zum Kontakt mit Gott zu verhelfen. Zufälligerweise erzählte mir am nächsten Tag eine andere Patientin eine umgekehrte Erfahrung. Als sie hörte, wie in einer anderen Kirche als der ihrigen das Vaterunser in einem völlig anderen Ton gebetet wurde, ging ihr plötzlich wieder der Reichtum und die Tragweite der Worte auf, die ihr schon lange nicht mehr bewußt geworden waren. Wenn man diese beiden Erzählungen zusammenstellt, zeigt sich deutlich das doppelte Gesicht solcher festen Formen, die sowohl als Diener wie auch als Hemmschuh des Lebens auftreten können.

Alles bisher Gesagte macht verständlich, daß sich daran nichts ändern wird, solange nicht ein neuer schöpferischer Ausbruch des Geistes die eingefahrenen Schemata umstößt.

Das zeigt sich deutlich in der Kirchengeschichte.

Von Zeit zu Zeit erweckt Gott Heilige oder Propheten, einen Franziskus von Assisi, einen Bernhard von Clairvaux, einen Wesley. Aus ihrer persönlichen Glaubenserfahrung strömt eine Erneuerung des Lebens, entspringen neue Formen der Frömmigkeit und des Gottesdienstes und wächst eine neue Sprache hervor, in der die ewigen Wahrheiten des Evangeliums auch denen wieder begreiflich werden, denen sie vorher nicht mehr zugänglich waren.

Schematische Formen sind auch im religiösen Bereich notwendige Diener und doch zugleich Grab des Lebens. Die gewohnten Formen der Frömmigkeit, ohne die man, wie gesagt, nicht auskommen kann, können sich schnell entleeren, ihren eigentlich schöpferischen Gehalt verlieren und zum bloßen Gehabe und Getue des „Frommen" werden. In allen Kirchen finden sich solche erstarrten und scheinheiligen Frömmler. Auch in einer frommen Familie verwechselt man leicht den lebendigen Glauben mit einem System von unantastbaren Prinzipien, die das Leben selber gefangen halten.

Es kann vorkommen, daß ein Kind, das in einer solchen Umgebung aufgewachsen ist, sich beim Größerwerden gegen seine Eltern auflehnt und alle religiösen und moralischen Überlieferungen als Zwangsjacke betrachtet. Es wird in seiner Anklage dieselben Vorwürfe wiederholen, die Christus den großen religiösen Rollenträgern seiner Zeit, den Pharisäern, machte. Auch diese Pharisäer waren Gefangene strenger Grundsätze, deren weitzurückliegende Quelle zwar die Offenbarungen des lebendigen Gottes waren, von denen sich aber nur mehr zur Routine erstarrte Spuren erhalten hatten. „Ich bin das Leben" (Joh. 11,25), waren die Worte, mit denen sich Christus gegen sie wandte.

Ein anderes Kind dieser selben in starren Formen lebenden Familie wird vielleicht statt dessen widerstandslos den schweren Druck all dieser Grundsätze in sich aufnehmen. Es wird ein ängstliches, niedergedrücktes Kind mit genau vorausbestimmbaren Reaktionen werden. Seine Eltern oder seine Großeltern haben vielleicht noch eine echte und große geistige Erschütterung erlebt. Das Kind aber hat diese Erfahrung nie an sich selber vollzogen. Die strenge Moral, die für die anderen ganz freiwillig und echt war, ist für das Kind nur noch ein System von toten Formen, nur noch äußerer Zwang und Dressur.

Alle Seelenärzte haben schon mit solchen katastrophalen Folgen des Moralismus zu tun gehabt. Einige Theologen und Psychotherapeuten haben daher zusammen versucht, im Lichte der Bibel und der modernen Psychologie den Sinn der Askese klarzustellen. Religiösen Wert hat der von Herzen kommende Wunsch, sich aus Liebe zu Gott freiwillig bestimmten Lebensregeln zu unterwerfen, oder – psychologisch gesprochen – die tiefere „Motivation" einer solchen Bindung. Schädlich ist dagegen die künstliche Selbstabtötung aus masochistischen Antrieben.

DRITTER TEIL

Die Person

7. Das Gespräch

Das wirkliche Leben und der wirkliche Mensch sprengen alle Schemata, in denen man sie angeblich erfaßt hat. Ein philosophisches System oder eine wissenschaftliche Erkenntnis ist nur möglich um den Preis entstellender Vereinfachungen. Die Abgrenzung und Definition klarer Begriffe, der Seele, des Körpers oder ihrer Teile ist nur möglich durch die künstliche Abstraktion des Verstandes. Und da es keinen lebendigen Körper ohne Seele und keine Seele ohne Körper gibt, kommt man seit Jahrhunderten nicht aus dem unlösbaren Problem heraus, wie sie sich zueinander verhalten.

Wenn man andererseits den Menschen ausschließlich so darstellen will, wie er ist, mit dem ganzen Reichtum seines Wesens, dann verliert man sich in der unerschöpflichen Buntheit seiner immer wieder in neuem Licht schimmernden und schillernden Seiten. Ja, es verwischen sich sogar die Grenzen seines Ichs, erläutert am Beispiel eines Bergsteigers, der vor einem schweren Aufstieg in Gedanken jede Bewegung durchgeht, die er machen wird. Das Gelände wird ihm dadurch so vertraut wie sein eigener Leib, es gehört zu ihm, er hat es sich einverleibt. Dasselbe sahen wir schon, als wir von der seelischen Gestalt des Menschen sprachen: Wie wir uns in alles hineinversetzen, was uns umgibt, es unserem Ich einverleiben und fest mit unserer eigenen Vorstellung von uns selbst verbinden.

Die eine von zwei Betrachtungsweisen engt also den Menschen zu sehr ein und läßt ihn verkümmern. Sie reduziert ihn auf Abstraktionen, auf bestimmte Schemata, auf ein Gerippe. Das alles läßt sich zwar ausgezeichnet studieren und untersuchen, aber es hat nichts Lebendiges und Menschliches mehr an sich. Die andere Sehweise dagegen läßt zuviel Spielraum offen und löst alle Begrenzungen auf. Im ersten Fall verschwindet die Person hinter einem Schema, hinter einem vom Verstand konstruierten konventionellen Bild. Im zweiten Fall verschwindet der Mensch hinter lauter solchen Bildern, hinter all den unzähligen Gesichtern, die wir nacheinander und sogar gleichzeitig darbieten.

Bei der ersten Sehweise fehlt eine zusätzliche Dimension, in welcher der Mensch in seiner Menschlichkeit erscheinen kann; bei der zweiten dagegen ein Leitfaden, an Hand dessen wir uns in dem Urwald zurechtfinden könnten. Was nun zugleich diese neue Dimension hinzukommen läßt und auch den gesuchten Leitfaden an die Hand gibt, ist die persönliche Beziehung zum anderen Menschen.

In der Tat werde ich mir meines eigenen Ichs dadurch bewußt, daß ich um ein Nicht-Ich weiß, um eine Außenwelt, von der ich mich zunächst absetze, die ich dann zum Gegenstand mache, die ich von außen beobachte und mit der ich schließlich in Beziehung trete. Die Psychologen haben dargestellt, wie auf diese Weise das Ichbewußtsein beim Kind entsteht. Dabei gibt es also zwei Bewegungsrichtungen: Zuerst die Trennung und darauf die Verbindung zwischen dem Ich und den Dingen.

Was mir das Bewußtsein gibt, eine Person zu sein, ist die Beziehung zu einer anderen Person, die Beziehung zu einem Du. Wieder bewegen wir uns hier in zwei Richtungen: Wir haben das Bewußtsein, uns von einem anderen zu unterscheiden und zugleich die Möglichkeit, mit ihm in persönliche Verbindung zu treten. Die Rolle, die das Geheimnis dabei spielt, kann uns helfen, dieses Werden der Person zu verstehen. Edmond Gosse erzählt uns ein Kindheitserlebnis, bei dem er sich in dem Augenblick seiner eigenen Individualität bewußt geworden ist, wo er merkte, daß er etwas wußte, was sein Vater nicht wußte: „Der Glauben an die Allwissenheit und die Unfehlbarkeit meines Vaters war damit tot und begraben. Es gab in dieser Welt ein Geheimnis, und ich war im Besitz dieses Geheimnisses ..."

Das Geheimnis spielt eine große Rolle beim Kind, und dieses Erlebnis zeigt uns, warum. Indem man etwas weiß, was die anderen nicht wissen, wird man eine Person, die sich von den anderen

Personen unterscheidet. So erfinden die Kinder gern eine Geheimsprache, die gewissermaßen eine Trennungsmauer zwischen ihnen und ihren Eltern aufrichtet und in der sie Dinge sagen können, die diese nicht verstehen. Oder sie legen sich Verstecke an, die sie geheimhalten, wodurch sie sich einen Schatz bewahren, zu dem ihre Eltern keinen Zugang haben.

Man muß diese Geheimnisse der Kinder respektieren, denn hier geht es um etwas sehr Wesentliches, und zwar um nichts weniger als die Bildung der Person. Oft machen sich die Eltern keinen Begriff von der Wichtigkeit dieser Dinge. Sie glauben das Recht zu haben, alles von ihren Kindern zu wissen, sogar dann, wenn diese langsam Erwachsene werden oder gar schon Erwachsene sind. Damit sprechen sie ihnen ihre eigene Persönlichkeit ab und halten sie in dem kindlichen Zustand der Abhängigkeit von ihren Eltern. So haben mir mehrere Mütter gestanden, daß sie sich Nachschlüssel zum Schreibtisch ihres Sohnes oder ihrer Tochter zugelegt haben, um zu sehen, was diese darin verbargen, oder um ihre Briefe und ihr Tagebuch nachlesen zu können.

Ich muß dabei auch an eine meiner Patientinnen denken, eine Waise, die einen Onkel hatte, der in ihren Augen den Nimbus des Wissenschaftlers und weisen Mannes genoß und der mit ihr hypnotische Experimente anstellte. „Ich weiß alles, was du denkst", hatte dieser Onkel ihr einmal gesagt. Man kann sich leicht vorstellen, was für eine Wirkung eine solche Behauptung hatte, die eine wirkliche Lähmung in der Entwicklung zur Person zur Folge haben kann. Einem Kind das Recht auf seine Geheimnisse zu verweigern heißt soviel, wie ihm das Recht absprechen, eine Person zu werden.

So habe ich zum Beispiel oft erlebt, daß ein Mädchen ohne Geschwister oder ein Mädchen, das nach der Heirat ihrer Geschwister allein im Hause ihrer Eltern geblieben war, meinte, sie müsse ihrer Mutter nun alles sagen, selbst wenn sie dreißig, vierzig ja sogar fünfzig Jahre alt war. Solch ein Mädchen sagt mir dann stets, sie habe ein schlechtes Gewissen, wenn sie ihrer Mutter etwas verschweige, gerade als ob sie damit eine Schuld auf sich geladen habe. Die Mutter ist damit völlig einverstanden und erklärt mit Stolz, sie sei „die beste Freundin ihrer Tochter". Sie unterhält bei ihrer Tochter sogar noch dieses falsche Schuldgefühl: „Ich habe deine Freundin Alice getroffen, und sie hat mir erzählt, daß du bei ihr warst", sagt sie etwa zu ihr und fügt dann vorwurfsvoll hinzu: „Du hast mir gar nicht gesagt, daß du sie besucht hast."

Ein solches Mädchen weiß noch nichts vom persönlichen Leben. Sie steht zu ihrer Mutter in der Bindung eines Kindes und nicht in der Beziehung einer Erwachsenen. Und um mit einem anderen Menschen in persönlichen Kontakt kommen zu können, muß man selbst erst eine Person sein.

Ein Kind liebt jedoch nicht nur das Geheimnis, sondern erzählt es auch gerne weiter. „Ich hab' ein Geheimnis, aber ich sag' dir's nicht", heißt es erst. Bald darauf: „Möchtest du nicht gern mein Geheimnis wissen?" Und schließlich: „Ich möchte dir gern ein Geheimnis verraten." Sich erst über ein Geheimnis freuen und dann darüber, es weitererzählen zu können, ist nur scheinbar ein Widerspruch. Zunächst, weil sich erst beim Weitererzählen herausstellt, daß man wirklich ein Geheimnis hatte. Viele Leute bleiben in dieser Beziehung ihr ganzes Leben lang Kinder. Sie können nicht auf das Vergnügen verzichten, Geheimnisse weiterzuerzählen – notfalls erfinden sie sogar welche –, um sich damit das Ansehen zu verschaffen, etwas zu wissen, was alle anderen nicht wissen.

Aber dieses kindliche Vergnügen, ein Geheimnis weiterzuerzählen, hat einen viel tieferen Grund, in dem sich uns der erste Wesenszug der Person zeigt: die freie Verfügung über sich selbst. Wenn ich das Geheimnis eines Kindes achte, dann achte ich seine Person, seine Selbständigkeit mir gegenüber, sein Recht, mir zu sagen oder zu verheimlichen, was er will, und frei über sich selbst zu verfügen. Gibt es mir darauf aber trotzdem sein Geheimnis preis, dann deswegen, weil es mich ebenso freiwillig zu seinem Vertrauten gewählt hat – und in dieser freien Wahl zeigt es gleichfalls, daß es eine Person ist und frei über sich verfügen kann.

Wieder finden wir also die beiden Bewegungsrichtungen, von denen wir sprachen: zunächst eine Trennung und dann eine Verbindung. Durch das Geheimnis bildet sich die Person, in der

Mitteilung des Geheimnisses bestätigt sie sich. Solange die Tochter glaubt, sie müsse ihrer Mutter alles sagen, steht sie noch in der kindlichen Bindung. Wenn jedoch ein bevorzugter Vertrauter ausdrücklich gewählt wird, dann handelt es sich um eine persönliche Beziehung, um die Wahl einer Person durch eine andere, um eine Beziehung zwischen zwei Personen und damit um ein Gespräch.

Das Kind, das eine Geheimsprache erfindet, verrät seinem Freund den Schlüssel zu dieser Geheimsprache: So können sie sich Dinge sagen, die ihre Eltern nicht verstehen. Darin bestätigt sich die Selbständigkeit seiner Person. Es hat nicht seine Eltern gewählt, sondern einen Freund und hat diesen am seinem Innern teilhaben lassen. Damit hat es eine persönliche Handlung begangen. Durch diesen Kontakt mit dem Du, durch dieses Zwiegespräch wird es zur Person.

Das ist auch die Situation beim psychotherapeutischen Gespräch. Wenn man seine intimsten Erinnerungen erzählt, Dinge sagt, die man noch nie jemand gesagt hat, gibt man seine Geheimnisse preis. Mein Gesprächspartner enthüllt mir damit sein Persönlichstes; das, was ich nicht hätte erraten können, wenn ich nur nach seinem Äußeren gegangen wäre und nur die Rolle gesehen hätte, die er im gewöhnlichen Leben spielt und die ihm gerade dazu dient, dieses Persönliche zu verbergen.

Eine solche Selbstöffnung hat erstaunliche Folgen. Als das Freud zuerst entdeckte, schrieb er es zunächst der Tatsache zu, daß sein Patient auf diese Weise die traumatischen Erlebnisse seiner Vergangenheit neu durchlebte, was Freud die „Katharsis" nannte. Er hat jedoch bald begriffen, daß dies einen viel wichtigeren Grund hatte, nämlich die Gefühlsbeziehung, die sich so zwischen seinem Kranken und ihm entwickelte und in der sich die Bindung des Kindes an den Vater wiederholte. Diese Bindung nannte Freud „Übertragung".

Später hat Alphonse Maeder gezeigt, daß es dabei noch um etwas ganz anderes ging: nicht nur um eine Gefühlsbindung – die ein psychologisches Phänomen ist –, sondern um einen „persönlichen Kontakt", das heißt um ein geistiges Geschehen. Was den Psychotherapeuten vom Vater unterscheidet, ist die Tatsache, daß der Psychotherapeut frei gewählt ist. Das Vertrauen, das ihm der Kranke entgegenbringt, ist damit mehr als das Zeichen einer kindlichen Gefühlsbindung. Hier handelt ein mündiger Mensch, verfügt frei über sich und bindet im Gespräch sein Ich an ein Du.

*

Als ich klein war, verhielt ich mich, völlig gefangen in meinem Komplex, ein Waisenkind zu sein, sehr zurückhaltend gegenüber meinen Kameraden. Viel lieber war ich mit meinem Hund zusammen, der für mich die Rolle des älteren Freundes spielte. Er war es auch, dem ich meine Geheimnisse erzählte, so wie ein kleines Mädchen seine Geheimnisse ihrer Puppe erzählt. Indem ich meine Geheimnisse einem Tier erzählte, war ich von der Gefahr befreit, daß sie weder weitererzählt wurden, noch daß man mich danach beurteilte. Ich hatte zwar eine freie Wahl getroffen, aber es kam nicht zum Zwiegespräch. Damit sind wir beim zweiten Grundzug der Person: der Verantwortung. Die wahre persönliche Beziehung, die die Person ausmacht, bringt sowohl eine freie Wahl als auch ein Wagnis mit sich: Sie setzt uns einer Antwort aus und der Verpflichtung, selber eine Antwort geben zu müssen: eben dies macht den Dialog, das Zwiegespräch aus.

Person – das heißt Zwiegespräch. Der Mensch hat mit dem Tier die Funktionen des Körpers und der Seele, des Tastsinns und des Gefühls gemeinsam. Ihm eigen dagegen ist der Einsatz in einem verantwortlichen Gespräch, die Verteidigung seiner persönlichen Überzeugung, auf die Gefahr hin, gerichtet oder verraten zu werden. „Der Mensch ist Person, insofern er sprechen und man zu ihm und mit ihm sprechen kann", sagt Seifert.

Um 1920 herum hat Martin Buber ein Buch unter dem Titel „Ich und Du" veröffentlicht, das sehr großen Widerhall fand. Es war nach mehreren Jahrhunderten des Individualismus wie eine Wiederentdeckung dessen, was eigentlich den Menschen ausmacht: seiner geistigen Gemeinschaft mit dem Nächsten. Hierin liegt der ganze Unterschied zwischen dem Individuum und der Person. Das Individuum kann eine Gesellschaft bilden, die Person dagegen eine Gemeinschaft. Darin liegt zugleich auch der Unterschied zwischen der Rolle eines Menschen und seiner Person. Die Rolle ist etwas Äußerliches und steht äußerlich mit der Rolle eines anderen in Verbindung. Die Person dagegen hat von innen her an der anderen Person, am Du, teil.

Das ist die neue Dimension, die der gegenständlichen, wissenschaftlichen Beschreibung des Menschen entgangen ist. Die Wissenschaft untersucht den einzelnen Menschen als Individuum und nicht als Person. Sie isoliert ihn aus seiner Umwelt. Sie kann zwar seine körperlichen und seelischen Beziehungen zu seiner Umwelt und die Beziehungen, in denen er durch seine Rolle zu anderen Rollen steht, analysieren. Seine geistige Beziehung, seine persönliche Gemeinschaft mit dem anderen Menschen ist ihr jedoch unzugänglich.

Diese persönliche Beziehung ist jedoch zugleich der Leitfaden, nach dem wir oben suchten. In dem grenzenlosen und dicht verwachsenen Wald unseres Lebens, in der Verflechtung und Verkettung all der unzählig vielen Erfahrungen und Eindrücke, Reaktionen und Scheinreaktionen ist nicht alles gleich wichtig.

Es gibt in jedem Menschenleben entscheidende Stunden, die wichtiger als alles andere sind, wenn man den eigentlichen Menschen verstehen will. Ich sage Stunden, aber es sind viel eher Minuten, ja Sekunden. Augenblicke, die den ganzen weiteren Verlauf des Lebens bestimmen. Im Augenblick des echten Gesprächs, der inneren und persönlichen Gemeinschaft, ist eine Stellungnahme unvermeidlich; sie ist eine ursprüngliche und verantwortliche Handlung, in der sich die Person enthüllt. Daher kann Sartre sagen: „Ich kann mich nur auf dem Weg über einen anderen kennenlernen." Ganz bezeichnend hierfür ist, daß wir unsere eigene Stimme auf einem Tonband nicht erkennen.

Natürlich unterscheide ich hier ihrer Bedeutung nach zwei Arten von Gespräch, die stets zusammengehen. Wir haben schon gesehen, daß es die Person in Reindarstellung gar nicht gibt. Die wahre innere Begegnung, das wahre Gespräch, das bindet, ist verborgen hinter dem äußeren Gespräch, durch das es sich ausdrückt. Selbst wenn eine solche Verbindung sich durch ein Schweigen ausdrückt, von dem häufig gesagt wird, es sei beredter als alle Worte, ist dieses Schweigen doch noch erfüllt von all dem vorher Gesagten.

Darüber habe ich neulich nachdenken können, als ein langes Gespräch schließlich in ein langes Schweigen ausmündete. Gleichzeitig mit mir merkte es auch mein Gesprächspartner: Wir fühlten, daß in uns ein doppeltes Gespräch stattgefunden hatte: das eine offenkundig und sichtbar, bestehend aus unseren Worten; aus dem, was wir uns gegenseitig anvertrauten, aus unseren Blicken und unseren Gebärden als einer Begegnung unseres äußeren Menschen. Das zweite wesenhaft und unsichtbar als Begegnung seiner und meiner Person. Ohne das erste wäre das zweite Gespräch nicht möglich gewesen, aber das erste hatte seinen Wert nur als Ausdruck dieses zweiten Gesprächs.

„Wenn es also", so schreibt mir ein Freund, „auch nur eine einzige Sprache gibt, die Sprache unserer Worte, unserer Gebärden, unseres Ausdrucks und all der Bewegungen unseres Wesens, so ist damit doch zweierlei gemeint: einmal die Sprache, von der sich unser Rollendasein nährt und mit der es sich zufriedengibt, sodann aber noch etwas ‚Wesentlicheres', was immer da ist und was stets von der Person ausgeht und von der Person verstanden wird. Und darin liegt", so fährt er fort, „die Gewähr für unseren Glauben an die Person, trotz allem Schein unseres Rollendaseins, der eigentliche Schlüssel, der immer noch das Zwiegespräch ermöglicht."

Wie oft aber setzen wir in den unzähligen Kontakten, die das Zusammenleben ausmachen, in dieser Weise unser eigentliches und innerstes Ich in ein solches äußerlich faßbares Gespräch ein? Man kann tausend Ansichten vertreten und hören, die heftigsten intellektuellen Diskussionen mitmachen, ganze Bibliotheken lesen und auf diese Weise die verschiedensten Autoren kennenlernen, alle nur beliebigen Eindrücke sammeln, automatisch nach Laune und Gefühl reagieren, ohne je wahrhaft einem anderen Menschen zu begegnen und ohne sich ihm gegenüber durch eine Stellungnahme zu enthüllen und zu bewähren. Man denke nur an das hastige und oberflächliche Dahingleiten des modernen Lebens, an das Radio, das den ganzen Tag von einem Thema zum anderen springt, an das Fernsehen, an die Dauervorstellungen im Kino und an die Revuen und „Digests", die an allem und jedem ein wenig nippen, an die organisierten Reiserundfahrten, die es so eilig haben, daß sie keinen Kontakt mit Menschen und Dingen mehr zulassen.

In der unvergleichlichen Umgebung der Insel Mykonos, einer Insel aus der Zykladengruppe, versuchte ich neulich über den eigentlichen Sinn des Reisens nachzudenken. Vor einer Tagung in Holland waren wir in Griechenland gewesen, wo die diesjährige Woche der Medizin der Person stattfand. Auf diese Tagung bereitete ich mich vor, während ich die Stadt betrachtete, die wie ein leuchtend weißer Streifen zwischen dem Blau des Himmels und dem Blau des Meeres aufgespannt war, und in der Ferne die kleine Insel Delos schimmerte, von der die Sage erzählt, daß Zeus sie aus den Wellen auftauchen ließ, damit Apollon dort geboren werden konnte.

Der eigentliche Sinn des Reisens, genauso wie der eines Gesprächs am Kamin, besteht darin, daß man sich im Kontakt mit einem anderen selber entdeckt, und erfordert vor allem, daß man in einem solchen Gespräch mit seinem ganzen Ich dabei ist. Jene Götter Griechenlands sind nicht nur Dichter- und Sagengestalten. Die Alten haben in ihnen lebendige Wirklichkeiten personifiziert, Klugheit, Schönheit, Liebe oder Begierde; Wirklichkeiten, die noch in unserem eigenen Herzen lebendig sind und unser Ich gestalten. Sie reden zu uns in der Sprache der Bilder und der Mythen, die unsere Person viel unmittelbarer anspricht als die ausdrückliche Sprache der Wissenschaft und der intellektuellen Dialektik unserer modernen Welt.

Das ist auch die Sprache der Bibel und der Gleichnisse Christi, die der heutige Rationalist so schwer begreift, die Sprache, in der Gottes Wort an uns ergeht, das von uns nicht eine Diskussion, sondern eine persönliche Stellungnahme verlangt. Es ist ebenso die Sprache der menschlichen Seele, sobald sie sich von dem in der Schule anerzogenen Intellektualismus löst und ihre Ursprünglichkeit wiederfindet. Und ebenso ist es die Sprache unserer Träume. Auch bei meinen eigenen Gesprächen fällt mir auf, daß in dem Augenblick, in dem der tiefere und persönliche Kontakt geschlossen ist, sogar unsere Ausdrucksweise sich unmerklich ändert. Ganz spontan fallen uns Bilder ein; wir fangen an, in Gleichnissen zu sprechen, und wir verstehen uns wesentlich besser als mit der intellektuellen und schulmäßigen Ausdrucksweise. Die Unterhaltung wird anekdotisch, so wie auch die Ilias und die Odyssee anekdotisch sind. Aber die Anekdote ist dann nicht mehr nur einfach eine Erzählung, sondern eine eigene Erfahrung und eine persönliche Wahrheit.

Und dann bedeutete Griechenland für uns Ärzte auch Hippokrates und Epidauros. In diesen Anfängen unserer ärztlichen Kunst hatte man viel mehr als heute Sinn für die menschliche Person. Die Medizin erfaßte bei Hippokrates den Menschen in seiner Ganzheit und in seinen Beziehungen zu seiner Umwelt, und in Epidauros verstand man es, die Pflege des Körpers ganz eng mit einer wirklichen Psychotherapie und einer geistigen Beeinflussung zu verbinden.

Das klassische Griechenland war eine von der Person bestimmte Kultur. Man denke nur an die damalige Schule, an den wahrhaft persönlichen Kontakt zwischen Meister und Schülern und an ihr gemeinsames Leben. Sage und Dichtung, Musik und Stadion bewirkten eine viel tiefere und harmonischere Bildung des eigentlichen Menschen als die heutige Schule mit ihrer trokkenen Anhäufung von intellektuellen Kenntnissen.

Man denke schließlich an Plato und seine Gespräche, an Sokrates, der seine Gesprächspartner zu einer klaren Selbsterkenntnis zwingt und der sein eigenes Ich so sehr für seine Überzeugungen einsetzt, daß er sie mit seinem Märtyrertod besiegelt. Er vergleicht sich mit seiner Mutter, die Hebamme war: Er selbst ist Geburtshelfer für die Person. Mitleidslos entlarvt er den Sophismus des maskenhaften Rollendaseins (personnage), all die schönen Theorien, die keine echte Wurzel haben.

Und schließlich haben wir in Korinth unsere Bibel aufgeschlagen, dort, wo Paulus vor Gallion erschien und wo er jene wirklichen Gespräche führte, die im Kapitel 18 der Apostelgeschichte überliefert werden; denn Griechenland ist der Ort, an dem in Europa das Evangelium Fuß faßte, das unsere Geschichte bestimmt hat. Und das Werkzeug dieses Geschehens ist der Apostel Paulus, dieser so ganz persönliche Mensch, bei dem Lehre und eigene Erfahrung eins sind und der vor einer Versammlung nur spricht, um dabei die einzelnen Menschen persönlich anzusprechen und sie zu zwingen, Stellung zu nehmen, so wie er selbst von Christus zum uneingeschränkten Einsatz seiner inneren Person gezwungen worden ist.

Wir sind jedoch in Griechenland nicht nur Erinnerungen aus der Vergangenheit begegnet, sondern auch sehr lebendigen Menschen, jenen kämpfenden Christen der Christlichen Akademikervereinigung, der Gemeinschaft ΖΩΗ von der Akademie Hellenikon Phos, die sich bemühen, ihr Land zu einer großen geistigen Erneuerung zu führen, und die in dem Buch *Towards a Christian Civilisation* in großen Zügen eine von der Person bestimmte Kultur zu entwerfen versuchen. Es war eine Gelegenheit zu dem so fruchtbaren Gespräch zwischen östlichen und westlichen Christen, das seit dem großen Schisma fast völlig aufgehört hat.

Wieviel wahre persönliche Begegnungen, die nicht am Hindernis der äußeren Form hängenbleiben, gibt es heute zwischen den Christen verschiedener Bekenntnisse? Und doch haben wir sie so nötig, um uns selbst und um uns gegenseitig zu entdecken, um uns alle so zu entdecken, wie wir sind und nicht, wie uns ein von Vorurteilen entstelltes Bild darstellt, und um jenseits der vordergründigen Gegensätze die tiefere menschliche Gemeinschaft wiederzufinden.

*

Wie kommt man zu diesem eigentlichen Gespräch, das uns jetzt als der Zugang zum eigentlichen Menschen erscheint? Entspringt es der natürlichen Sympathie? Damit würde man es außerordentlich einschränken und von bloßen, automatisch auftretenden Gefühlen abhängig machen. Vor allem würde man die Dinge gerade umkehren, denn sogar die leidenschaftliche Liebe vermag nicht, zwei Ehegatten, die sich gegeneinander abgeschlossen haben, und die damit ihren eigenen Bereich voreinander schützen, in ein solches Gespräch zu bringen.

Es ist gerade umgekehrt: Wenn zwei Menschen miteinander Kontakt finden, verliert sich die Antiphathie oder die Gleichgültigkeit, die sie vorher trennte. „Früher konnte ich meine Kranken in zwei Gruppen einteilen", sagte mir ein Freund, „in die sympathischen und die unsympathischen. Seitdem jedoch mein Interesse für ihre Person wachgeworden ist, sind sie mir alle gleicherweise sympathisch."

Ist ein solches Gespräch nun Sache des Temperaments? Es gibt zwar Leute, die sehr viel mehr als andere reden, und sogar solche, die sehr gern von sich selber reden. Man kann jedoch sehr viel reden, sogar sehr viel oder gar zuviel von sich selber reden, ohne dabei etwas wirklich Persönliches zu sagen, das zu einem persönlichen Kontakt führen könnte. Und umgekehrt können wieder gewisse Psychotherapeuten, die sich an die Freudsche Methode gebunden haben und dadurch zum Schweigen gezwungen sind, ohne Zweifel zu einem persönlichen Kontakt mit ihrem Kranken kommen.

Andere haben dann diesen Monolog des Kranken, wie ihn die Freudsche Methode mit sich bringt, ausdrücklich durch die Gesprächsform ersetzt, und Alphonse Maeder hat die außerordentliche Bedeutung dieses Methodenwechsels unterstrichen. Aber wenn er die psychotherapeutische Situation als „Gesprächsbeziehung" kennzeichnet, dann scheint er mir damit weniger die äußere Gesprächsform zu meinen als vielmehr den Geist, der sowohl den Arzt wie den Kranken beseelt, und die Haltung, die sie im Grunde einander gegenüber einnehmen.

Ich persönlich bin ein recht schweigsamer Mensch. Manche Patienten beklagen sich sogar zuweilen darüber. Aber diejenigen, mit denen ich den besten Kontakt gefunden habe, werfen mir diese Schweigsamkeit nicht vor, denn sie fühlen sehr wohl, daß sich der persönliche Einsatz nicht an der Zahl der Worte messen läßt.

Und dann ruft plötzlich irgendeine Bemerkung meines Gesprächspartners persönliche Erinnerungen in mir wach. Er spricht etwa von einem Problem, das auch mich beschäftigt hat und immer noch beschäftigt. Oder von einer Versuchung, die auch ich kennengelernt habe. Oder er gesteht einen Fehler ein, den ich in ähnlicher Form selber begangen habe. Oder er hatte eine Auseinandersetzung mit seiner Frau, die ich selber mit meiner eigenen Frau genauso hatte. „Warum lächeln sie so?" fragt er mich dann plötzlich. – „Weil ich merke, daß Sie sich von mir viel weniger unterscheiden und mir viel näher sind, als Sie glauben."

Dann spreche ich von meinen eigenen persönlichen Erfahrungen. Ich versuche, dem Patienten gegenüber so aufrichtig zu sein, wie er selbst es mir gegenüber ist. Wir sind jetzt beide aus dem Bereich der Konvention herausgetreten und kommen zu einer wirklichen Begegnung.

Dieser Tonwechsel kennzeichnet den Beginn eines wahren Gesprächs, denn dann fällt die äußere Maske ab und läßt die wahre Person hervortreten. Er hängt manchmal von einer ganz geringfügigen wirklich persönlichen Bemerkung oder sogar nur von ganz unwägbaren Dingen ab. Diesen Tonwechsel gibt es nicht etwa nur in der Krankenpsychotherapie, sondern man kann ihn bei jeder Gelegenheit im Alltagsleben fühlen. Wer mir selber am meisten geholfen hat, mich von meinem Waisenkomplex zu befreien und meinen abweisenden und zurückgezogenen Charakter zu überwinden, den ich bis über das Alter von dreißig Jahren hinaus bewahrt hatte und der mir den Weg zum persönlichen Kontakt verschloß, war kein Arzt und noch weniger ein Facharzt für solche Dinge, sondern meine Frau und meine Freunde, die mir gegenüber ehrlich und offen waren, weil sie selber von einer Maskengestalt frei waren.

Ich habe dann auch meinerseits gemerkt, daß ich durch das Anschlagen eines persönlicheren Tones den anderen half, ebenfalls persönlich zu werden, und zwar nicht nur in meinem Sprechzimmer, sondern genauso bei einer ganz alltäglichen Unterhaltung auf der Straße, unter Soldaten oder auf einer Ärztetagung. Und ich habe dabei gemerkt, wie sehr die Menschen nach diesem wahren Kontakt dürsten.

So kann dann auch mein Besucher, fast ohne es zu merken, mir plötzlich Dinge sagen, die vielleicht schon seit Jahren auf seiner Seele gelegen haben. Plötzlich unterbricht er sich, wie als ob er über sich selber erstaunte: „Ich weiß nicht, warum ich Ihnen das erzähle. Ich habe es noch nie jemandem gesagt, und ich hätte nie geglaubt, daß ich es jemandem sagen könnte." Und dann sieht er mich an und fährt fort: – „Wie gut das tut, alles sagen zu können."

Man nennt so etwas oft ein „offenes" Gespräch. „Offenheit" ist ein schönes Bild, aber ich muß mich doch auch hier in diesem Buch an die Wahrheit halten. Vollkommene Offenheit ist eine Utopie, geben wir es ruhig zu.

Was das Klima unserer Beziehungen zu einem anderen Menschen verwandelt, ist nur ein kurzes Aufleuchten von Redlichkeit und Wahrhaftigkeit, kurze Augenblicke der Offenheit. Völlige Durchsichtigkeit gibt es nicht. Es gibt nur eine aus allen anderen Beziehungen hervorgehobene menschliche Beziehung, bei der man ein Höchstmaß von Offenheit erreichen kann, nämlich die Ehe. Und eben dies gibt dem ehelichen Gespräch seinen unvergleichlichen Reichtum, seinen wunderbaren Einfluß darauf, daß sich das wahre Ich ausbildet, daß man zu sich selber kommt, sofern es sich dabei um ein wirkliches Gespräch handelt.

Schon vor der Verlobung gibt es für zwei Menschen, die sich lieben, zwei verschiedene Wege: den Weg, der zur Wahrhaftigkeit führt, und den Weg der Berechnung, den Weg, auf dem man sich so gibt, wie man ist, und den Weg der Konstruktion einer Rolle. Im schönen Gefühl der aufkeimenden Liebe hat es immer den Anschein, als ob der Weg der völligen Offenheit gar nicht schwer sei. „Ich kann meinem Verlobten alles sagen, denn ich fühle, daß er mich versteht."

Aber das eigentliche Gespräch hat noch kaum begonnen. Nicht die erste und mühelose Gemeinsamkeit, so wunderbar sie auch sein mag, nicht der Eindruck, dieselben Gefühle, dieselben Worte und dieselben Gedanken miteinander zu teilen, sind das eigentliche Gespräch. In einem wahren Gespräch stehen sich notwendigerweise zwei verschiedene Persönlichkeiten gegenüber, von denen jede ihre eigene Vergangenheit, ihre Erziehung, ihre Lebensauffassung und ihre Vorurteile, ihre Leidenschaften und ihre Fehler und in jedem Fall ihre eigene männliche bzw. weibliche Psychologie hat. Früher oder später entdecken die beiden Ehegatten erst, daß sie viel verschiedener voneinander sind, als sie zunächst geglaubt hatten.

Entweder zwingt nun der eine dem anderen seine eigene Art

und seinen Willen auf, dann liegt kein Gespräch mehr vor, denn eine der beiden Personen steht im Schatten, und ihre freie Verfügung über sich selbst ist gelähmt. Oder aber das Gespräch muß schwierige Wendungen vollführen. Der eine sagt dann dem anderen: „Ich kann einfach nicht verstehen, daß du so handelst." Hier taucht das obenerwähnte Risiko auf, verurteilt oder gar preisgegeben zu werden, und zugleich die Versuchung, diesem Risiko zu entgehen, indem man bestimmte Dinge verheimlicht.

In vielen Ehen ist es leider in einer paradoxen Verstrickung gerade die Sorge um die gute eheliche Eintracht und um das Fortbestehen der ehelichen Liebe, welche die Partner nach und nach von der Offenheit entfernt: „Hierüber spreche ich möglichst nicht mit meinem Mann, denn das regt ihn zu sehr auf. Er wird sofort ärgerlich, es kommt zu einer Auseinandersetzung, und wir lassen uns dazu hinreißen, Dinge zu sagen, die wir später bedauern. Wozu soll das gut sein? Es kommt doch nichts anderes dabei heraus, als daß wir uns beide ein Stück weiter voneinander entfernen."

Man verstehe mich recht: Ich verurteile nicht etwa diese Haltung. Oft sind alle anderen möglichen Lösungen noch schlechter. So aber bewahren in vielen Ehen die beiden Ehegatten nach außen hin eine gewisse Harmonie, kennen auch noch manche schönen gemeinsamen Augenblicke, teilen viele Freuden und Sorgen miteinander, werden sich dabei aber einander doch immer fremder. Das wahre Gespräch zwischen ihnen wird immer schwieriger.

Es ist immer eine Ablehnung der Liebe und in gewisser Weise ein Verzicht auf die Ehe, wenn man anfängt, zu berechnen, was man sagt und was man nicht sagt, selbst wenn es in der besten Absicht geschieht, die Liebe zu erhalten. Man steht damit im Widerspruch zu dem von Gott gegebenen Gesetz der Ehe: „So sind sie nun nicht zwei, sondern ein Fleisch" (Matth. 19,6). Hier ist es nicht mehr wie zwischen Kind und Eltern, wo das Kind ein Recht auf seine Geheimnisse ihnen gegenüber besitzt, denn der Ehegatte ist der in freier Entscheidung ausgesuchte Vertraute. Der gleiche Bibeltext sagt ausdrücklich: „Darum wird ein Mann Vater und Mutter verlassen und an seinem Weibe hangen" (1. Mos. 2,24).

Aber selbst in der glücklichsten Ehe kann der persönliche Kontakt kein Dauerzustand sein, der einmal erreicht wird und sich dann nie wieder verliert. Auch unsere Wohnungsfenster müssen von Zeit zu Zeit immer wieder gereinigt werden, damit das Licht hindurchdringen kann. Auch zwischen Ehegatten muß von Zeit zu Zeit die wahre Gesprächssituation wiederhergestellt werden, indem man sich irgendein Geheimnis gesteht, und je höher und je aufrichtiger das Ideal der Ehe ist, desto schwerer ist das Eingeständnis, daß man sich gegenseitig etwas verheimlicht hat.

Im geschlechtlichen Bereich finden wir genau dasselbe wieder, was wir schon beim Geheimnis fanden: jene doppelte Bewegung des Sich-Zurückziehens und darauf der Hingabe. Der eigentliche Sinn des Schamgefühls ist eben dieses Zurückhalten eines Geheimnisses, das man eines Tages einem auserwählten Menschen schenkt, woraus eine untrennbare Verbindung und Verpflichtung erwächst. Schon das kleine Mädchen, das vielleicht noch nichts von seiner späteren natürlichen Bestimmung ahnt, beginnt sich zu schämen, wenn es sich vor seinen Eltern ausziehen soll. Als Eltern finden diese eine solche Scham oft lächerlich. Doch begehen sie damit denselben Fehler wie bei der Verletzung eines Geheimnisses. Sie verletzen die Gefühle ihres Kindes.

Das Auftauchen dieser Scham ist gerade das Zeichen für die Geburt der Person. Die Preisgabe des Geheimnisses, die Selbsthingabe und das Fallen der Scham sind dann später das Kennzeichen für die höchste Bestätigung der Person, für die große Bindung des Lebens und die freie Verfügung über sich selbst.

Viele Verheiratete haben als Opfer falscher Einflüsse oder psychologischer Störungen diese Umkehrung zur Selbsthingabe nicht voll erfahren. Ganz an die geistige Gemeinschaft oder die innere Ehrlichkeit hingegeben, kommen sie nicht über eine gewisse Scham in der körperlichen Hingabe hinweg, ohne sich bewußt zu werden, daß das genauso ein Zurückweichen vor dem ehelichen Gespräch bedeutet.

Andere wiederum suchen in dem starken Gefühl der Einheit, das die geschlechtliche Bindung gibt, eine Art Ausweg vor dem inneren Gespräch. Auf dem leichten Weg der körperlichen Liebe umgehen sie die schon erwähnte schwierige Gegenüberstellung und Begegnung der beiden verschiedenen Persönlichkeiten. Das zeigt sich schon von der Verlobungszeit an: Diejenigen, die der Zeit vorauseilen und sich jetzt schon dem anderen hingeben, belügen sich immer ein wenig selber. Sie glauben, ihre Herzensbindung zu besiegeln, während sie in Wahrheit nur ihre Tragweite einengen, denn die volle Verantwortung nimmt man nicht im verborgenen auf sich, sondern durch ein „Ja" in der Kirche oder durch die Unterschrift beim Standesbeamten.

Noch viel mehr ist natürlich die geschlechtliche Bindung außerhalb der Ehe und jedes Eheversprechen eine Art Abdankung der Person, da sie sich außerhalb jeder Verantwortung vollzieht.

Durch die Höhe des mit ihr verbundenen Einsatzes und das anspruchsvolle Gespräch, das sie fordert, wird so die Ehe zu einer hohen Schule der Person. Die Schwierigkeiten der Unverheirateten liegen nicht nur in den Versuchungen eines unbefriedigten Trieblebens, sondern auch darin, daß jedes echte und erfüllte Gespräch mit dem anderen Geschlecht eben die Gefahr mit sich bringt, heimliche Anklänge an Liebesbeziehungen wachzurufen. Was davor wiederum schützt, ist eine andere Bindung, die mindestens ebenso anspruchsvoll wie die eheliche Bindung ist, die Bindung an Gott, die eine strenge innere Wachsamkeit fordert. Um diesen Preis ist dann auch wieder jenes für die Entwicklung der Person so fruchtbare Gespräch mit dem anderen Geschlecht möglich.

8. Hindernis und Widerstand

Wieder stehe ich an der Schwelle eines neuen Kapitels. Am Ende des letzten Kapitels war ich voller Schwung. Es schien mir leicht, meine Gedanken zu formulieren. Jetzt sitze ich vor einem leeren Blatt Papier und drehe mich mit meinen Gedanken immer wieder im Kreise.

Es ist mir sehr wohl bewußt, was dabei vor sich geht. Genau dasselbe kann auch bei einer Unterhaltung geschehen. Der persönliche Kontakt ist etwas sehr Empfindliches. Er ist nie endgültig gesichert, und man muß ihn bei jeder Begegnung von neuem finden. Ist er aber geschlossen, dann kommen die Worte ganz von selber und klingen wahr, lebendig und gehaltvoll. Vorher dagegen klingen sie hohl, konventionell und gleichgültig. Es ist, wie wenn der Weg zueinander versperrt wäre. Durch den Mangel an Kontakt entsteht ein Widerstand, und dieser Widerstand verhindert wiederum den Kontakt. Um den Kontakt zu finden, verbergen wir diesen Widerstand hinter Banalitäten, kleinen Nekkereien oder irgendwelchen Abschweifungen. Wir fühlen, daß sich der andere nicht täuschen läßt, und dadurch wird unsere Verlegenheit nur noch größer.

Auch beim Schreiben eines Buches besteht ein Gespräch mit dem Leser, ein Gespräch, dessen Antworten ich mir in Gedanken vorstellen kann. Im Geist habe ich den ersten Satz dieses Kapitels formuliert: „Wenn alle Menschen einen solchen Durst nach dem wahren Gespräch haben, warum ist es dann so selten und warum kommt es so schwer zustande?“ Aber schon höre ich die kritischen Einwände meiner Leser. Für den einen bin ich ein Haarspalter und mache alles zu kompliziert. In seinen Augen bin ich krankhaft empfindlich. Für einen gesunden Menschen ist der persönliche Kontakt doch gar nicht so selten. Man muß nur einfach und natürlich sein und sich nicht in lauter spitzfindige Analysen verlieren. Einem anderen wieder erscheint jener erste Satz ziemlich alltäglich. Muß man wirklich erst Bücher schreiben, um darin zu sagen, was jeder aus seiner täglichen Erfahrung schon weiß? Damit rennt man doch nur offene Türen ein.

Wieder ein anderer wird finden, daß ich viel zu oft vom „wahren Gespräch" spreche, oder er stößt sich vielleicht an meinem Stil. Keiner zweifelt daran, daß ich versuche, so gut wie möglich zu schreiben und wirklich einen eigenen Beitrag zum Problem der menschlichen Person zu liefern. Wenn ich also nicht besser schreibe, liegt das daran, daß ich dazu nicht imstande bin. Um so eher kann man mich dafür verurteilen, daß ich diese Zeilen dem Drucker weitergebe.

Und damit sind wir schon dabei, uns zu verstecken. Oder besser gesagt, uns in zwei Teile zu teilen, denn man zeigt sich und versteckt sich zugleich. Jemand macht mir zum Beispiel ein Kompliment, und statt ihm einfach zu sagen, daß mich das sehr freut, protestiere ich mit hohlen Worten und spiele den Bescheidenen – wodurch sich der andere übrigens noch keineswegs täuschen läßt. Eine meiner Patientinnen meinte einmal, das Leben sei „ein allgemeines Versteckspiel, wo man so tut, als ob man sich versteckte". Und doch sehne ich mich nach jenem persönlichen Kontakt, ja, ich hänge sogar ganz besonders an ihm, denn er macht den Reichtum meines Lebens aus.

Der Widerstand, der den Kontakt versperrt, liegt also nicht nur in den oben geschilderten äußeren Umständen der modernen Welt. Er liegt auch nicht allein in der Ungewißheit, die über dem liegt, was wir in Wahrheit sind. Der Widerstand ist viel gewaltiger. Er ist eine Kraft für sich, ein Fluchttrieb, eine starke Neigung, uns dem Gespräch zu entziehen.

Man denke nur an den Inhalt der meisten Unterhaltungen, die nichts weiter als der Austausch oberflächlicher Eindrücke sind: „Schönes Wetter heute, nicht wahr?" „Na, wie geht's?" – konventionelle Phrasen, bei denen man oft nicht mit dem Herzen dabei ist; Sätze, die nur den Sinn haben, sich mehr oder weniger geschickt selbst zu rechtfertigen, schmeichelhafte Komplimente zu machen und offene oder versteckte Kritik zu üben. Auch hier möchte ich mich vor einer Utopie hüten. Es wäre völlig unmenschlich, wollte man das Gespräch von allen überflüssigen Dingen freihalten. Es würde nur trocken und pedantisch und verlöre alle Anmut und jeden Reiz.

Solche Bemerkungen im täglichen Leben können ein guter Weg zum Kontakt sein, eine Annäherung, um sich kennenzulernen, ein Vorspiel zu einem tiefergehenden Gedankenaustausch, eine einfache und natürliche Art, aufeinander zuzugehen. Aber geben wir ruhig zu, daß sie uns oft auch dazu dienen, dem persönlichen Kontakt auszuweichen.

Jeder versteckt sich so gut, wie er es vermag, hinter einem Schild. Der eine hüllt sich in ein rätselhaftes und undurchdringliches Schweigen, der andere verbirgt sich hinter oberflächlichem Gerede.

Der eine verbirgt sich hinter seiner Schüchternheit, bis man nicht mehr weiß, was man ihm sagen soll, der andere hinter einer zur Schau getragenen Selbstsicherheit, die ihn davor schützt, verletzt zu werden. Bald flüchten wir uns hinter unseren Verstand und spielen mit Worten. Ein anderes Mal spielen wir den Dummen und antworten so, als ob wir nicht verstanden hätten. Genauso kann man sich hinter seinem Alter, hinter seiner politischen Stellung oder hinter seinem Ansehen verschanzen, um derentwillen man Rücksicht und Nachsicht fordert. Eine Frau kann sich hinter ihrer Schönheit oder hinter der öffentlichen Stellung ihres Mannes verstecken, genau wie übrigens auch ein Mann hinter seiner Frau. Unsere äußere Rolle wird nur allzuleicht zum Wachhund unseres Ichs.

Mit einem kleinen Scherz oder einer geistreichen Bemerkung können wir jedes lästige Gespräch beenden. Ich will damit nichts gegen die Spritzigkeit oder geistige Wendigkeit sagen, die das Leben fröhlicher macht. Wenn ich eine illustrierte Zeitung lese, sehe ich mir immer zuerst die Witze und Karikaturen an. Die Karikaturisten erfüllen eine sehr sinnvolle Aufgabe. Sie treffen viel unmittelbarer und geschickter ihr Ziel als etwa die Moralisten mit irgendeiner nutzbringenden Wahrheit. Gewiß sind wir viel eher darauf aus, andere mit solchen Witzen lächerlich zu machen, als uns selbst einer solchen Möglichkeit auszusetzen. Aber man könnte mir mit meinen Büchern genau denselben Vorwurf machen wie etwa einem Karikaturisten. Ich erinnere mich, wie eine Frau mir einmal triumphierend erzählte, sie habe ihrem Mann eine bestimmte Stelle aus einem Buch von mir vorgelesen, weil darin genau seine Probleme zur Sprache kamen. Ich brauche nicht zu sagen, daß der Kontakt zwischen den beiden Ehepartnern dadurch nicht gerade besser wurde.

Es genügt schon, wenn ein Gespräch eine schwierige Wendung nimmt, scheinbar ganz nebenbei auf irgendein viel diskutiertes Tagesthema anzuspielen, etwa auf die Politik oder auf einen viel umstrittenen Maler – und schon gleitet die Unterhaltung auf ein ungefährliches, jedenfalls auf ein unpersönliches Gebiet ab, das vielleicht dem einen oder anderen Gelegenheit gibt, sich in ein gutes Licht zu setzen, wenn man dabei seine Bildung zeigen oder ein geistreiches Paradoxon bringen kann.

Auch die Pflicht kann man zu einem solchen Schutzschild machen. Es gibt Leute, die jeden Abend Arbeit mit nach Hause bringen und sich damit vor jedem ernsthaften Gespräch mit ihrer Frau oder ihren Kindern schützen. Andere verschanzen sich hinter ihrer Zeitung, die sie breit vor sich aufschlagen, sobald sie nach Hause kommen, und in die sie scheinbar ganz vertieft sind, wenn ihre Frau ihnen ihre Sorgen erzählen will. Andere drehen einfach das Radio an; zur einzigen Tageszeit, wo man in Ruhe über wichtige und dringliche Entscheidungen sprechen könnte, müssen sie unbedingt ein bestimmtes Konzert oder eine Sportreportage hören. Eine Frau, deren Sohn durch seine Charakterschwierigkeiten schwere Zukunftssorgen hatte – er war gerade aus der Schule geworfen worden –, fragte ich, was denn ihr Mann dazu sage. „Mein Mann? Der nimmt seinen Hut und geht in seinen Klub, sobald ich ernsthaft mit ihm reden will."

Die Frau wiederum weicht, oft ohne es zu merken, vor einem Gespräch aus, indem sie sich in ihre Haushaltsarbeit flüchtet. Immer muß sie irgend etwas bügeln, was nicht einen Moment mehr länger liegenbleiben kann, oder sie muß die Schularbeiten ihrer Kinder kontrollieren. Wie durch eine geheime Übereinkunft bringen es viele Ehegatten fertig, ständig zu vermeiden, sich gegenseitig Auge in Auge gegenüberzustehen.

Es ist eine Binsenwahrheit, daß man nur ein wirkliches Gespräch führen kann, wenn man mit dem anderen allein ist. Sobald ein dritter dabei ist, so nahe und vertraut er einem auch sein mag, wird der Ton schon weniger persönlich. Ich kann das gut beobachten, wenn sich ein Patient zur Sprechstunde von irgendeinem Verwandten begleiten läßt. Selbst wenn es seine eigene Frau ist, die das, was er mir sagen will, schon längst weiß, sind seine Worte dann halb für sie und nicht nur für mich bestimmt. Wo Zuschauer sind, wird unvermeidlich immer auch ein wenig Theater gespielt.

„Ich will Ihnen nur gerade schnell guten Tag sagen ...", kann soviel heißen wie: „Ich bin im Moment nicht in der Lage, mit Ihnen von dem zu sprechen, woran wir beide denken und wozu eine offene Aussprache nötig wäre." Sogar ohne etwas zu sagen, kann man durch knappes und kurzes Benehmen dem anderen zu verstehen geben, daß er sich in acht nehmen soll, uns nicht in ein schwieriges oder tiefschürfendes Gespräch zu verwickeln. Viele Leute, die es immer eilig haben, gleiten so ständig ungreifbar an einem vorbei.

Krankheit oder ein Gebrechen kann einen abseits vom Leben halten. Dieses seelische Leiden kommt für den Kranken noch zu seinen Beschwerden hinzu. Oft schützt sich der Kranke damit aber auch, ohne sich dessen bewußt zu werden, vor den Gefahren des Lebens. So kann sich in der Seele des Kranken eine unbewußte Angst vor der Heilung festsetzen, denn seine Genesung würde ihn plötzlich vor Probleme stellen, vor denen ihn seine Krankheit schützt, was dann zu einem inneren Hindernis für seine Heilung werden kann.

Wie oft kommt es auch vor, daß eine ganz unbestreitbare und sehr schmerzhafte Migräne, ein quälender Gallensteinanfall oder ein unbezwingbarer Durchfall immer gerade dann auftreten, wenn man vor einer schwierigen Entscheidung steht. Schwerhörige Leute haben mir gestanden, daß sie ihr Gebrechen als Vorwand benutzen, um unangenehmen Gesprächen zu entgehen. Dasselbe gilt für Nervosität, Empfindlichkeit und schlechte

Laune, die manchmal die Rolle eines Warnschildes spielen: „Berühren verboten!“ Ebenso können auch gute Laune und eine fröhliche, durch nichts zu erschütternde Stimmung als Schutzmauer dienen.

Dasselbe gilt für das, was die moderne Psychologie „infantile Reste oder Regressionen“ nennt. Erwachsene, die auf bestimmten Gebieten, wie etwa in ihren geistigen Interessen oder in ihrem Berufsleben, voll entwickelt sind, benehmen sich in bestimmten Situationen wie Kinder: etwa in der Beziehung zu ihrer Frau, bei der sie wie bei einer Mutter Schutz suchen; zu ihrem Vater, dem sie nicht widersprechen wagen, oder zu einem Freund, der in ihren Augen mit dem Nimbus eines Helden umgeben ist. Das Erwachsenwerden besteht eben darin, bestimmte Gespräche von Mann zu Mann und Mensch zu Mensch zu führen, ohne ihnen durch kindliche Reaktionen auszuweichen.

Gerade heute mußte ich daran denken, als ich mit einem Geschäftsmann sprach. Vorher hatte mich seine Frau konsultiert, aber nach jedem Gespräch hatte sie alles, was sie dabei in sich entdeckte, ihrem Mann weitererzählt, so daß sie eine gemeinsame Entwicklung durchmachten. Das ist etwas sehr Schönes, und es gab ihnen das Gefühl, die Liebe zu entdecken. Denn der eigentliche Sinn der Ehe besteht darin, sich als Ehegatten gegenseitig zu helfen, ein Mensch zu werden und sich zur verantwortlichen und selbständigen Person zu entwickeln, die nicht vor dem Leben davonläuft.

Heute war nun der Mann zu mir gekommen und hatte mir seine Erlebnisse erzählt. „Das Leben ist etwas Wunderbares“, sagte er mir ganz freimütig am Schluß, „aber es ist schon sehr schwer, wenn man sich entschlossen hat, ihm nicht mehr davonzulaufen“. – „Ja, so ist es“, sagte ich ihm. „Aber wir sind stets auf der Suche nach einem Zufluchtsort und bauen uns ständig eine kleine Hütte, um uns vor den Gefahren des Lebens zu schützen.“

Das Geld, der gute Ruf, die berufliche Stellung – all das kann so als eine schützende Zuflucht erscheinen. Das Geld verschafft uns Kredit und sogar Dankbarkeit durch die guten Werke, die wir damit tun können. So gibt es Eltern, die ihre Kinder dadurch zum Schweigen bringen, daß sie ihnen Geld geben. Selbst wenn diese erwachsen oder verheiratet sind, halten sie sie unter dem Deckmantel der Großzügigkeit in einer kindlichen Abhängigkeit und machen es ihnen durch die finanzielle Abhängigkeit unmöglich, auf gleicher Ebene mit ihnen zu sprechen. Genauso gibt es auch Ehegatten, die durch ein Geschenk für ihre Frau irgendeine notwendig gewordene Auseinandersetzung kurzerhand abschneiden.

Ich selber habe einmal gemerkt, wie ich einer tiefergehenden Unterhaltung auswich, indem ich einem Patienten eines von den Medikamentenmustern gab, mit denen wir Ärzte überschüttet werden. Die Unterhaltung wäre lang und schwierig geworden, und ich hatte es doch so eilig. Ich kann mich noch sehr gut an den Fall erinnern. Am Ende der Konsultation sagte mir die Frau plötzlich: „Ich weiß gar nicht, was ich mit meinem Mann machen soll. Er hat dauernd Schnupfen, und alle Fachärzte haben ihm nicht helfen können." Blitzartig kamen mir meine eigenen Erfahrungen ins Gedächtnis. Auch ich war einmal monatelang dauernd verschnupft gewesen. Ich mußte erst mein ganzes Leben in Ordnung bringen, bevor ich wieder meine physische Widerstandskraft gewann. Wie aber soll man so etwas einem anderen in ein paar Minuten klarmachen, wo es doch so weit von der üblichen vereinfachten und mechanischen Krankheitsvorstellung abweicht. So gab ich ihr einfach ein antiseptisches Öl aus meinem Schrank: „Ihr Mann soll es einmal damit versuchen."

Die gesamte Technik ist ihrem Wesen nach unpersönlich. Völlig kalt stellt der Arzt präzise Fragen, macht die nötigen Handgriffe und bedient die erforderlichen Instrumente, um zu seiner Diagnose zu kommen. Es ist eine gewichtige Frage, die dabei auf dem Spiele steht, und er führt dazu ein wissenschaftliches Selbstgespräch. All das schafft eine nüchterne Atmosphäre, in der kein Raum für Gefühle bleibt und in der es oft schwer ist, zu einem persönlichen Gespräch zu kommen. Der Arzt weiß manchmal ganz genau, daß so ein Gespräch nötig wäre und daß es viel schwerer ist als all diese instrumentale Geschäftigkeit, mit der er diesem Gespräch ausweichen kann.

So ist es bei allen Berufen. Was Jules Romains die „öffentlichen Spielregeln" nennt, wobei er das bis ins einzelne ausgearbeitete allgemeine Gesellschaftsspiel meint, in dem jeder pünktlich die ihm zufallenden konventionellen Pflichten erfüllt, erscheint jetzt nicht mehr nur als ein bedauerliches Hindernis für den persönlichen Kontakt, sondern eher als ein Schutzgitter, hinter dem wir unser empfindliches Ich schützen.

Ich kenne einen Mystiker, der zwei- oder dreimal in seinem Leben Visionen hatte. Wenn er mir erzählt, höre ich ihm hingegeben und mit brennendem Interesse zu. Ich entdecke bei ihm, der äußerlich als Verstandesmensch erscheint, ein tiefes Gefühl für geistige Dinge, und er spricht von wirklichen Offenbarungen. Nur ein einziges Mal, so sagt er mir, hat er seinem Bruder eine vorsichtige Andeutung gemacht, worauf er fühlte oder zu fühlen glaubte, daß sich dieser Sorgen um seine geistige Gesundheit machte. Seitdem hütet er vorsichtig seinen Schatz, und ich begreife jetzt auch, warum er mich kurz vorher fragte, was der Unterschied zwischen einer Vision und einer Halluzination sei.

Je wertvoller eine Erfahrung für uns ist, je mehr sie für unser Leben bedeutet und je mehr sie unsere Gedanken beschäftigt, desto mehr fürchten wir auch, daß sie mißdeutet und durch ein ungeschicktes Wort oder einen unangebrachten Zweifel entwertet wird. Je feiner und differenzierter unsere Seele ist, desto eher ist sie auch verwundbar. Und wenn man allein mit sich selber ist, plagt man sich so wie mein Mystiker mit Zweifeln über die Echtheit seiner Intuitionen und seiner tiefsten Gedanken und Gefühle. Das, woran er leidet, ist der Kontrast zwischen seinem äußeren und seinem inneren Leben, in welchem seine damaligen Visionen eine beherrschende Stellung einnehmen.

So ist es auch mit dem Gegensatz zwischen unserem Rollendasein und unserer Person, von dem wir sprachen. Wir leiden daran, aber zugleich bemühen wir uns eifrigst, diesen Gegensatz zu erhalten, aus Angst, unsere Person könnte verletzt werden, wenn wir ihre kostbarsten Schätze enthüllen. Das ist oft so mit unseren künstlerischen, philosophischen oder religiösen Überzeugungen.

Wir verteidigen unsere Schätze und den Schatz unserer

Schätze, unsere Person. Gestern sagte mir eine meiner Patientinnen: „Im Grunde bin ich mir klar, daß ich mein Leben damit verbracht habe, mich gegen alle anderen zu verteidigen.“ Die Menschen sind allerdings auch sehr voreilig mit ihrem Urteil. Sie lähmen den Schwung eines Anfängers, indem sie jeden noch so kleinen Fehler hervorheben. Sie suchen ihre Selbstbestätigung, indem sie den Begabten und Talentierten kleiner machen, als er ist. Neid und Eifersucht, die so schnell zur Kritik führen, sind unvermeidlich. Geben wir ruhig zu, daß wir Angst haben und daß wir sogar unsere Angst wieder vor den anderen verstecken. „.... die Lebenskunst besteht in der Fähigkeit“, schreibt Oskar Forel, „seine eigene Urangst zu verbergen und zugleich die Angst der anderen auszunutzen.“

Aber am meisten fürchten wir uns natürlich davor, unsere Schwächen und Fehler sehen zu lassen. Viele Leute wollen nicht zugeben, daß der Mensch so sei, wie ich ihn schildere. „Wenn man das liest, was Sie schreiben“, sagen sie mir, „dann müßte man ja glauben, daß es Dramen in jeder Familie und heimliche Sünden in jedem Menschenleben gäbe! Sie sind einfach das Opfer ihres Berufs!“ Andere wieder geben meinem kalvinistischen Pessimismus die Schuld. Ich habe eher den Eindruck, daß ihr Optimismus ein wenig naiv ist und daß sie sich vom äußeren Anschein blenden lassen.

Ich habe nicht nur mit Kranken, sondern auch mit vielen Gesunden zu tun. Ihr Entschluß, in meiner Sprechstunde offener zu sein, als sie es sonst sind, läßt mich die Dinge sehen, die sich hinter den Kulissen abspielen. So weiß ich von sehr angesehenen Familien, die man mir gern als gutes Beispiel vorhalten würde, wo es kaum eine Mahlzeit gibt, bei der es nicht zu heftigen Szenen, ja sogar zu Handgreiflichkeiten kommt. Bei hochgebildeten und kultivierten Persönlichkeiten, die sich in Gegenwart des geringsten Gastes überaus vornehm und höflich zeigen, gibt es oft nicht das mindeste Anzeichen, das so etwas vermuten ließe.

Gerade wenn man ein besonders hohes Ideal hat, wenn man sehr hoch entwickelt, gebildet und verfeinert ist, schämt man sich besonders darüber, wie man sich bei bestimmten Gelegenheiten heimlich benommen hat, und tut alles, um es zu verbergen. Gerade weil solche Menschen selber nicht begreifen, warum es ihnen nicht gelingt, sich zu beherrschen, gehen sie streng mit sich ins Gericht und fürchten dann von den anderen dasselbe Urteil. Weniger gebildete und rauhere Menschen sind viel eher dazu bereit, sich so zu zeigen, wie sie wirklich sind.

Wir sehen das oft am Widerstand der Familienmitglieder, wenn ein Angehöriger der Familie zum Psychologen gehen will. Man fürchtet dann, daß er die Familiengeheimnisse verrät. Man verfolgt ihn, man versucht herauszubekommen, was er vom Familienleben erzählt, man macht ihm heftige Vorwürfe deswegen und bedroht ihn sogar. Oder es ist umgekehrt das Familienleben sehr schön und harmonisch, und man verschweigt sorgfältig, was im Berufsleben vor sich geht. Wenn auch nicht hinter jedem Leben ein Drama steckt, so gibt es doch zumindest in jeder Familie genug unerfreuliche Dinge, von denen man nicht gerne spricht. Bergson spricht daher an einer Stelle von einem gehüteten geheimen Bereich, den jeder hat und den man beim anderen achtet, damit er dasselbe auch bei uns tut.

*

Ich will übrigens gar nicht nur von den großen Konflikten sprechen. In den kleinen Dingen des Alltags fällt es uns genauso schwer, all die vielen Seiten unseres Wesens zuzugeben, die nicht dem Bild entsprechen, mit dem wir vor den anderen dastehen wollen. Immer wieder merken wir, wie der wahre Beweggrund irgendeines Verhaltens ganz einfach Trägheit oder Eigenliebe, Neid oder Gewinnsucht, Begierde oder Ehrgeiz ist, und schnell verdecken wir das hinter irgendeinem Vorwand, der einen guten Eindruck macht. Ist ein Fall dunkel und unklar, dann verbergen wir unsere Unwissenheit, indem wir gelehrte Abhandlungen über diesen Fall schreiben, die nur so von wissenschaftlichen Ausdrücken strotzen. Habe ich den Namen eines Patienten vergessen, dann spiele ich ihm gegenüber den Übereifrigen, während ich in meinem Gedächtnis nach seinem Namen suche, oder ich spiele auf irgendwelche Einzelheiten unserer früheren Gespräche an, um ihm zu zeigen, daß ich mich daran erinnere. Habe ich vergessen, einen versprochenen Brief zu schreiben, dann gefalle ich mir darin, hervorzuheben, wie sehr ich doch beschäftigt bin.

Ich erinnere mich, daß ich eines Tages nach einem langen Spaziergang, auf dem wir schwere psychologische und religiöse Probleme gewälzt hatten, einem Kollegen sagte, daß ich großen Spaß an Kartenkunststücken hätte, was mir übrigens gar nicht leicht fiel, denn ich dachte, er würde das für sehr oberflächlich halten. Einige Tage später schrieb er mir, daß er jetzt auch Kartenkunststücke mit seiner Frau mache und viel Vergnügen daran fände.

Jeder hat seine Steckenpferde und seine kleinen Verschrobenheiten. Wie das Sprichwort sagt, ist keiner ein großer Mann in den Augen seines Kammerdieners. Jeder hat seine kleinen Liebhabereien und Gewohnheiten, die er nicht mehr lassen kann, was für ihn immer ein wenig demütigend ist.

So haben wir alle Angst vor der Wirklichkeit. Angeblich haben wir den Wunsch, uns kennenzulernen, aber zugleich fürchten wir uns doch davor. Selbst wenn man freiwillig zum Graphologen, Psychologen oder Psychiater geht, hat man stets noch ein wenig Angst vor ihnen. Es geht nicht nur um das Bild, das die anderen sich von uns machen und das wir nicht gern verändert sehen möchten, sondern auch um das Bild, das wir selber von uns haben. Die jugendliche und unternehmungslustige Haltung, die es auf die Entdeckung der anderen und auf die eigene Selbsterkenntnis abgesehen hat, ersetzen wir bald durch die tödliche Anmaßung, uns und die anderen zu durchschauen. Wieviel Verheiratete bilden sich ein, ihren Ehegatten zu kennen und verlieren dadurch das liebevolle Interesse für den anderen, das sie in der Verlobungszeit füreinander hegten.

Wenn man Kranke in die Klinik, Geistesgestörte in die Heilanstalt, Gebrechliche ins Altersheim, Nervöse ins Sanatorium und schwererziehbare Kinder in die Erziehungsanstalt schickt, dann geschieht das gewiß, um sie dort besser pflegen zu können. Aber, ob man sich das nun selber eingesteht oder nicht, es geschieht auch ein wenig zu dem Zweck, sich diese lebendigen Zeugen der menschlichen Hinfälligkeit und Gebrechlichkeit aus den Augen zu schaffen. Die zivilisierte Gesellschaft sieht nicht gerne Not und Elend. Wenn man sie darauf hinweist, kommt es zwar zu einer plötzlichen und starken Aufwallung von Sympathie und Mitleid – man braucht nur an die Erfolge des Abbé Pierre oder an die Sammlungen nach einer Katastrophe zu denken –, doch wendet sich die Menge dann schnell wieder ab, denn sie möchte der Not und dem Elend in ihrem Alltag nicht gerne bei jeder Gelegenheit begegnen.

Ich erinnere mich an den Besuch eines ausländischen Ehepaares, das einige Wochen vorher den großen Schmerz hatte, auf tragische Weise ein Kind verlieren. In vorgerückter Stunde erzählt uns das Paar von seiner inneren Einsamkeit. Nach den ersten Tagen, in denen sie viele Beileidskundgebungen erhalten hatten, konnten sie dann nicht mehr ohne weiteres längere Zeit von ihrem Kummer sprechen. Denn ein großes Unglück wirft viele Fragen auf, auf die man keine Antwort mehr weiß.

Die Furcht davor, keine passende Antwort mehr parat zu haben, führt dazu, von anderen Dingen zu sprechen und das Gespräch auf ein Thema zu lenken, über das man sich leichter unterhalten kann. So bin ich auch davon überzeugt, daß viele Ärzte oft die großen Lebensfragen sehen, die im Hintergrund einer Krankheit stehen, und sich nur davor hüten, auf diese Fragen einzugehen, weil sie Angst haben, daß sie nicht mehr wissen, wie sie ihren Kranken bei solchen unentwirrbaren Problemen helfen sollen, wenn diese einmal so weit kommen, sich ihnen anzuvertrauen. Dennoch haben unsere Kranken auch dann, wenn wir keine Antwort mehr wissen, den Wunsch, daß man sie wenigstens anhört.

Schließlich gibt es noch so etwas wie die Angst vor den eigenen Gefühlen. Viele Leute sprechen nicht von persönlichen Dingen, weil sie fürchten, dabei gerührt zu werden, zu weinen, ihr Herz und ihre Empfindsamkeit zu zeigen. Sie fürchten, daß man ihnen das als Schwäche auslegen könnte. Es gibt eine falsche Scheu vor Gefühlen, die sehr verbreitet ist. Wahrscheinlich entspricht der Hang zu aufregenden Darbietungen und zur Traumwelt mancher Filme dem Bedürfnis, von Zeit zu Zeit an einem erlaubten Ort die im Alltagsleben aufgestauten Gefühle zu entladen.

Am Bett eines Schwerkranken, dessen Tage offensichtlich gezählt sind, geben sich der Arzt und noch öfter die Familie alle

Mühe, bei dem Kranken die Illusion einer möglichen Heilung aufrechtzuerhalten. Gewiß, weil eine Heilung, und wenn sie noch so unwahrscheinlich ist, immer möglich bleibt, solange noch Leben da ist. Gewiß auch, um den Kranken moralisch zu stützen. Oft aber ist es so, daß sich dieser völlig klar über seinen Zustand ist und daß man einfach seinen Fragen ausweicht, obwohl er vielleicht durchaus die geistige Reife erreicht hat, die es ihm erlaubt, bewußt dem Tod ins Auge zu sehen. Flieht man damit nicht vor dem eigentlichen und letzten Gespräch, vor einem Gespräch, das angesichts der bevorstehenden Trennung eine im Innersten ergreifende Feierlichkeit gewinnt?

Wieviel Eheleute vermögen es nicht mehr, auch nur ihre Liebe zum Ausdruck zu bringen? Oft unterdrückt man sogar die Freude. Gestern abend teilte mir eine Mutter die Verlobung ihrer Tochter mit. „Gefällt Ihnen der Verlobte?“ – „O ja, sogar sehr!“ – „Dann sind Sie sicher Ihrer Tochter vor Freude um den Hals gefallen?“ – „Nein, das habe ich nicht gewagt. Ich sagte ihr, es sei schon spät, sie solle schlafen gehen, wir würden in den nächsten Tagen darüber sprechen ...“

*

„Sie sind unerbittlich“, sagte gestern eine Patientin zu mir. „Aber gerade deswegen komme ich zu Ihnen.“ Der Leser wird vielleicht denken, daß ich ihr unerbittlich eine Frage nach der anderen gestellt habe. Keineswegs, ich hörte ihr nur einfach zu, mit der gesammelten Aufmerksamkeit, auf die ein Mensch in seelischer Not einen Anspruch hat. Ich spürte ihren inneren Kampf um uneingeschränkte Wahrhaftigkeit, den ich selber so gut kenne.

Wir sehnen uns mit unserem ganzen Wesen danach, persönlich zu werden, unsere äußere Hülle abzulegen, unser Ich und von daher den persönlichen Kontakt und die Gemeinschaft mit den anderen zu finden. Doch diese Sehnsucht stößt auf einen gewaltigen Widerstand in uns selber. Den Kopf in den Händen vergraben, fügt meine Patientin nach und nach, immer wieder von langem Schweigen unterbrochen, ihrem Bericht eine Einzelheit nach der anderen zu. Sie weiß sehr gut, daß sie sich ohne diese

Einzelheiten nicht von der Sache befreien kann. Da unterbricht sie sich und sagt: „Sie sind unerbittlich – aber gerade deswegen komme ich zu Ihnen."

Wenn man wahrhaftig sein will, genügt keine halbe Wahrhaftigkeit. Dieses Leben verlangt von uns, daß wir unerbittlich sind, aber auch, daß wir verstehen, was vor sich geht, und ihm liebevoll zum Sieg verhelfen.

Dabei kann es sich um furchtbar peinliche Erinnerungen handeln, Erinnerungen, die so peinlich sind, daß man glaubt, sie niemals jemandem erzählen zu können. Deswegen sind sie in doppelter Hinsicht ein Krankheitsherd, einmal durch die unauslöschliche Wunde, die sie verursacht haben, dann aber auch durch ihre Geheimhaltung. Es gibt Geheimnisse, welche die Seele so belasten können, daß sie fast davon erdrückt wird. Indem man sie erzählt, durchlebt man sie ein zweites Mal, gerät abermals in die unerträgliche Gefühlserregung, die sich mit ihnen verbunden hat und die man durch das Verbergen abschieben wollte. Es entstand damit ein Bereich, der tabu war, und sobald sich das Gespräch diesen Dingen näherte, stieg ein entsetzliches Angstgefühl auf.

Aber auf diesem Weg der Wahrhaftigkeit und der Selbsterkenntnis tauchen unvermeidlich auch andere Erinnerungen auf, Dinge, für die man sich verantwortlich fühlt oder durch die man Schuld auf sich geladen hat. „Zur Person gehört vor allem auch die Möglichkeit, zu sündigen", sagt R. P. Ducatillon. Der Widerstand besteht dann in Gewissensbissen, in Scham und Angst vor einem Urteil. Die Heilung entspringt dann aus der Gnade, die zunächst diesen Widerstand überwinden hilft und dann die Sünde tilgt.

Ich habe mich schon oft zur Beichte geäußert, aber es liegen immer noch Mißverständnisse vor. Manche Theologen haben der Befürchtung Ausdruck gegeben, daß ich den Arzt dazu auffordere, sich an die Stelle des Priesters zu setzen. Ich habe das nie getan und werde das auch niemals tun. Es ist ganz selbstverständlich, daß ein Katholik die sakramentale Absolution im Beichtstuhl suchen muß, daß wir ihn dazu auffordern müssen und daß er sich dem nicht unter dem Vorwand entziehen kann, er habe dem Arzt gebeichtet. Man kann nicht mit Gott Frieden schließen, indem man zugleich seine Kirche hintergeht.

Aber die Theologen sollten die Dinge sehen, wie sie sind, und nicht, wie sie gerne möchten, daß sie wären. Es gibt unter uns unzählige Menschen mit Beichtnöten, auch unter den römischen oder orthodoxen Katholiken, auch unter denen, die regelmäßig und in aller Aufrichtigkeit zur Beichte gehen und die in einem persönlichen Gespräch plötzlich Fehler in ihrem Leben entdekken, die viel entscheidender waren, als diejenigen, die sie bisher gebeichtet hatten.

Es gibt übrigens auch andere, die sich von der Kirche gelöst haben, eben um der Beichte zu entgehen, und die nach einem befreienden Gespräch mit dem Arzt wieder den Weg zu ihr zurückfinden. Schließlich sind auch noch die Protestanten da, bei denen die Beichte sehr stark in Vergessenheit geraten ist. Max Thurian hat vor kurzem darauf hingewiesen, wie sehr die Reformatoren auf einer regelmäßigen Beichtpraxis bestanden. Mit sehr viel Einblick in die Dinge stellt er dar, wie wichtig es ist, sie in den protestantischen Kirchen wieder einzuführen. Wie für die römisch-katholische Kirche hat auch für ihn nur die Beichte einem Priester gegenüber einen religiösen Wert, während die orthodoxen Christen auch die Beichte einem Laien gegenüber anerkennen.

Schließlich gibt es die Ungläubigen, die Halbgläubigen, die Agnostiker und die ausgesprochen religionsfeindlichen Menschen. Sie haben dasselbe Bedürfnis wie die Gläubigen, ihre Gewissenskonflikte auszusprechen. Ich kann mir nicht denken, daß ein Theologe von mir verlangen würde, ein Gespräch abzubrechen, wenn es den Charakter eines Schuldbekenntnisses annimmt, lediglich aus Furcht, ich könne mich an die Stelle des Priesters setzen. Ich kann es mir um so weniger denken, weil echte Gewissenskonflikte sehr eng mit psychologischen Momenten verbunden sein können. In diesem Fall – das muß ich ganz offen sagen – fällt dem Arzt eine Rolle zu, in der ihn der Priester gar nicht ersetzen kann.

Ich spreche hier also nicht von der sakramentalen Beichte, die Sache des Theologen ist. Um jegliche Verwechslung zu vermeiden, hat A. Stocker vorgeschlagen, das Bekenntnis einer Verfehlung im Sprechzimmer des Arztes „persönliches Geständnis" zu nennen. Ich spreche hier also als Arzt und als Psychologe von diesem „persönlichen Geständnis" als einem seelischen Geschehen, und zwar dem Geschehen, das die Person am besten kennzeichnet. Vor allem spreche ich von der geistigen Haltung, von der dieses persönliche Geständnis Zeugnis ablegt. Sie ist nichts anderes als Aufrichtigkeit sich selber und dem Gesprächspartner gegenüber. Völlig aufrichtig sich selber gegenüber ist man übrigens nur dann, wenn man auch zugleich Gott und dem Nächsten gegenüber aufrichtig ist. Dies ist ein Gesetz, unter dem unser Geist steht, und das ich als Wissenschaftler lediglich feststelle. Wenn ich mich nicht irre, meinte Dr. Durand eben diese Aufrichtigkeit, als er auf einem Treffen von Psychotherapeuten und Theologen im Ökumenischen Institut von der „psychologischen Moral" sprach.

Was das Wesen eines solchen Bekenntnisses ausmacht, ist das Gewicht, das auf der eigenen Verantwortung liegt, und von daher gehört es zur Wiedergeburt und Erneuerung der Person. Es ist höchst erstaunlich, wenn man sieht, daß Psychotherapeuten wie Durand und viele andere, die sich zur Schule Freuds, d.h. zu einer mechanistischen Psychologie bekennen, in der jede Verantwortung ausgeschaltet ist, trotz ihrer Theorien dahin kommen, den spezifischen Wert des Verantwortungsgefühls zu betonen, das die Voraussetzung für die Befreiung der Person ist.

Ich brauche nicht vom medizinischen Wert des Schuldbekenntnisses zu sprechen. Ein ungelöster Gewissenskonflikt kann ein Menschenleben jahrelang ersticken und so die körperliche und seelische Widerstandskraft untergraben. Er kann der wahre Grund gewisser psychosomatischer Beschwerden sein. Im offenen Bekenntnis löst sich gewissermaßen ein Pfropfen, und der Lebensstrom beginnt wieder von neuem zu fließen. Am Anfang dieses Jahrhunderts sagte der Berner Dubois, der sich selber nicht als Christ bezeichnete: „Nehmt euren Kranken die Beichte ab."

Dann kommt es auch zum wahrhaft persönlichen Gespräch, das gegenseitig bindet und bei dem man innerlich frei ist. Es kann nicht die Rede davon sein, daß wir nun unsererseits unseren Kranken gegenüber eine Art Beichte ablegen. Wir müssen vielmehr selbst durch die Beichte gegangen sein, bevor die Kranken zu uns kommen, gleichgültig ob die Beichte nun – je nach der Kirche, der wir angehören – sakramental ist oder nicht. Erst dann sind wir frei, und erst dann finden wir wieder den aufrichtigen, einfachen und persönlichen Ton, ohne den es kein Gespräch gibt. So ist unser Amt als Beichthörer eng mit unserer eigenen Beichterfahrung verknüpft.

Man wird jetzt verstehen, daß es nicht allein mit dem guten Willen getan ist, wenn man in unserer heutigen Welt den menschlichen Kontakt wiederfinden will. Ich treffe oft auf Leute, die gleichfalls feststellen, wie sehr die moderne Welt entpersönlicht ist. Sie bedauern das, sehen aber nicht ein, warum man die Religion dabei ins Spiel bringen soll. Sie halten ein humanistisches Ideal für völlig ausreichend. Sie geben sich selber aufrichtige Mühe, um sich herum eine persönliche Atmosphäre zu verbreiten. Darüber freue ich mich, aber ich bin überzeugt davon, daß ihr Ziel auf diese Weise unerreichbar bleibt und daß sie gar nicht sehen, wie groß der Widerstand ist, der sich ihnen entgegenstellt.

Eine gute humanistische Grundhaltung reicht nicht aus. Es ist vielmehr eine neue Gesinnung, eine tiefgreifende persönliche Wandlung, ja ein Wunder nötig.

Wer seine unangenehmen Erinnerungen, seine quälenden Gewissensbisse und seine innersten Überzeugungen geheimhält, der behält notwendigerweise auch in seinem ganzen Verhalten und in allen seinen menschlichen Beziehungen eine gewisse Zurückhaltung und Abgeschlossenheit, die jeder andere intuitiv fühlt. Eine solche Zurückhaltung wirkt ansteckend und hindert die gegenseitige Aufgeschlossenheit für eine menschliche Beziehung. Wer dagegen durch ein offenes Bekenntnis von der Last seiner Vergangenheit befreit ist, wirkt gleichfalls ansteckend, auch wenn er gar nicht von dieser überwundenen Vergangenheit spricht. Jeder findet von selbst ihm gegenüber einen persönlicheren Ton.

9. Der lebendige Gott

Ich will versuchen, noch etwas ausführlicher zu sagen, was ich meine. Wir haben gesehen, wie der Mensch vor dem Gespräch flieht, aus Angst, sein Ich so zu sehen und anderen so zu zeigen, wie es ist. Wir haben aber auchgesehen,wie er das Gespräch sucht und wie er zum persönlichen Leben erwacht, sobald er seinen Widerstand überwindet und den wahren Kontakt mit dem anderen Menschen findet. Dann kommt hinter der äußeren Hülle die Person zum Vorschein, und zwar nicht nur im seelsorgerischen Gespräch mit einem Priester, oder im psychotherapeutischen Gespräch mit einem Arzt, sondern genauso auch im täglichen Leben, bei einer wirklichen Begegnung mit einem Freund, ja sogar in einem flüchtigen Blickwechsel, wenn dieser Blickwechsel echt ist und aus der Tiefe kommt.

Diese Erfahrung ist am stärksten in der Beichte und im Bekenntnis, von dem wir gerade sprachen, dann, wenn jemand seine innersten Geheimnisse preisgibt, bei denen er am stärksten mit seinen Gefühlen beteiligt ist und die sein Gewissen am meisten belasten. Dann nämlich spielt sich jener große Kampf mit dem inneren Widerstand ab, der uns am besten zeigt, was hier vor sich geht.

Was hilft ihm nun dabei, diesen Widerstand zu überwinden? Zweifellos die Atmosphäre des Gesprächs, die Gewißheit, geliebt und verstanden zu werden. Sicher aber auch eine aus der Tiefe kommende, unwiderstehliche Kraft, die von uns fordert, daß wir ehrlich bis zum Letzten sind, daß wir die Maskierung unserer Alltagshülle abwerfen und daß wir dem anderen unser wahres Ich zeigen.

Wenn sich mein Gesprächspartner mitten in einer solchen

Auseinandersetzung befindet, wenn er anfängt, leise zu sprechen und wenn es dazwischen zu langen Pausen kommt, dann liegt das daran, daß in ihm noch ein zweites, inneres Gespräch stattfindet. Dieses zweite Gespräch ist ein Gespräch mit Gott, auch wenn der Betreffende gar nicht gläubig ist und meint, nur mit sich selber zu kämpfen. Alles in ihm leistet Widerstand, und wir alle leisten diesen Widerstand. Wenn er spricht, dann spricht er nicht mehr selber, sondern eine Macht, die stärker ist als er selbst. Gott zwingt ihn dazu. Jene Patientin, die mir vorhin sagte: „Sie sind unerbittlich", ließ lediglich eine ihrer Antworten aus einem solchen inneren Gespräch laut werden.

Es gibt also zwei nebeneinanderlaufende Gespräche, zwei gleichzeitige persönliche Kontakte, den einen mit dem anderen Menschen und den anderen mit Gott. Beide Gespräche sind zutiefst miteinander verknüpft, genauso wie die beiden obersten Gebote, die Liebe zu Gott und die Liebe zum Nächsten, von denen Christus sagt, daß sie einander gleich sind (Matth. 22,37–40). Das gilt so sehr, daß es kein befreiendes Bekenntnis allein mit Gott und kein Gespräch mit Gott in ständiger Abgeschiedenheit gibt. Sogar die Eremiten haben einen Beichtvater nötig. Aber auch umgekehrt gibt es kein wahrhaft menschliches Gespräch, ohne daß ein inneres Gespräch mit Gott dazukommt.

Das, worauf es ankommt, das, was uns befreit und was unsere Person erweckt und offenbart, ist dieses Gespräch mit Gott. Denn ohne die innere Bewegung der Seele, die uns beide aufrüttelt und die in diesem Augenblick für mich wie für meinen Gesprächspartner den persönlichen Kontakt mit Gott bedeutet, sind die Worte, die wir wechseln, ohne jede Bedeutung. Deswegen sind in solch einem Fall die Momente des Schweigens reicher und bedeutungsvoller als alle Worte.

Wir stehen beide in einer Bindung zu Gott. Wir leben dabei in der Gegenwart Gottes, die uns zugleich zu uns selber und zur Gemeinschaft aufruft. Am Ende einer solchen Unterhaltung kam mir neulich, ohne daß einer von uns beiden von Gott gesprochen hätte, ganz spontan die Frage über die Lippen: „War nicht unser ganzes heutiges Gespräch wie ein Gebet?" Das gilt auch dann, wenn mein Gesprächspartner einen anderen Glauben hat als ich, ja sogar wenn er ungläubig ist oder es zu sein glaubt. Ich spreche hier von dem, was ist, und nicht von seiner möglichen Deutung. Es gibt einen Kampf zwischen den Forderungen Gottes und dem Widerstand des Menschen, eine Zwiesprache zwischen der alles durchdringenden Stimme Gottes und den Antworten, die sie fordert.

So stehen viele Menschen, sogar ohne es recht zu wissen, im Gespräch mit Gott. Das gilt nicht nur für jenen besonderen Augenblick der Beichte und des Bekenntnisses, den wir vorhin als Beispiel wählten, um die Dinge so deutlich wie möglich zu machen, sondern jedesmal, wenn in diesem inneren Kampf die Wertordnung eines Menschen in Frage steht und wenn sich ein Mensch auf das Wahre, Schöne, Gute und Rechte beruft.

Der Mensch unterscheidet sich dadurch vom Tier, daß er Fragen stellt. Er fragt nach der Welt und nach sich selbst, nach dem Sinn der Dinge, nach dem Warum von Krankheit und Heilung, von Leben und Tod. Er weiß um seine Schwäche, seine Verantwortung und seine Fehler, und er fragt nach einem Ausweg und einer Lösung. Wenn er solche Fragen stellt, dann sind sie – dessen bin ich gewiß – von Gott an ihn gerichtet, dann spricht Gott mit ihm, auch wenn der Mensch sich dessen nicht bewußt wird. Gott spricht in gleicher Weise zu allen Menschen, nicht nur zu denen, die an ihn glauben. Der Glaube besteht lediglich darin, Gewißheit zu haben, wer dieser Gesprächspartner ist.

So finden wir alles, was wir oben vom menschlichen Gespräch gesagt haben, auch bei diesem Gespräch mit Gott wieder, das sich gleichzeitig mit dem anderen Gespräch vollzieht und das diesem seinen Sinn und seinen eigentlichen Wert verleiht. Es gibt dem Menschen eine „neue Dimension“, die ihn vom Tier unterscheidet, und das Gespräch zu einem geistigen Ereignis, zu einem schöpferischen Geschehen macht, das die Person erzeugt.

Wie das menschliche Gespräch ist auch diese Zwiesprache keine ständige, sondern ein unterbrochenes Gespräch. Selbst die größten Heiligen kennen die Stunden der Dürre, in denen Gott ihnen fern scheint. Aber es macht nichts, daß wir diese nahe Begegnung mit Gott in ihrem ganzen erhabenen Reichtum nur in seltenen Augenblicken erfahren, wie Blitze an einem nächtlichen

Himmel. Solche Augenblicke sind für unser ganzes Leben und für unsere Person wichtiger als lange Jahre des bloßen Dahinlebens. Sie sind im vollen Sinne des Wortes die entscheidenden Stunden, die unsere Zukunft bestimmen, der Kreuzweg, an dem wir eine neue Richtung einschlagen. Hinfort leben wir von einer solchen Stunde.

Wir konnten bei der Begegnung mit einem anderen Menschen von solchen entscheidenden Stunden sprechen, weil im Untergrund dieses menschlichen Gesprächs sich zugleich ein Gespräch mit Gott vollzieht. In demjenigen, der auf uns zukommt und sich so weit nähert, daß er sic uns gegenüber voll einsetzt, nähert sich uns Gott selbst und zwingt auch uns zum vollen Einsatz unserer selbst. Ich will damit nicht sagen, daß das, was uns unser Gegenüber sagt, unbedingt Gottes eigene Worte sein müssen, aber mit Hilfe dieses menschlichen Kontaktes gibt Gott uns zu verstehen, was er uns selber zu sagen hat.

Die beiden Gespräche müssen übrigens nicht unbedingt nebeneinanderlaufen. Wie die beiden Fahrbahnen einer Autobahn im Gebirge, können sie sich trennen und darauf wieder vereinen. Es kann sein, daß die Begegnung mit Gott in der Einsamkeit geschieht. Aber sie war dann durch andere menschliche Begegnungen vorbereitet und bereitet selbst wieder neue menschliche Begegnungen vor, die ihre Tiefe jener Begegnung mit Gott verdanken.

Selbst dann, wenn das Wort Gottes einen Menschen überraschend und unerwartet trifft, wenn es zu einer plötzlichen Bekehrung kommt oder ein innerer Ruf plötzlich die Richtung eines Lebens ändert, zeigt sich, daß Gott schon lange zu diesem Menschen sprach und daß das Gespräch in der Dunkelheit des Unbewußten weiterlief, bevor es ins Licht des Bewußtseins drang. Er versteht nun, daß Gott ständig durch alle Dinge und alle Menschen zu uns spricht.

Zu uns Ärzten spricht er durch die Not und durch das Leiden unserer Kranken, durch ihre persönlichen Mitteilungen und durch ihre Geständnisse. Er spricht in der Krankheit, und er spricht in der Heilung, er spricht in der Freude, und er spricht im Schmerz. Er spricht in Gleichnissen, und wenn wir ihn verstanden haben, gewinnt alles einen neuen Sinn, die Natur und die Geschichte ebenso wie jedes kleine Ereignis unseres Lebens. Eine Patientin erzählte mir von einem Erlebnis, das sie in diesem Sommer hatte: Gegen die Einwände ihrer Mutter, die sie bei sich behalten wollte, reiste sie, von einer ungeahnten Kraft getrieben, weit fort aufs Land. Als sie dort auf einer Wiese in der strahlenden Sonne lag, empfand sie plötzlich wie niemals zuvor ein völliges Einssein mit der Natur. Was ihr dort widerfuhr, war die Gnade Gottes. Und diese Erfahrung war der Grund dazu, daß sie jetzt hier in meinem Sprechzimmer sitzt, denn von da an hat sich die Richtung ihres Lebens verändert.

Vor allem aber spricht Gott in der Bibel, in dem Buch der Offenbarung und der Fleischwerdung seines Wortes. Durch sie vor allem kommen wir zum persönlichen Kontakt mit Gott, und wenn dieser Kontakt erst einmal geschlossen ist, dann ist das Lesen der Bibel nicht mehr eine lästige Pflicht, ein schwer entwirrbares Rätsel oder eine allgemein gehaltene Unterweisung, sondern dann wird es zu einem persönlichen Gespräch, in dem das kleinste Wort und die unbedeutendste Erzählung uns persönlich berührt.

Warum spricht die Bibel denn immer vom „lebendigen" Gott? Doch wohl deswegen, weil der Gott, den sie uns offenbart, nicht der außerhalb von Raum und Zeit stehende Gott der Philosophen, die erste Ursache aller Dinge oder der oberste Begriff unseres Denkens ist. Er ist eine lebendige Person, eine Person, die den Menschen anruft und in sein Handeln eingreift, die selber handelt und leidet, die durch Christus in die Geschichte und durch den Heiligen Geist ins Innere des Menschen eingeht. Wir erkennen an Ihm die Wesenszüge, die wir früher dem Leben zuschrieben. Er ist nicht so sehr unwandelbare Wesenheit als vielmehr Bewegung, Antrieb und richtungweisende Macht.

Zugleich zeigt uns die Bibel auch, was die Person ist: Der Mensch ist dasjenige Wesen, mit dem Gott spricht, mit dem Er auf diese Weise in persönlichen Kontakt tritt.

Die Bibel erscheint als das Buch von den Menschen, zu denen Gott gesprochen hat und die ihn zu hören vermochten. Von Anfang bis Ende handelt es sich um ein Gespräch, um eine Reihe von ganz bestimmten, konkreten und lebendigen Gesprächen. Es zeigt sich wiederum das, was wir vom Gespräch gesagt haben: Wir suchen es und fliehen es zugleich, wir sehnen uns danach und haben gleichzeitig Angst davor. Adam hat Angst, als er im Garten Eden von Gott angerufen wird. Kain hat Angst, als ihn Gott anruft. Mose hat Angst vor dem brennenden Busch. Jesaias hat Angst in seiner Vision. Sogar die Jungfrau Maria hat Angst, als sie der Engel Gabriel grüßt, und die Hirten der Weihnachtsgeschichte haben ebenfalls Angst.

Denn das Gespräch mit Gott ist nicht immer ein sanftes Geflüster. Es ist oft voll von Dramatik und Gewalt. Man braucht nur die Psalmen anzusehen, die voll von Vorwürfen gegen Gott sind. Bei einem medizinischen Treffen in Holland hörte ich Dr. van Loon von einer Erfahrung sprechen, die ihm aufgefallen war: Wenn die Patienten jenen Grad von Aufrichtigkeit erreicht hatten, zu dem die Psychotherapie führt, gaben viele von ihnen zu, daß sie sich in Auflehnung gegen Gott befanden. Ich selber habe die gleiche Erfahrung gemacht, und ich freue mich von ganzem Herzen, wenn eine solche Auflehnung das trügerische Schweigen durchbricht, unter dem sie heimlich gärte.

Man darf nicht glauben, daß man eine solche Auflehnung unterdrücken muß, um mit Gott ins Gespräch zu treten. Wenn man sie zum Ausdruck bringt, beginnt vielmehr gerade erst ein wahrhaftes Gespräch. Das erinnert mich daran, unter welchen Umständen ich in nähere Beziehung zu einem meiner besten Freunde trat. Er war ein wenig jünger als ich, und ich kannte ihn kaum, als er in dieselbe Studentenverbindung eintrat, in der auch ich war. Wir waren gemeinsam als Delegierte für ein Verbindungsfest in Bern bestimmt worden. Da wir zu früh gekommen waren, saßen wir noch einen Augenblick am Ufer der Aare. Es kam zu einer ganz nichtssagenden Unterhaltung, die er jedoch plötzlich mit der direkten Frage unterbrach: „Jetzt sag mir einmal, was du eigentlich gegen mich hast."

So beginnt manchmal auch ein Gespräch mit Gott, das zu einer tiefen inneren Beziehung führt, mit einer heftigen Auseinandersetzung. Ein Mensch, der sich für ungläubig hielt, entdeckt plötzlich, daß er in Wirklichkeit Trotz gegen Gott empfindet, weil sein Herz voll von Anklagen gegen Gott ist und er ihn für sein Mißgeschick verantwortlich macht. Sobald er diese Anklagen offen ausspricht, wird er aufrichtiger, und es kann zum Gespräch kommen.

Aufrichtigkeit ist die erste Voraussetzung des Gesprächs. Sie ist dem Menschen gegenüber schwer, und sie ist Gott gegenüber schwer. Hier jedoch liegt die Schwierigkeit wenigstens nur auf der einen Seite. Ich denke dabei an einen Brief, den ich vor kurzem erhielt und aus dem ich hier einige Stellen wiedergeben möchte: „Ich denke oft über die wahre Ehrlichkeit und die wahre Offenheit unter Menschen nach ... sie ist schwer, und sie ist selten. Und wie sehr hängt unsere Offenheit von dem ab, der uns zuhört. Es gibt Menschen, vor denen alle Schranken fallen und die alle Wege ebnen. Es gibt andere, die die Türen aufbrechen und wie Eroberer in unsere Innenwelt eindringen. Es gibt wieder andere, die uns hemmen und in uns selber einschließen, Gräben ziehen und Mauern aufrichten. Dann gibt es die, die nicht mit uns übereinstimmen und nur unsere falschen Töne hören. Schließlich gibt es Menschen, für die wir Fremde mit einer unbekannten Sprache bleiben. Und wenn es an uns ist, zuzuhören, wie verhalten wir uns dann gegenüber der Aufrichtigkeit des anderen? Das führt uns dazu, uns Gott zuzuwenden, der nicht nur sagt: ‚Höre!', sondern zugleich auch sagt: ‚Ich höre'."

*

Gott frei und offen sagen, was ich auf dem Herzen habe, und das hören, was er mir ganz persönlich zu sagen hat – ein solches Gespräch macht aus mir eine Person, ein freies und verantwortliches Wesen. Ich stehe in einer persönlichen Beziehung zu Gott, und diese persönliche Beziehung zu Gott ist der Glaube. Die Bibel nennt es „Gott kennen", „Gottes Namen kennen", das heißt soviel wie ihn selber kennen, denn der Name steht für die Person. Selbst wenn es sich nur um einen flüchtigen Augenblick handelt, ist dieser Augenblick schöpferisch; denn er läßt unser wahres Ich hervortreten. Die ganze übrige Welt scheint zu versinken, und was zählt, ist nur noch dieses Gespräch. Die Rolle, die wir im gewöhnlichen Leben spielen, fällt von uns ab, denn

Gott hält sich nie bei unserer Hülle auf, sondern spricht unmittelbar uns selber an.

Oft sagt mir jemand: „Es gelingt mir nicht, mich zur Andacht zu sammeln. Ich weiß nicht, wie ich es machen soll.“ Ich gebe dann stets dieselbe Antwort: „Mit Gott genauso sprechen, wie Sie mit mir sprechen, nur noch einfacher.“ Paulus sagt, daß manchmal das ehrlichste Gebet einfach ein Seufzer ist. Ein Seufzer kann mehr sagen als viele Worte.

Es gibt Stunden schweigender Anbetung, die eine tiefe Beziehung zu Gott bedeuten und ein Gespräch sind, auch wenn es sich nicht in Gedanken und Sätzen ausdrückt. Es gibt Augenblicke begeisterter Freude, die mehr binden als ein Versprechen oder Gelöbnis. Es gibt herzzerreißende Schreie, die sehr viel ehrlicher klingen als angelernte Lobpreisungen. Es gibt liturgische Gebete, die man von Kind auf immer wiederholt hat und in die man so sehr sein ganzes Herz legen kann, daß sie persönlicher sind als andere Gebete, in denen man seine Gedanken mit eigenen Worten zu sagen versucht. Unsere persönliche Erfahrung gilt nie als Norm für einen anderen. Das, worauf es ankommt, ist die Lebendigkeit und Spontaneität. Jeder hat seinen besonderen Charakter.

Der Leser wird sich daran erinnern, daß wir beim menschlichen Gespräch zwei Gesprächsebenen unterschieden haben: einerseits den tieferen und unsichtbaren Bereich des persönlichen Kontakts, andererseits den nach außen hin sichtbaren Bereich unserer Worte und Handlungen, der von unserem Charakter bestimmt bleibt. Dasselbe gilt für das Gespräch mit Gott. Auch hier geht der tiefere persönliche Kontakt nur über den Weg des äußeren Gesprächs, durch das er sich ausdrückt.

So ist auch das, was wir in diesem Gespräch die Stimme Gottes nennen, nicht etwa eine Abstraktion oder eine Sinnestäuschung. Viele Menschen fragen mich deswegen und haben Angst, sich zu irren und die Stimme ihres Unbewußten oder ihrer eigenen Wünsche für die Stimme Gottes zu halten. Manchmal dagegen legen sie Gott auch die verletzendsten Worte in den Mund, als ob es Ihm Freude machte, ihnen weh zu tun. Man kann sich zweifellos irren, und die Psychologie kann hier außerordentlich hilfreich sein. Sie kann uns zum Beispiel erklären, warum jemand, dessen Vater ihn stets an allem hinderte und ihm ständig widersprach, nun von Gott dasselbe erwartet.

Aber die Angst vor dem Irrtum lähmt, und es ist besser, sich zuweilen zu irren, als das Gespräch abzubrechen, in dem Gott uns später zeigen kann, worin wir uns geirrt haben. Die Stimme Gottes kann uns in einer Bibelstelle begegnen, die uns persönlich berührt, in einem Freundeswort, an das wir uns erinnern, in einer Frage, die wir uns stellen, einem Gedanken, der uns manchmal in einem völlig unerwarteten Augenblick in Gottes Gegenwart kommt.

Ich werde nie eine bestimmte Silvesternacht vergessen, in der ich meine Frau zu Hause gelassen hatte, um den Beginn des neuen Jahres traditionsgemäß mit dem Onkel, der mich erzogen hat, auf dem Vorplatz der Kathedrale zu verbringen. Als ich nach Hause kam, war meine Frau tief erschüttert und völlig verwandelt. „Ich fühlte und verstand plötzlich die Größe Gottes", sagte sie mir. Als sie die Glocken läuten hörte, die das unerbittliche und unaufhörliche Weiterschreiten der Zeit verkündigen, begriff sie, daß Gott unendlich viel größer war, als sie Ihn sich je vorgestellt hatte. Die Stimme Gottes war durch die Stimme der Glokken bis zu ihr gedrungen. Gott hatte zu ihr gesprochen, und sie hatte geantwortet. Die Antwort war auf ihrem erleuchteten Gesicht zu lesen, und sie war so klar und so wahr, daß sie auch mich tief bewegte.

Damit hatte sich das wichtigste Ereignis des Lebens abgespielt, die persönliche Begegnung zwischen Schöpfer und Geschöpf, das Gespräch zwischen der Stimme Gottes, die so unbegrenzt und gewaltig ist, daß sie durch alle Stimmen und Laute dieser Welt hindurchtönt, ohne daß diese sie je genügend auszudrücken vermöchten, und der Stimme des Menschen, die so schwach und gering ist, daß kein Wort zu einer Antwort ausreicht.

Meine Frau und ich waren damals alle beide ziemlich müde. Seit Jahren hatte ich mich mit Eifer der kirchlichen Arbeit gewidmet, wo man bekanntlich bei jedem Schritt auf im Vergleich zur eigentlichen Aufgabe recht kleinliche Probleme stößt. Und nun offenbarte uns unvermittelt Gott seine Größe und riß uns aus dem allzu engen Netz unfruchtbarer Diskussionen, in dem ich mich hatte einfangen lassen. Im Laufe des Jahres, das mit dieser Silvesternacht begann, führte Er uns durch eine Erfahrung nach der anderen zu einer völligen Erneuerung unseres persönlichen, ehelichen und beruflichen Lebens und verwandelte die kirchliche Aktivität in einen geistlichen Dienst.

Wir waren beide schon vorher Christen gewesen, aber unser Christentum war nicht sehr persönlich gewesen. Wir waren so sehr mit den Werken beschäftigt, daß wir kaum mehr Zeit hatten, auf Gott selber zu hören. Wir haben dann gelernt, auf ihn zu hören, lange, andächtig und sehr konkret. Dieses Gespräch fällt für uns zusammen mit dem ehelichen Gespräch und gibt diesem seinen Wert und seine Erfüllung. Von Antwort zu Antwort hat es uns trotz aller Nachlässigkeit, trotz allen Ausweichens, trotz aller Zeiten des Schweigens weitergebracht, als wir je gedacht hätten.

Ich muß hier darauf hinweisen, wie sehr die Sammlung und Andacht sich von der Selbstbetrachtung und dem persönlichen Tagebuch unterscheidet. Und zwar eben deswegen, weil es sich um ein Gespräch handelt, weil es dabei die Gegenwart des Anderen, die Gegenwart Gottes gibt. Es ist derselbe Unterschied, der auch zwischen der Selbstbetrachtung und der psychotherapeutischen Behandlung besteht, selbst dann, wenn der Psychotherapeut dabei nichts sagt. Durch seine Gegenwart wird alles anders. Viel Leute sehen das nicht und halten die psychotherapeutische Behandlung für eine Selbstbetrachtung. Nichts ist falscher als das. In der Selbstbetrachtung versinken wir in uns selbst und in eine Einsamkeit, in der die Person, wie wir sahen, am Ende völlig verschwindet. Im Gespräch dagegen, im psychotherapeutischen Gespräch und noch viel mehr im Gespräch mit Gott, festigt und formt sich die Person durch die persönliche Beziehung, zu der es dabei kommt.

Es passiert mir übrigens zuweilen, daß die Sammlung und Andacht unerwünscht in eine Selbstbetrachtung umschlägt. Ich fühle dabei den Unterschied sehr deutlich: Ich beginne tatsächlich mehr mir selbst als Gott zuzuhören, mich zu sehr mit mir und nicht genug mit Ihm zu befassen. In solch einer Lage kann das Gespräch zwischen Menschen dem Gespräch mit Gott wieder zu neuem Leben verhelfen. Der Kontakt mit anderen Christen, das Zeugnis, das sie ablegen, und das, was sie von selbsterfahrener echter Inspiration erzählen, erneuert und läutert meine eigene Sammlung und Andacht.

Diese ist dann nicht mehr der „zerzauste" Monolog der Selbstbetrachtung, und wo sich alles immer mehr verwirrt. Sie ist vielmehr, abgesehen von der Liebe zu Gott, die sie erweckt und wie nichts anderes zu entfalten vermag, ein guter Weg, um in uns Ordnung zu schaffen und uns selbst zu entdecken. Denn vor Gott, dem Gott, der uns kennt, uns liebt und uns vergibt, wagen wir, uns so zu sehen, wie wir sind. „Niemand kann sich selbst ins Gesicht sehen", schreibt François Mauriac, „es sei denn auf den Knien, auf der Erde und vor dem Angesicht Gottes."

Indem wir uns auf diese Weise aufrichtig und immer wieder der Begegnung mit Gott stellen, entdecken wir den lebendigen Gott der Bibel, den persönlichen Gott, der sich mit uns bis ins kleinste hinein beschäftigt und der die Haare auf unserem Haupt gezählt hat (Matth. 10,30). Den Gott, der nicht einfach alle Menschen im allgemeinen liebt, sondern jeden von uns im besonderen, den Gott, der – wie der Prophet sagt – uns mit unserem Namen ruft (Jes. 45,4). Eben das ist die persönliche Beziehung.

Gott spricht zu uns durch die Stimme der Glocken und durch die Stimme des Predigers. Er spricht wie zu Elias im sanften Rauschen des Windes und wie zu Hiob im Rollen des Donners. Er spricht in unseren eigenen Gedanken, wenn wir sie ihm unterbreiten, in unseren eigenen Gefühlen und in unseren Ahnungen. Wir stellen ihm oft große Fragen, auf die er nicht sofort oder auch nie antwortet. Aber er sagt uns Tag für Tag, was wir nötig haben, was unser Ich erhält und führt. Die Gnade fließt uns gleichsam tropfenweise zu.

Er spricht auch zu jedem Menschen anders. Nichts ist hier falscher, als sich in dieser Beziehung mit einem anderen zu vergleichen und zu glauben, daß Gott denjenigen näher ist, die viele schöne Gedanken in ihrem Tagebuch vermerken.

Die Bibel sieht die Dinge, wie sie sind. Sie entspricht unserer

Erfahrung: Sie zeigt uns zwar, wie fruchtbar dieses Gespräch sein kann, aber sie tut nicht so, als ob es leicht wäre. Man könnte sagen, daß die Bibel die Geschichte des unterbrochenen und wiederhergestellten Zwiegesprächs ist. Schon von der ersten Seite an zeigt sie uns die Tragödie des Menschen. Er ist eben für dieses innerliche und ständige Gespräch mit Gott geschaffen. Er sehnt sich dauernd danach, aber es gelingt ihm immer nur stückweise, immer unvollständig, immer unvollkommen. Zugleich zeigt uns die Bibel, daß auch das menschliche Gespräch in Unordnung geraten und der Mensch einsam geworden ist.

All das, wovon wir bisher gesprochen haben, die Unmöglichkeit, die Person in ihrer vollen und unverfälschten Wirklichkeit zu erfassen, die Unmöglichkeit, zu einem völligen Kontakt von Person zu Person zu kommen, ohne daß unsere äußere Hülle wie ein Schatten dazwischentritt, gewinnt jetzt im Lichte der Offenbarung seinen eigentlichen Sinn. Wir leben in einer aus den Fugen geratenen Welt, und diese Verwirrung liegt, von einem bestimmten Gesichtspunkt aus gesehen, darin, daß wir uns selber von dem Lebensstrom abschneiden, der ständig und frei zwischen Gott und uns und zwischen uns und unserem Nächsten fließen müßte, so wie jede Zelle in einem Organismus durch den Blutkreislauf in ständiger Verbindung mit den anderen Zellen steht.

Ein anderer Gesichtspunkt weist auf die beiden erwähnten Kennzeichen der Person hin: auf die Entscheidung und auf die Verantwortung. Der Konflikt der Entscheidung ist von Sartre herausgestellt worden, der zeigt, wie der Mensch gezwungen ist, sich zu entscheiden und doch nicht dazu in der Lage ist. Sartre sieht hierin den Ursprung der menschlichen Angst. Zur Frage der Verantwortung hat Jacques Ellul, Professor an der juristischen Fakultät von Bordeaux, auf dem dritten sozialmedizinischen protestantischen Kongreß in Frankreich eine sehr aufschlußreiche Untersuchung vorgelegt. Verantwortlich sein heißt antworten müssen. Diese Situation kommt dadurch zustande, daß Gott zum Menschen spricht. Ellul weist auf die beiden ersten großen Fragen Gottes hin: die Frage an Adam: „Wo bist du?“ (1. Mos. 3,9) und die Frage an Kain: „Wo ist dein Bruder Abel?“

(1. Mos. 4,9). Weder auf die eine noch auf die andere Frage kann der Mensch wirklich antworten.

Wenn wir sie in die Ausdrucksweise dieses Buches übertragen, sehen wir, daß sie den beiden Fragen nach der Person und nach der persönlichen Beziehung zum Nächsten entsprechen. „Wo bist du? Wo befindet sich dein wahres Ich?" Wir haben im vierten Kapitel gesehen, daß die Person ungreifbar ist. Sie bleibt stets mehr oder weniger hinter unserer Rolle und äußeren Hülle versteckt. „Was hast du mit deinem Bruder gemacht und mit der Gemeinschaft, die euch verband?" Im achten Kapitel haben wir gesehen, daß der Kontakt gestört ist und einem sehr starken Widerstand begegnet.

Im Lichte der Bibel zeigt dann Ellul, daß Christus sich an die Stelle des Menschen setzt und in seinem Namen antwortet. Er allein kann antworten. Christus nimmt die Verantwortung des Menschen auf sich. Auch dies gehört zur Erlösung, was z.B. Sartre übersieht. An Stelle der Fragen Gottes, auf die wir stumm bleiben, treten nun die Fragen, die Christus an den Menschen stellt: „Liebst du mich" (Joh. 21,16). Auch hier können wir Elluls Darstellung mit den Worten dieses Buches deuten: Christus allein ist im vollen Sinne des Wortes eine Person: „Ecce homo" (Joh. 19,4). Er allein ist eine von jeder äußeren Hülle befreite Person, und er allein kann im vollen Sinne das Gespräch mit Gott und mit den Menschen führen.

Christus ist daher das wiedergefundene Gespräch. Gott kommt zu uns, da wir nicht zu ihm kommen konnten. An Stelle des Gesprächs mit Gott tritt das vertrautere und eher erreichbare Gespräch mit Christus, das die tägliche Nahrung des Christen ausmacht. Daher schreibt auch Pascal: „Ohne Christus wissen wir weder, was unser Leben noch was unser Tod ist, kennen wir weder Gott noch uns selber. Ohne die Heilige Schrift, in der es einzig und allein um Christus geht, wissen wir nichts und sehen nichts als Dunkelheit und Verwirrung im Wesen Gottes und in unserem eigenen Wesen."

Das ganze Neue Testament erweist sich somit als die einzige Antwort auf die Fragen, mit denen wir uns in diesem Buch beschäftigt haben. Wir finden dort die herrlichen Gespräche, in denen Christus das Leben der Menschen, denen er begegnet, verwandelt und in denen er ihr unter der äußeren Hülle verdecktes eigentliches Ich hervorholt und ihnen den persönlichen Kontakt offenbart. Wir sehen das Aufblühen einer wahren Gemeinschaft in der Urkirche. Das Zungenreden, das dabei eine so wichtige Rolle spielte und das sich noch heute in manchen Gemeinden findet, scheint dem Drang des Geistes zu entsprechen, das Unsagbare zu sagen und im Gespräch mit Gott die engen Grenzen der verständlichen Sprache zu durchbrechen.

So ist Christus der wiedergefundene Kontakt. Durch ihn den Kontakt mit Gott wiederfinden, heißt das Leben, die Ursprünglichkeit, die Freiheit und den Nächsten wiederfinden. Wir sprachen schon davon, daß der gute Wille nicht genügt, um unsere entpersönlichte Welt zu heilen. Es bedarf einer Erlösung, einer Erneuerung des Gesprächs durch Christus, der, wenn wir versuchen, den Kontakt zu finden, zwischen meinem Patienten und mir, und wenn ich Gott suche, zwischen Ihm und mir unsichtbar gegenwärtig ist. Christus ist der persönliche Gott schlechthin, der Gott, der seine Person so sehr einsetzte, daß er sich kreuzigen ließ.

Vor kurzem habe ich eine alte unverheiratete Dame wiedergesehen, die viel gelitten hat und noch immer leidet, deren Leben jedoch durch die persönliche Hingabe an Christus einen strahlenden Glanz besitzt. Bei jedem ihrer Besuche entdecke ich bei ihr – als die Frucht ihrer Sammlung und Andacht – immer wieder ein neues Aufleben, trotz der Grenzen, die ihr das Alter und die Krankheit setzen.

In früher Jugend verlor sie auf tragische Weise ihren Verlobten. Mit einem Schlag war ihre freudige Hoffnung, ein Heim, einen Gatten und Kinder zu haben, zerstört. Ihr Glaube hat sie gehalten, aber die Wunde ist nie vernarbt. Beim Nachdenken habe sie jetzt erkannt, sagt sie mir, daß sie bei dieser Prüfung ihr Herz dem Leben verschloß und nein zum Leben sagte, das ihr so viel nahm. „Glauben sie nicht auch", meint sie dann, „daß vielleicht diese Haltung meine Gesundheit und meine Lebenskraft untergraben hat?" Man verstehe mich nicht falsch: Ihr Leben war außerordentlich fruchtbar, fruchtbar an persönlichen

Kontakten und geistigen Nachkommen. Dennoch klingt das, was sie mir jetzt sagt, ergreifend wahr. In diesem inneren Gespräch mit Christus quillt ein neues Leben hervor, das sie über den Damm ihrer großen Prüfung hinwegträgt.

Es ist ihr gelungen, die göttliche Stimme zu hören und ihr zu antworten. Ja zu Gott sagen, heißt auch ja zum Leben sagen, selbst wenn dieses beschnitten ist. Es heißt, wieder positiv werden, denn der Anruf Gottes ist positiv.

Viele Menschen setzen die Stimme Gottes der Stimme des Gewissens gleich. Ich möchte zu zeigen versuchen, worin sie darüber hinausgeht. Die Stimme des Gewissens ist vor allem das schlechte Gewissen. Gewiß kommt dieses moralische Gewissen von Gott. Und dadurch macht es den Menschen erst zum Menschen. Aber es ist, wenn ich so sagen darf, im Anruf, den Gott an uns richtet, lediglich ein Prolog, so wie im Evangelium die Aufforderung Christi: „Tut Buße" auch nur ein Prolog zu seiner weiteren Predigt ist ... „Das Reich Gottes ist nahe herbeigekommen" (Matth. 3,2).

In jenem Kampf, von dem ich zu Beginn dieses Kapitels sprach und in dem sich ein Kranker, völlig von dem sich in ihm abspielenden Gespräch in Anspruch genommen, zu einem vollständigen Bekenntnis durchringt, sagt ihm die Stimme des Gewissens: „Du hast gesündigt." Aber die Stimme Gottes fährt fort: „Bekenne es." Das eine ist lediglich negativ, das andere positiv. Drückt das eine nieder, so ruft das andere auf und führt zur Befreiung und zum Leben.

Ich vereinfache zu sehr. Wir sahen, wie die Person des Menschen alle Definitionen und alle Schemata sprengt, die man ihr gibt. Erst recht steht Gott über allen Beschreibungen, die wir hier zu geben versuchen. Ich möchte jedoch ausdrücklich diesen Unterschied zwischen der negativen und der positiven Stimme betonen, denn allzu viele Menschen bleiben bei der ersteren stehen.

Gott spricht nicht nur, um uns Vorwürfe zu machen. Und wenn er es tut, dann nur, um das wahre Gespräch einzuleiten, den Weg zur Befreiung und zur Tat. Er ruft, er schickt und gibt unserem Leben ein Ziel, er bringt es in Bewegung, und hierdurch ruft er die Person wach. Wir haben schon das Wort Siebecks erwähnt: „Die Person erwächst aus der Berufung."

Gott ruft den kleinen Hirten Amos (Amos 7,14f.) von seiner Herde fort. Er reißt ihn aus seinem gleichförmigen und begrenzten Leben und macht aus ihm einen Propheten, der vor das Volk und vor den König tritt. Durch keinerlei Selbstbesinnung hätte Amos dahin gebracht werden können, sein wahres Selbst zu entdecken. Er enthüllt es, indem er auf den Anruf Gottes antwortet. Wiederum finden wir dieses Kennzeichen des Lebens und der Person: Sie sind nicht Wesenheiten, sondern Akte; sie sind nicht statisch, sondern in Bewegung.

Überall sehen wir so in der Bibel, wie Menschen durch den Anruf Gottes ihr wahres Sein finden und so sehr wachsen, daß sie das allzu eng gewordene Kleid ihrer äußeren Hülle sprengen. Wir befinden uns hier im Zentrum der Problematik der menschlichen Person. Wir begreifen, warum die Selbstbetrachtung ohne Ausweg war. Ein Mensch mag sich heute noch so ehrlich und noch so genau selbst beobachten, er wird das, was Gott morgen in ihm wachrufen kann, nicht finden. Sein Ich ist nicht eine vollendete Gegebenheit, sondern sie hat den Charakter der Möglichkeit, sie befindet sich in Entwicklung nach einem Entwurf, den Gott alleine kennt und zu dessen Entfaltung er ihn von Tag zu Tag weiterführt.

Dasselbe schildert Aloys von Orelli. Er spricht dabei von einem Begriff der Tiefenpsychologie, dem „Es", das die Gesamtheit des menschlichen Wesens umfaßt, und somit viel mehr bedeutet als die bewußte Vorstellung von unserem Ich. Er sagt dann, daß der Begriff der Person wie das „Es" diese Gesamtheit umfaßt, daß daber dabei eine verantwortliche Beziehung hinzukommt. „Es handelt sich sozusagen um ein geführtes Es", sagt Orelli, „das nicht nur harmonisch im All ruht, sondern in Beziehung zu einer zweiten Person, zu einem Du, ist, von dem es angesprochen wird, dem es antworten muß und dem gegenüber es verantwortlich ist." Er sagt ferner, daß der Begriff der Person nirgends so eindeutig im Mittelpunkt des Weltverständnisses steht, wie im Prolog zum Johannesevangelium: „Am Anfang war das Wort..."

So steht das ganze Geschehen der Bibel unter dem Gesichtspunkt eines göttlichen Planes und eines Gottes, der einzelne Menschen persönlich dazu aufruft, nach diesem Plan zu leben, indem sie ihr persönliches Leben leben. Man denke nur an Paulus, den Pharisäer, den Rechtsgelehrten, der mit ängstlicher Genauigkeit in der Heiligen Schrift nach dem Wesen Gottes und der Wahrheit sucht. Plötzlich kommt es auf dem Weg nach Damaskus zum Gespräch (Apg. 9), und sein Leben verwandelt sich in ein großartiges Abenteuer. Er bleibt deswegen nicht weniger ein Gelehrter und Theologe, aber die Wahrheit entdeckt er im Handeln, in seinen Kämpfen für Christus. In allem, was er schreibt, fühlen wir das Echo des leidenschaftlichen Zwiegesprächs, das er Tag für Tag führt. Er bittet um ein Zeichen, und Gott antwortet ihm: „Laß Dir an meiner Gnade genügen" (2. Kor. 12,9). Er will sich umwenden und nach Asien zu den ihm vertrauten Gemeinden zurückkehren. Da spricht Gott zu ihm im Traum: Durch die Erscheinung eines Mazedoniers ruft er ihn dazu auf, nach Europa zu gehen (Apg. 16,9).

So erweitert die innere Sammlung ständig unseren Gesichtskreis und unsere Person. Sie reißt uns aus den engen Grenzen heraus, in denen uns unsere Gewohnheiten, unsere Vergangenheit, unsere ganze eingespielte Rolle festhielten. Zuweilen kommt es zu einem klaren Befehl, dessen Tragweite wir gewöhnlich nicht sofort begreifen. Erst später, wenn wir auf den zurückgelegten Weg schauen, entdecken wir, daß Gott ein Ziel mit uns verfolgte und uns auch gegen unseren Willen und trotz unserer Schwächen dorthin leitete.

Die Person ist der göttliche Entwurf unseres Lebens, die richtungweisende Kraft, die Gott selber leitet, der uns trotz all unserer Schwankungen zu unserer Berufung führt.

Auf diesem Weg überschreiten wir, ohne es zu merken, eine Grenze: durch den persönlichen Kontakt mit Gott treten wir aus der gegenständlichen Welt in die persönliche Welt.

VIERTER TEIL

Der persönliche Einsatz

10. Gegenständliche und persönliche Welt

Es gibt zwei Welten, beziehungsweise zwei Arten, die Welt zu sehen und mit ihr in Verbindung zu treten. Das hängt von dem Geist ab, in dem wir ihr gegenübertreten. Wir können in ihr nur Gegenstände und mechanische Abläufe sehen, von der Physik bis zur Biologie und sogar bis zur Psychologie. Ja, selbst die Kunst, die Philosophie und die Religion kann zum Gegenstand werden, zu einem Begriffsgebäude, zu Formeln und Lehrsätzen. Man kann sich andererseits aber auch der persönlichen Welt öffnen und für die Bedeutung der Person wach werden. Indem man selbst eine Person wird, entdeckt man um sich herum gleichfalls Personen und sucht nach persönlichen Bindungen.

Die Person ist zwar ungreifbar und in ständiger Bewegung. Sie läßt sich nicht in Begriffe, Formeln und Lehrsätze fassen. Sie ist eben kein Gegenstand, um den man herumgehen kann, sondern etwas, das uns anzieht, eine richtungweisende Kraft, eine Haltung zur Welt, eine Stellungnahme, die auch von uns eine entsprechende Stellungnahme fordert, etwas, was uns in Bewegung bringt und Einsatz und Bindung von uns verlangt. Die gegenständliche Welt hingegen fordert keinen Einsatz und keine Bindung von uns. Sie ist neutral und läßt uns gleichfalls neutral. Dem unerbittlichen Ablauf blinder mechanischer Vorgänge stehen wir selber gleichfalls als kalte, nüchterne, unpersönliche Beobachter gegenüber.

Ich sage nicht, wir sollten vor dem Gegenständlichen die Augen schließen oder auf unser verstandesmäßiges und objektives Denken, auf die hingebungsvolle Erforschung der Gegenstände und Vorgänge und ihrer Ordnung verzichten. Ich möchte jedoch, daß wir uns nicht darauf beschränken, denn das ist nur die halbe Welt, die statische, unveränderliche Welt ohne Sinn und Bedeutung. Selbst wenn die Gestirne mit unfaßbarer Geschwindigkeit dahinjagen, führt sie ihre Bahn in ewigem Neubeginn und im Kreislauf aller Dinge doch stets auf dieselbe Stelle zurück.

Die Person dagegen hat einen Sinn, einen Anfang und ein Ende. Der Gott der Philosophen ist unveränderlich. Allein der persönliche Gott hat einen Plan für die Geschichte und für jeden Menschen. Unter dem Gesichtswinkel des Wissenschaftlers ist der Mensch nur eine kurze Episode im universellen Tanz der Atome und Elektronen. „Eins, zwei, drei – schon ist's vorbei...", wie das alte Volkslied sagt.

Und wieder geht der endlose Tanz der Atome an einem anderen Ort weiter.

In der Schule lernen wir, vom Kindergarten bis zur Universität, die gegenständliche Welt kennen. Wir isolieren, wir identifizieren, wir zählen, wir messen und wir klassifizieren die einzelnen Dinge. Diese Riesenarbeit hat sich bekanntlich im Laufe der Jahrhunderte so weit entwickelt, daß sich heute jeder auf das enge Gebiet bestimmter Gegenstände spezialisieren muß. All das bleibt nicht ohne Einfluß auf unser Denken. Wir sind nicht mehr imstande, das wahrzunehmen, was nicht gegenständlich ist.

Auch der Mensch selbst wird in diesem entpersönlichten Denken zum Gegenstand. Die Anatomie und die Physiologie untersuchen seinen Körper wie einen Gegenstand. Die Psychologie macht seine Seele zum Objekt und betrachtet sie als Mechanismus. Auch die Volkswirtschaft untersucht den Menschen als Gegenstand, als Mittel zur Produktion und zum Absatz. Die Soziologie betrachtet ihn als Bestandteil der Gesellschaft. Er ist eine Figur auf dem Schachbrett der Politik, ein Rädchen in der Fabrik, eine Lernmaschine und überall nur ein Bruchteil der großen Masse.

Worauf es mir jetzt ankommt, ist die völlige Umwandlung dieser einseitigen Weltsicht, die sich dann vollzieht, wenn der Sinn für die Person erwacht. Ich habe schon davon gesprochen, wie ich selber diese Erfahrung machte und von der kirchlichen

Aktivität zum geistlichen Dienst, von der technischen Medizin zur menschlichen Medizin kam. Damals entdeckte ich die persönliche Welt und fand plötzlich überall Personen. Zwar beschäftige ich mich auch weiterhin noch mit den gegenständlichen Dingen, aber ich interessiere mich seitdem weit mehr für Personen.

Ich erinnere mich an den Besuch eines alten Kollegen aus dem Kirchenausschuß. Ich hatte ihn einst wie ein Wilder bekämpft, das heißt, er war für mich ein Gegenstand, ein Gegner. Ich sah damals nur seine Ideen und das Gewicht, das sie in unseren Auseinandersetzungen hatten. Für sich genommen und losgelöst vom Menschen, sind Gedanken nur Gegenstände, Abstraktionen, Ansatzhebel im Spiel der Diskussion.

Und nun kam er zu mir und öffnete mir sein Herz und ich ihm das meine. Er erzählte mir von seinem persönlichen Leben und von seinem Kummer. Ich entdeckte den Menschen in ihm, den ich damals gar nicht gesucht hatte, weil ich viel zu sehr damit beschäftigt war, seine Ideen zu bekämpfen. Ich entdeckte seine Person, seine Geheimnisse, seine Einsamkeit und seine Gefühle. Ich entdeckte sogar, daß seine Ideen keine Abstraktionen waren, sondern mit seiner Person zusammenhingen und sein Leid und seinen Kummer wie ein Schutzschild verdeckten. Ich erzählte ihm dann auch von meinen eigenen Erfahrungen und merkte, daß dieser alte Gegner dieselben Wünsche und dieselben Schwierigkeiten hatte wie ich, dieselbe Sehnsucht danach, das Leben und den persönlichen Kontakt wiederzufinden.

Auch bei meinen Kranken fiel ich aus einer Überraschung in die andere. Zwar änderte sich nichts an meinem Wissen um die mechanischen Abläufe und Vorgänge ihrer Krankheit. Aber ich begriff jetzt, daß diese Krankheit einen Sinn in ihrem Leben hatte.

So kann der Chef eines Büros Jahre mit seinen Angestellten verbringen, ohne etwas anderes als ihre Arbeit, ihre Funktion, ihre guten und schlechten Eigenschaften zu sehen, und plötzlich, wenn es einmal zu einem persönlichen Kontakt kommt, entdeckt er dann, was hinter dieser Fassade steckt, was sich hier an geheimem Kummer, an Nachwirkungen einer unglücklichen Kindheit, an enttäuschten Hoffnungen, an Kämpfen um die Erhaltung der eigenen Überzeugung verbirgt. Dann wird er auch den tieferen Sinn der zutage tretenden guten und schlechten Eigenschaften verstehen; er wird vor allem den tieferen Sinn entdecken, den die Arbeit dann erhält, wenn sie nicht mehr ein Etwas, sondern eine Gemeinschaft von Menschen ist.

Das Leben ist dann wie von innen her durchleuchtet und erhält ganz neue Farben. „Wir leben nicht von den Dingen", sagt Saint-Exupéry, „sondern vom Sinn der Dinge." Der Sinn der Dinge aber gehört zum Bereich der Person. Wenn sich unsere Augen für die persönliche Welt öffnen, werden selbst die Dinge persönlich. Es ist der Ausgleich dafür, daß der Mensch – wie wir oben sahen – in einen Gegenstand verwandelt werden kann, und selbst Tiere, Pflanzen und Dinge gewinnen jetzt persönlichen Charakter.

Wenn wir erst einmal die Aneignung und Einverleibung der Menschen und Dinge bei uns selbst entdeckt haben, sehen wir sie auch bei den anderen. Die Dinge sind dann nicht mehr Dinge, sondern werden durchsichtig. Sie sind nicht mehr ein Wandschirm, der die Person verbirgt, sondern lebendige Hinweise, die uns auf sie hinleiten. Die Welt wird beseelt und lebendig, sie spricht zu uns, und wir treten in ein Gespräch mit ihr.

Als wir auf dem Weißenstein davon sprachen, erinnerte uns einer meiner Kollegen plötzlich an die große Gestalt Franz von Assisis, der mit den Tieren, mit dem Wolf, mit den Vögeln und der Schwester Sonne sprach. Er war selber in solchem Ausmaß eine Person geworden und hatte eine so persönliche Verbindung zu Gott gefunden, daß er in allen Dingen eine Person, einen Widerschein der Person Gottes fand.

Chesterton, den François Mauriac in seinem Tagebuch zitiert, sagt dazu: „Er sah nicht mehr den Wald, sondern nur noch Bäume, er sah nicht mehr das Volk, sondern nur noch Menschen ... er sah nur in tausendfacher Wiederholung, und doch nie eintönig, das Ebenbild Gottes. Für ihn war ein Mensch stets ein Mensch und verschwand in einer dichtgedrängten Menge nicht mehr als etwa in einer Wüste. Er brachte allen Menschen Ehre entgegen, das heißt, er liebte sie nicht nur, sondern er achtete sie auch. Niemals begegnete ein Mensch dem Blick seiner brennenden braunen Augen, ohne dabei die Gewißheit zu erhalten, daß Franz Bernadone sich wirklich für ihn, für sein einmaliges und besonderes Innenleben und für sein Leben von der Wiege bis zum Grab interessierte, daß er persönlich geschätzt und ernst genommen wurde ..."

Ich denke auch an den Bruder Laurentius, der ganz von der Gegenwart Gottes in allen Dingen durchdrungen war. Von solchen Menschen geht wie von großer Dichtung ein unendlicher Zauber aus und berührt uns ganz persönlich. Denn der Dichtung geht es ja um die persönliche Beziehung zu den Dingen, um die Verbindung von Ich und Welt. So gehören auch die gesamte Kunst und die Religion in diesen persönlichen Bereich, zumindest wahre Kunst und wahre Religion wie auch die wahre Liebe; denn man kann auch vom Kunstgegenstand und Kunstobjekt, von Gott als dem Gegenstand der Religion, vom Sexualpartner als dem Objekt seiner Sinne und Instinkte sprechen. Objekt bedeutet soviel wie Gegenstand, und so kann alles, womit wir zu tun haben, uns entweder als Gegenstand oder als Person antworten, je nachdem ob wir selbst ihm als Gegenstand oder als Person gegenübertreten.

Zur Person werden, die Welt der Personen entdecken, den Sinn für das Persönliche erwerben, sich mehr für die Menschen als für ihre Ideen, ihre Partei, ihre Umgangsformen und ihre äußere Rolle interessieren – all das bedeutet eine ganze Revolution, in der sich die gesamte Lebensatmosphäre ändert. Es ist eine Haltung, die bald das gesamte Leben prägt. Wiederum auf dem Weißenstein beglückwünschte ich einen meiner Kollegen, der meinen Vortrag an diesem Tag auffallend gut gedolmetscht hatte. „Weißt du auch warum?" fragte er mich darauf. „Man sagte mir, daß es einem unserer skandinavischen Freunde besonders schwer fiele, unseren Vorträgen in fremden Sprachen zu folgen. Darauf habe ich dann für ihn gedolmetscht, ließ ihn nicht aus den Augen und sah stets auf sein Gesicht, ob er auch verstanden hatte. Indem ich mich mehr um ihn kümmerte als um das, was ich zu sagen hatte, kamen mir die Worte ganz von selbst."

Dieser Kollege war zum persönlichen Dolmetscher geworden,

so wie man persönlicher Arzt oder Lehrer sein kann, wenn man nicht mehr eine unpersönliche Klasse unterrichtet, sondern jeden einzelnen Schüler als Person anspricht. Auch unser Hotelwirt vom Weißenstein bekam bald einen solchen Beinamen, denn wir fühlten, daß wir nicht nur Kunden für ihn waren, sondern daß er sich für uns als Menschen interessierte. So spricht man auch bei einem Vortrag ganz anders, wenn die Zuhörerschaft nicht eine anonyme Masse ist, sondern wenn man in ihr einzelne Gesichter sucht und wenn Blicke hin und her gehen, die den Vortrag eher in ein Gespräch verwandeln.

Auch alle beruflichen Beziehungen gewinnen so ein neues Gesicht. Denn nun sind sie mit einer Freude verbunden, die völlig fehlt, solange sie nur die Ausübung einer Funktion sind. Alles wird jetzt eine Gelegenheit zum persönlichen Kontakt, zum Verständnis des anderen und der persönlichen Verhältnisse, aus denen sich sein Verhalten, seine Reaktionen und seine Ansichten erklären.

Ein solcher Kontakt und ein solcher Einsatz erfordern vor allem, daß der Lehrer nicht so sehr in seiner Wissenschaft gefangen ist, daß er darüber die Menschen vergißt, an die er sie weitergeben will.

Ich glaube nicht, daß man unbedingt besondere Vorlesungen halten muß, wenn man die Medizinstudenten in die personale Medizin einführen will. Diese läßt sich nicht vortragen, sondern teilt sich von einem zum anderen mit. Das erfordert den persönlichen Kontakt des Studenten mit seinen Lehrern, und zwar mit den Lehrern, die den Sinn für das Menschliche haben. Glücklicherweise finden sich noch in allen unseren Fakultäten solche Lehrer, und sie sind dabei gewiß nicht die schlechtesten Wissenschaftler. Der Eindruck, den solche Lehrer auf uns machen, begleitet uns auf unserem ganzen späteren Lebens- und Berufsweg.

*

Unzählige Ärzte sorgen sich heute um die Entwicklung der zeitgenössischen Medizin. Sie freuen sich vorbehaltslos über die großartigen wissenschaftlichen und technischen Fortschritte, aber zugleich versuchen sie, der Gefahr zu begegnen, die damit verbunden ist. Die Spezialisierung, das langsame Verschwinden des Hausarztes, eine gewisse Standardisierung und Mechanisierung der Medizin, die mit dem Ausbau der Sozialversicherung zusammenhängt, all das bringt die Gefahr mit sich, daß die Medizin ihren menschlichen und persönlichen Charakter verliert. Es besteht ein offensichtliches Mißverhältnis zwischen der Wissenschaft und der Praxis, den beiden unableitbaren Grundpfeilern der Medizin. Es könnte sein, daß die gegenwärtige außerordentliche Blütezeit für Heilpraktiker aller Art damit zusammenhängt, daß der offiziellen Medizin bis zu einem gewissen Grad der menschliche Sinn fehlt. In Frankreich soll es 38000 Ärzte und 41000 solche Heilpraktiker geben.

Viele Ärzte versuchen daher heute, dieses Mißverhältnis wieder auszugleichen. Sie sind sich klar darüber, daß eine gute Medizin nicht nur vom technischen Fachwissen des Arztes, sondern auch von seinem persönlichen Einfluß abhängt. Die Medizin bleibt stets, wie Duhamel sagte, „eine besondere Art des Gesprächs". Daher spricht man überall von einer personalen Medizin und bemüht sich um ihre Definition, um die Ausarbeitung ihrer Methoden und um ihre Verbreitung. Professoren der Medizin sprechen davon bei ihren Antrittsvorlesungen. Eine solche Übereinstimmung ist geradezu symptomatisch für das große Bedürfnis nach Synthese in der Medizin. Dieser Wunsch ist übrigens keineswegs neu. Vinzenz Neubauer erinnert in seinem Buch: Der Weg zur Persönlichkeit daran, daß schon Sokrates sagte: „Der Grund dafür, daß die griechischen Ärzte meist scheitern, ist das unzureichende Wissen um das Ganze, dessen Gesundheit die notwendige Bedingung für die Gesundheit der Teile ist."

Man könnte so die personale Medizin als eine riesige Wissenschaft auffassen, die – wenn schon nicht in einem einzelnen Supergelehrten, dann doch wenigstens in einem Gremium von Gelehrten – alles auf den einzelnen Gebieten der Medizin erworbene Wissen in sich vereinigen würde. Man kann sich leicht den großartigen Nutzen und Reiz eines solchen Versuchs vorstellen, freilich ebensogut auch seine Schwierigkeiten. Die Spezialisierung bringt in jeder einzelnen Sparte eine Fachsprache mit sich, die von den anderen Ärzten, die ja selber auch spezialisiert sind, nur schwer verstanden wird.

Das können wir schon bei unseren internationalen Treffen der personalen Medizin sehen. Wie oft haben mir zum Beispiel viele Chirurgen und Psychiater gesagt, daß ihnen Zusammenkünfte sehr willkommen wären, auf denen sie gegenseitig ihre Erfahrungen austauschen könnten, während sie sich auf den üblichen medizinischen Kongressen immer nur unter Spezialisten desselben Fachs befänden.

Was würde aber erst dann, wenn man zu all diesen verschiedenen Ärzten noch Pädagogen, Soziologen, Philosophen, Historiker und Theologen hinzunähme, die alle ihren eigenen Beitrag zu unserer Kenntnis der menschlichen Person zu leisten haben, aber auch alle ihre eigene Sprache sprechen? Wieviel Unterschiede gibt es allein schon zwischen den führenden Gelehrten eines einzigen Fachs! Man braucht nur an die Auseinandersetzungen zwischen den verschiedenen Schulen der Psychoanalyse zu denken. Jede dieser Schulen hat wichtige Entdeckungen gemacht und liefert uns wertvolle Kenntnisse und Begriffe. Aber die Auffassungen von der menschlichen Person, die jeweils daraus abgeleitet werden, sind völlig verschieden.

Es ist leicht, viele Kenntnisse über den Menschen zu sammeln, aber außerordentlich schwer, sie miteinander in Einklang zu bringen. Eine solche personale Medizin läge außerhalb der Reichweite des gewöhnlichen praktischen Arztes, obwohl es doch gerade darauf ankommt, diesem eine praktische Hilfestellung in der Ausübung einer menschlichen Medizin zu geben.

Das Wissen um noch so viele Dinge gibt uns noch lange kein Wissen um die menschliche Person. Man verstehe mich recht: Ich verkenne weder den Nutzen noch den Reiz der Bemühungen, unsere wissenschaftlichen Kenntnisse vom Menschen miteinander in Einklang zu bringen. Aber so umfangreich dieses Wissen auch sein mag, es zeigt uns den Menschen immer nur in einer einzigen Sichtweise, in der wir ihn als wissenschaftlich faßbare Erscheinung sehen und seine naturgesetzlichen Abläufe untersuchen. Diese Sehweise muß noch durch eine persönliche Kenntnis ergänzt werden, die von anderer, d. h. von persönlicher und nicht gegenständlicher Art ist. Eine solche Sehweise ist jedem Arzt möglich, ob er nun einfacher praktischer Arzt oder gelehrter Spezialist ist.

Entscheidend für die personale Medizin ist somit, daß wir uns der persönlichen Welt öffnen und lernen, bei unseren Kranken nicht nur bestimmte Phänomene, die sich bei ihnen abspielen, sondern auch den Menschen zu sehen. Das hängt aber viel weniger von dem in uns aufgehäuften Wissen ab als von unserer eigenen persönlichen Entwicklung. „Den Menschen im anderen", schreibt ein Theologe, „entdecken wir dadurch, daß wir selber Mensch werden."

Der Weg zur Person und zum vollen Menschsein ist für mich als Arzt der gleiche wie für meine Kranken – ich muß ihn erst selber gehen, bevor ich sie auf diesem Wege führen kann. Es ist der Weg des persönlichen Gesprächs mit Gott und des persönlichen Gesprächs mit dem anderen Menschen. Dabei gibt es einerseits die entscheidende Wendung in solchen Stunden wie den geschilderten, in denen wir uns für die persönliche Welt öffnen. Dann gibt es aber auch die alltägliche Aufgabe, uns immer wieder von unserer Hülle und unserer Rolle zu befreien, um jedesmal mit Gott und dem Nächsten den persönlichen Kontakt wiederzufinden.

Was die personale Medizin ausmacht, ist dieser persönliche Kontakt, der aus der ehrlichen Suche nach ihm entsteht und sich nur durch diese Suche aufrechterhalten läßt. Dadurch, daß ich meinem Kranken dazu verhelfe, werde ich gleichzeitig selber eine Person. Aus meinem Patienten wird er so zu meinem Gesprächspartner, wie auch ich aus einem Arzt zu einem Gesprächspartner werde. Es kommt, nach dem schönen Ausdruck von Maurice Nédoncelle, zur „Gegenseitigkeit im Wissen umeinander". Während ich die Person meines Patienten entdecke und aufschließe, entdecke und erschließe ich zugleich mein eigenes Ich. Hierin fordert die personale Medizin einen persönlichen Einsatz des Arztes, den die technische Medizin nicht kennt.

Es geht hier um eine neue Haltung, die ebenso von mir wie von meinem Gesprächspartner abhängt. Ich denke an eine Patientin, mit der ich hierbei eine sehr wesentliche Erfahrung gemacht habe. Sie hatte in äußerster innerer Einsamkeit gelebt und war das Opfer einer so großen Schüchternheit geworden, daß unsere ersten Unterhaltungen außerordentlich mühsam vor sich gingen. Sie hatte das brennende Bedürfnis, sich zu öffnen, aber es gelang ihr nicht. Einsilbig antwortete sie auf meine Fragen. Eines Tages jedoch war plötzlich alles anders. Sie selber hatte es gar nicht bemerkt, denn sie war ganz überrascht, als ich ihr am Ende unserer Unterhaltung sagte: „Heute hat sich ein richtiges Wunder ereignet, nicht wahr?“ Sie überlegte einen Augenblick und meinte dann: „Ja, ich habe heute ganz frei gesprochen.“

Aber von da an hing der Kontakt ebenso von mir ab wie von ihr selber. Er konnte auch wieder verlorengehen. So war neulich die Unterhaltung wieder schleppend und schwerfällig. Nachdem sie fortgegangen war, sammelte ich mich in einer kleinen Andacht und erkannte, daß ich schuld daran gewesen war. Sie hatte mir einen Vorwurf gemacht, und ich hatte darauf beleidigt und empfindlich reagiert. Natürlich ließ ich sie das nicht merken, und es war mir nicht einmal selber bewußt geworden, so sehr war ich damit beschäftigt, mich mit großen Theorien zu rechtfertigen. Kurz gesagt, um die Verletzung, die mein Ich erhalten hatte, zu verdecken, war in mir meine Rollengestalt wieder aufgestiegen. Es war erst ein Gespräch mit Gott erforderlich, bevor ich wieder klar sah und durch einen ehrlichen Brief von neuem den Kontakt schloß. Je mehr sich mir jemand öffnet, desto nötiger ist es, daß er in mir einen Menschen findet, der in enger Berührung zu Gott steht.

Es ist schon oft davon gesprochen worden, wie ungeheuer wichtig die Persönlichkeit des Arztes, sein persönliches Leben und seine Redlichkeit sich selbst, Gott und seinem Patienten gegenüber ist. Für die personale Medizin entscheidend ist der Kontakt von Mensch zu Mensch zwischen dem Arzt und dem Kranken.

Beim Ärztetreffen auf dem Weißenstein hat sich Richard Siebeck aus Heidelberg damit befaßt, wie sich der menschliche Charakter der Medizin in der unpersönlichen Atmosphäre des Krankenhauses aufrechterhalten läßt.

Der Vortragende erzählte von einer Krankenschwester, die

überall, wo sie erschien, durch ihre bloße Gegenwart sofort eine persönliche Atmosphäre um sich verbreitete. Ich habe schon oft Ähnliches gehört. Es gibt Leute, die eine unpersönliche Atmosphäre um sich verbreiten. Aber wenn jemand wirklich ein Mensch ist, fühlt sich jeder, der mit ihm zusammenkommt, als Person angesprochen.

Ein Arzt, der keinen persönlichen Kontakt mit seiner Frau hat, wird ihn vergeblich in den Beziehungen zu seinen Kranken suchen. Unser Leben steht unter dem unerbittlichen Gesetz der Ganzheit. Entweder bewegt es sich in der gegenständlichen Welt, und alle Dinge sind lediglich Gegenstand, Erscheinung und äußere Hülle. Selbst Gott ist dann nur ein abstrakter Begriff. Oder es öffnet sich der persönlichen Welt, Gott wird zum persönlichen Gegenüber, und man trifft überall auf Personen, sowohl im eigenen häuslichen Leben wie auch in der großen unpersönlichen Maschine einer Klinik.

*

Eines Tages saß ich mit Freunden zusammen, die mir rieten, mehr Vorträge zu halten und weniger Bücher zu schreiben, denn im Geschriebenen fehle ihnen der persönliche Ton des gesprochenen Wortes. Wie man sieht, folge ich ihrer Aufforderung nicht. Denn so schön es auch ist, Freunde zu haben, darf man ihnen doch nicht blind gehorchen. Eine Person sein, heißt nach seiner eigenen Überzeugung handeln, ohne freilich die Überzeugungen der anderen dabei zu mißachten. Und meine Freunde haben durchaus recht. Das lebendige Wort bleibt das wichtigste Mittel für das persönliche Gespräch.

Ich sehe das gut bei den Patienten, die mir im voraus einen langen schriftlichen Bericht über ihr Leben schicken. Das hat seinen Wert als sachliche Unterrichtung, aber der eigentliche Sinn einer solchen Darstellung des eigenen Lebens ist ja gerade nicht die sachliche Information, sondern der persönliche Kontakt, zu der sie führt. Im lebendig gesprochenen Wort ist ein solcher Bericht vielleicht weniger klar und weniger systematisch, aber er bringt eine viel tiefergehende Beteiligung der eigenen Person mit sich.

Es kommt auch vor, daß mir manche Patienten nach jeder Sitzung einen Brief schreiben. Dort berichten sie mir dann das, was sie vorher nicht zu sagen wagten. Auch das hat seinen Sinn. Sie zwingen sich auf diese Art dazu, beim nächsten Gespräch persönlicher zu werden. Zugleich jedoch ist es auch ein Weg, auf dem man um die starke Gefühlserregung einer mündlichen Erzählung herumkommt. Es ist eine Abschwächung des Gesprächs, das durch das Dazwischentreten des Papiers, d. h. einer Sache, etwas von seiner Unmittelbarkeit einbüßt.

Übrigens kann auch das Wort selber zur Sache werden, wenn es den objektiven und neutralen Ton der bloßen Information oder Diskussion annimmt. So pradox es klingen mag, das wahre Gespräch ist keineswegs eine Diskussion. Ich sage das vor allem zu denjenigen meiner Kollegen, die vielleicht Angst haben, sie wüßten keine Antwort auf die Gewissensprobleme ihrer Patienten. Wir müssen hier eine Unterscheidung zwischen der intellektuellen Auseinandersetzung und der persönlichen Begegnung machen. Die angemessene Antwort auf Gedanken sind selber wieder Gedanken und Ideen. Wenn aber jemand seine Person einsetzt, müssen auch wir mit unserer Person antworten. Oft ist dann das Schweigen die wahre Antwort des Herzens.

Ein Gespräch führen heißt in unserem Sinne also keineswegs, philosophische oder religiöse Theorien über das Leben, über Gott und den Menschen zum besten zu geben. Die Menschen, die mir wahrhaft geholfen haben, sind nicht diejenigen, die mir auf das, was ich ihnen von mir erzählte, mit Ratschlägen, Ermahnungen oder Theorien geantwortet haben, sondern gerade diejenigen, die mir zunächst schweigend zuhörten und dann von ihrem persönlichen Leben, von ihren eigenen Schwierigkeiten und ihren selbstgemachten Erfahrungen erzählten. Dann, und nur dann, kam es zur Gegenseitigkeit und zum Gespräch.

Sobald sich unsere zurechtgemachte Rolle, unser Gedankensystem, unser Anspruch, die Wahrheit zu besitzen und zu sagen, in den Vordergrund drängt, werden unsere noch so ehrlichen Bemühungen, dem anderen zu helfen, für ihn zu einer Bedrükkung und Vergewaltigung, anstatt ihn zu befreien. Es handelt sich nicht mehr um ein Gespräch zwischen Personen, sondern um eine moralisierende Diskussion oder einen Bekehrungsversuch. „Wer uns fertige Lösungen gibt und uns seine wissenschaftliche oder theologische Anschauung aufdrängt, ist nicht imstande, uns zu heilen“, schrieb mir eine Patientin.

Wir sehen, wie weit die personale Medizin von der Vorstellung entfernt ist, die man sich von ihr macht, wenn man sie als „religiöse Psychotherapie“ bezeichnet und meint, sie bestünde darin, die Kranken zu belehren, ihre Fehler aufzudecken, ihnen ins Gewissen zu reden, sie zu ermahnen, ihr Schicksal auf sich zu nehmen und sie zur Beichte und zum Gebet zu zwingen. In diesem Fall würden wir eine Rolle spielen und nicht als Person handeln. Wir würden Gefahr laufen, uns an die Stelle des Priesters zu setzen und uns ein Amt anzumaßen, das nicht das unsere ist.

Es kann die Aufgabe des Priesters sein, zu warnen, zurechtzuweisen und die Lehre zu verkünden. Die des Arztes ist es jedenfalls nicht. Ich kenne eine protestantische Patientin, die sich vom Katholizismus angezogen fühlt, aber mit sich nicht ganz ins reine darüber gekommen ist. Trotz ihrer Bewunderung für den Katholizismus, ist es ihr nicht gelungen, sich für ihn zu entscheiden und sich mit ganzem Herzen zu ihm zu bekennen. Dieser Kampf zerreißt sie innerlich und hat bei ihr eindeutig krankhaften Charakter. Er wird dazu ständig geschürt und verschlimmert durch ihre Besuche bei Pastoren und Priestern, die sie abwechselnd von ihrer eigenen Lehre zu überzeugen versuchen und die andere Lehre dabei kritisieren.

Was würde es ihr nützen, wenn ich nun meinerseits in dieses theologische Streitgespräch eingreifen würde? Wenn ich ihr meinen protestantischen und ein Kollege ihr seinen katholischen Glauben aufreden wollte? Übrigens hat sie sich tatsächlich vorher auch von einem meiner Freunde, einem katholischen Psychotherapeuten, behandeln lassen, der sie genausowenig dazu aufforderte, zum Katholizismus überzutreten, wie ich sie dazu anhielt, beim Protestantismus zu bleiben. Sie muß mit ihm ebenso sprechen können wie mit mir und ihren inneren Kampf ohne jede Polemik so darlegen können, wie er sich in ihr abspielt.

In den Augen des Psychologen handelt es sich auch tatsächlich nicht so sehr um den Streit zwischen Protestantismus und Katholizismus als vielmehr um den Streit der Vorstellungen, die sie sich von beiden macht. Der tiefere Grund ihrer Unsicherheit liegt in Momenten ihres persönlichen Lebens, aus denen bestimmte Gedankenassoziationen erwachsen, die es zu verstehen und ihr selber verständlich zu machen gilt. Das allein kann sie zu einer wirklich persönlichen Überzeugung führen und ihr helfen, die innere Auseinandersetzung mit weniger Selbstquälerei als bisher durchzustehen.

Wie viele Menschen gibt es neben denen, die eine solche Auseinandersetzung bewußt vollziehen und so bewußt vollziehen, daß sie davon wie besessen sind, die nicht nur zwischen dem Protestantismus und dem Katholizismus, sondern auch zwischen dem Christentum und anderen Religionen oder zwischen dem Glauben und dem Zweifel schwanken, ohne sich dessen voll bewußt zu sein! Nur indem man sich für sie selber interessiert und an jenem Heranwachsen des eigenen Ichs im persönlichen Gespräch teilnimmt, hilft man ihnen, sich über sich klarzuwerden und auch in ihrem religiösen Leben aufrichtiger und ehrlicher zu werden. Wieviel Menschen gibt es, für welche die Religion nur ein Komplex mechanischer religiöser Verhaltensweisen ist, die sie durch Erziehung und Gewohnheit passiv in sich aufgenommen haben! Zur Person wird man nur durch eine persönliche Entscheidung.

Daher gibt es keine personale Medizin ohne die unbedingte Achtung für die Person des anderen. Das bedeutet keineswegs, daß wir mit unseren Überzeugungen hinter dem Berg halten, sondern daß wir unsere Überzeugungen auf eine wirklich persönliche und nicht auf theoretische Art und mit ehrlicher Achtung vor anderen Überzeugungen ausdrücken sollen. Dann kann es auch zum Gespräch kommen, das vorher durch religiöse, philosophische, politische oder soziale Vorurteile unmöglich war.

Ich glaube, es handelt sich dabei nicht nur um Toleranz im gewöhnlichen Sinn, mit der mehr oder weniger der Anspruch verbunden ist, die Wahrheit zu besitzen – die mit einer gewissen Herablassung dazu bereit ist, mit denen zusammenzuleben, die sich im Irrtum befinden, ohne sie deswegen zu verfolgen. Es geht hier um eine viel tiefere Sicht, die eben mit dem zusammenhängt, was wir vom Gespräch mit Gott sagten. Dieser ist seinem Wesen nach persönlich, und deshalb sucht jeder in diesem Gespräch die geistige Klarheit, den geistigen Zuspruch und die geistige Hilfe für sich selber und nicht für den anderen.

Es versteht sich, daß ich hier weder von den Dogmen noch von der kirchlichen Lehre spreche, die von Gott selber dazu berufen ist, die Menschen in seinem Namen zu unterrichten. Ebensowenig spreche ich vom Amt des Priesters, der dem einzelnen gegenüber mit einer gewissen Autorität ausgestattet ist. Ich spreche vielmehr von der praktischen und täglichen Bemühung, den Willen Gottes zu entdecken, zu welcher jeder Mensch berufen ist, der im Lichte des göttlichen Worts, der kirchlichen Lehre und des Heiligen Geistes steht. Hier ist es daher meine eigene Sache – und nicht die der anderen –, das zu hören, was Gott mir persönlich zu sagen hat, und auf diese Weise aufrichtig und ehrlich eine persönliche Überzeugung herauszubilden. Daher steht es mir auch nicht zu, dem anderen eine Eingebung aufzudrängen, die ich angeblich von Gott für ihn erhalten habe.

Ich habe die Aufgabe, mich mit dem Sinn meiner eigenen Krankheiten zu beschäftigen und nicht mit dem der Krankheiten meiner Patienten. Wenn ich den Anspruch erheben wollte, über den Sinn der Krankheiten anderer zu urteilen, würde ich in Wirklichkeit dem Anspruch verfallen, den Kranken selber richten zu wollen.

Ich glaube auch nicht, daß ein solches Vorgehen des Arztes Erfolg hätte. Eine religiöse Erfahrung, die Einsicht in den Sinn eines Ereignisses und in das, was Gott dem Kranken durch seine Krankheit sagen will, muß von innen heraus und aus dem eigenen inneren Gespräch mit Ihm kommen. Dagegen muß der Patient, wenn er eine solche Erfahrung macht, mit dem Arzt darüber sprechen können und bei diesem volle Achtung für die Überzeugung finden, zu der er dabei gelangt ist. Das persönliche Gespräch besteht darin, daß jeder seine eigenen Überzeugungen zur Sprache bringt, nicht aber, daß er die Überzeugungen eines anderen untersucht.

Ich bekenne mich zum Gespräch. Das ist etwas, was unendlich weit über die „Psychotherapie“ hinausgeht. Diese Bezeichnung sollte der technischen Behandlung vorbehalten bleiben, die ein Spezialist zur Heilung einer Neurose unternimmt. Gewiß bin ich zuweilen solch ein Spezialist, und das Gespräch kann ein Teil der psychotherapeutischen Technik sein. Aber es ist viel mehr. Es ist eine Lebenshilfe, die jeder Arzt, auch ohne „Psychotherapeut“ zu sein, sowohl einem Tuberkulösen, wie einem Herzkranken, wie auch einem Gesunden geben kann. Wir alle haben Hilfe nötig, um leben zu können, um Person und Mensch im vollen Sinne des Wortes zu werden. Und bei allem trägt eine solche innere Wandlung zur Erhaltung oder zur Wiederherstellung der Gesundheit bei.

Doktor van Balen aus Bois-le-Duc schrieb mir einmal, daß seiner Ansicht nach der Ausdruck „Neurose“ viel zu oft angewandt werde. Man solle diesen Begriff doch auf die wirklichen Neurosen beschränken, wie auf Zwangsneurosen, Angstneurosen und Verlassenheitsneurosen, die in die Behandlung eines Spezialisten gehörten. Man solle aber nicht jeden Menschen einen Neurotiker nennen, der unter schweren Konflikten leide und zum Arzt komme, um sein Leben in Ordnung zu bringen. In einem solchen Falle haben sie in uns nicht so sehr den Psychotherapeuten nötig, als vielmehr den Menschen und einen wahren Partner für ein menschliches Gespräch.

Gewiß spielen sich in solchen Menschen die von den Psychologen untersuchten und beschriebenen Vorgänge ab, wie übrigens bei jedem von uns. Hier Klarheit zu schaffen, ist für sie ebensogut wie für uns. Aber deswegen sind sie nicht kränker als wir, beziehungsweise wir selber sind genauso krank wie sie. Menschen, deren körperliche und seelische Schwierigkeiten lediglich der Ausdruck eines allzuschweren Lebenskonfliktes sind, gibt es zu Tausenden; sie machen mindestens die Hälfte aller ärztlichen Patienten aus. Wir wären unter den gleichen Umständen, in denen sie sich befinden, vermutlich genauso „krank“ wie sie.

Sie leiden oft darunter, daß man sie allzuleicht als „Neurotiker“ abstempelt. Auch bei der Behandlung einer Neurose kommt ein Augenblick, in dem wir uns von der technischen Betrachtungsweise loslösen und wieder zum Menschen werden müssen. Das ist mir eines Tages durch die Bemerkung einer Patientin sehr deutlich geworden. Sie hatte eine psychoanalytische Behandlung hinter sich, während der sich ihr Zustand wesentlich verbessert hatte. Sie war mit dem behandelnden Arzt, der sie mir dann übergab, in sehr guten persönlichen Kontakt gekommen. Es ging ihr jedoch dabei so, daß sie bei jeder noch so spontanen Bemerkung sofort an die psychologische Etikette denken mußte, die er dieser Bemerkung anhängen würde. In ihren Augen analysierte ihr Arzt jede noch so nebensächliche Reaktion und sah darin sofort ein Zeichen für eine infantile Regression, für eine psychologische Projektion, für einen Widerstand oder für eine Übertragung.

So befreit uns die Psychologie zwar von der moralischen Etikette, die schon so viele Menschen erdrückt hat, aber sie kann nun selber wiederum zu einem Schema für die Beurteilung des Menschen werden. Für jemanden, der immer als faul und träge angesehen wurde, kann es eine wunderbare Erleichterung bedeuten, wenn er sieht, daß seine angebliche Faulheit nur der Ausdruck einer verdrängten Oppositionshaltung gegen seine Eltern war. Er ist damit von einer moralischen Verurteilung befreit, von der er schon gefühlsmäßig ahnte, daß sie ungerecht war. Aber wenn er sich nun nicht mehr gehen lassen und nicht mehr ruhig spazierengehen und durch die Straßen schlendern kann, ohne den Eindruck zu haben, daß man darin ein psychopathologisches Symptom sieht, hat er von neuem das Gefühl, daß man über ihn zu Gericht sitzt.

Die Psychologie ist für den Arzt eine wunderbare Schule für das menschliche Verständnis und ein Weg zum Kontakt, denn sie räumt mit allen Vorurteilen auf. Aber wenn in uns die Rolle des Psychologen stärker wird als der Mensch, kann die Psychologie zu einer Berufskrankheit werden.

Gehören das Gespräch und der persönliche Kontakt nicht in einem gewissen Sinn zum Reiche Gottes, von dem Christus gesagt hat, daß wir nicht hineinkommen, wenn wir nicht werden wie die Kinder (Luk. 18 17)?

11. Leben heißt entscheiden

In meiner Sprechstunde erscheint ein junges Mädchen und erzählt mir, daß sie mit dem Magen zu tun habe. Sie war schon bei zwölf Ärzten gewesen, vom Dorfarzt angefangen bis zu den Fachärzten in der Stadt und den Spezialisten der Klinik, zu denen man sie nacheinander überwiesen hat. „Alle haben sie mich beruhigt", erklärt sie mir, „und haben gesagt, es sei kein schwerer Fall, sondern einfach nervös bedingt, aber davon ist es nicht besser geworden."

„Es ist nervös bedingt" – da haben wir wieder das billige und oft mißbrauchte Etikett. Ein Etikett, das in die Irre führt und glaubhaft machen will, die Patientin müsse ihre Nerven behandeln, obwohl sie in Wirklichkeit mit einer wichtigen Lebensentscheidung zu hat. Worum es geht, ist die Entwirrung dieses Konflikts. Aber um welchen Konflikt handelt es sich? Vielleicht weiß sie es nicht einmal selber. Zweifellos wird es langwierig und schwer sein, ihn herauszuschälen und noch mehr ihn zu lösen. Außerdem habe ich nicht viel Zeit. An all das muß ich denken, während sie erzählt.

„Wie alt sind Sie?" frage ich. – „Sechsunddreißig Jahre." – „Aber Sie sehen gut zehn Jahre jünger aus." – „Das stimmt. Alle Leute sagen mir, daß ich sehr jung aussehe." „Woher kommt das denn? Es muß doch einen Grund haben."

Das Interesse für die menschliche Person läßt uns ganz neue und andere Fragen stellen, die nicht nur nach den einzelnen Abläufen auf der organischen Ebene zielen, sondern auf der menschlichen Ebene nach dem Sinn des Ganzen fragen. Denn der Leib ist ein Ausdruck der Person. Wenn er jünger aussieht, als er nach dem wirklichen Alter erscheinen müßte, bedeutet das, daß sich das Innere des betreffenden Menschen nicht frei entwikkelt hat.

Aber die Patientin hat meine Frage nicht ganz verstanden, und ich muß sie nochmals genauer formulieren. „Glauben Sie, daß es irgend etwas oder irgend jemanden gibt, der Sie daran gehindert hat, ins Leben hineinzuwachen?“ Es folgt ein langes Schweigen. Die Patientin ist ganz mit ihren eigenen Gedanken beschäftigt. Schließlich sagt sie mir: „Meinen Sie vielleicht meine Mutter? Sie behandelt mich immer noch als kleines Mädchen.“ Die Mütter, die ihre Kinder daran hindern, groß zu werden, sind deswegen nicht unbedingt schlechte, egoistische oder herrschsüchtige Mütter, die ihre mütterlichen Pflichten vernachlässigen. Es sind sogar oft ausgezeichnete Mütter, die alles daransetzen, um ihre Kinder gut zu erziehen, ihnen alle Irrtümer und Enttäuschungen des Lebens zu ersparen und sie vor den Gefahren des Daseins zu schützen, Mütter, die ihren Kindern soviel gute Ratschläge geben, daß diese unentschlossen und schüchtern werden. Sie haben keinen Mut mehr zu den verantwortlichen Entscheidungen, die, wie wir sahen, das persönliche Leben ausmachen, und ihr Lebensweg ist dadurch gehemmt.

Nun ist die Türe zu ihrem Inneren offen. Die Patientin erzählt mir, daß sie sich schon zweimal verlobt hat, daß aber jedesmal, wenn der Hochzeitstermin näherrückte, ihre Mutter krank wurde. Darauf hatte sie dann die Hochzeit verschoben. „Ich muß doch meine Mutter pflegen“, meint sie. „Ich kann sie doch nicht ausgerechnet dann verlassen, wenn sie mich am nötigsten hat.“ Den beiden Verlobten war das zuviel geworden, und sie hatten die Verlobung gelöst. Zur Zeit ist sie – wie ich mir schon gedacht hatte – zum dritten Mal verlobt, und ihrer Mutter geht es täglich schlechter.

Es gibt das bekannte Bibelwort: „Darum wird ein Mann Vater und Mutter verlassen und an seinem Weibe hangen“ (1. Mos. 2, 24), das ich jetzt meiner Patientin zu erläutern versuchte. Die Heirat erfordert, wie jede wichtige Handlung im Leben, eine radikale Entscheidung. Es gilt, zwischen der Mutter und dem Verlobten zu wählen. Ich habe diesen Verlobten kommen lassen und ihn dazu aufgefordert, um jeden Preis daran festzuhalten, daß die Hochzeit nicht verschoben wird. Der Mutter schrieb ich einen langen Brief, den sie sehr gut aufnahm. Einige Monate nach ihrer Hochzeit kam die Patientin wieder bei mir vorbei. Ihre Magenbeschwerden waren vorbei und ihre Mutter war gesund.

Die erste Aufgabe des Arztes besteht darin, zu heilen. In manchen Fällen erfordert das lediglich einen technischen Eingriff. Aber bei vielen Kranken bedeutet das für den Arzt eine weit größere Aufgabe, nämlich eine Erziehungsaufgabe. Er ist dazu berufen, den Menschen dabei zu helfen, daß sie sich entfalten können, daß sie durch die Anpassung an die Gesetze des Lebens wieder zum Leben zurückfinden, harmonisch heranwachsen und zu erwachsenen Menschen werden. Das ist übrigens auch schon der tiefere Sinn der rein medizinischen Hilfe, die alle körperlichen und seelischen Hindernisse für die freie Entfaltung und das Wachstum der Person und für die Erfüllung der Lebensaufgabe beseitigen soll. Wenn der Wärter an einem Eisenbahnübergang die Schranke öffnet, dann tut er das nicht, weil es ihm Spaß macht, sondern damit die Fahrzeuge weiterfahren können. So ist auch das, was wir mit der wiedergewonnenen Gesundheit tun, wichtiger, als die Gesundheit selbst.

Das ist das, was ich mit der „Hilfestellung im Leben“ meinte. Dazu ist lediglich ein Wissen um die Gesetze des Lebens nötig, dessen erste Forderung darin besteht, daß wir selbständig, erwachsen und für uns selbst verantwortlich werden. Leben heißt entscheiden. Von einem Entschluß zum anderen entwerfen und bauen wir unser Leben. Die Heranbildung des erwachsenen Menschen ist auch das Hauptziel der Freudschen Schule, und ihre Arbeiten haben viel dazu beigetragen, uns klarzumachen, was das bedeutet. Zunächst geht es dabei um den Übergang von der kindlichen Sexualität zur Sexualität des Erwachsenen, dann um den Übergang von der kindlichen Liebe, die etwas haben will, zur Liebe, die sich hingibt, und schließlich um die Selbständigkeit, um den Mut, so zu sein, wie wir sind, wir selber zu sein, im Einklang mit uns selbst und befreit von der kindlichen Abhängigkeit von einem anderen.

Eines Tages kommt ein Student zu mir, der sich nicht zwischen seiner Mutter und seiner Verlobten entscheiden kann. Gegen seine eigene Überzeugung hat er darauf verzichtet, seine Verlobte zu sehen oder hat sie nur heimlich getroffen, um seine Mutter zu beschwichtigen, und seitdem leidet er nun an allerlei seltsamen Störungen. „Besteht das Ziel Ihres Lebens darin, für Ihre Mutter zu leben?" fragte ich ihn. Mehrere Monate später schrieb er mir, daß diese einfache Frage eine vollständige Umwandlung in ihm ausgelöst und daß seine Mutter angesichts seiner eigenen Entschlossenheit sich jetzt voll und ganz mit seiner Verlobten zufriedengegeben habe. Die Leute, die sich darüber beklagen, daß sich immer alles gegen ihren Willen abspielt, sind meistens durch ihre eigene Schwäche selber schuld daran.

Ich möchte nicht mißverstanden werden. Es geht mir nicht darum, junge Menschen in Gegensatz zu ihren Eltern zu stellen oder dazu aufzufordern, deren Ratschläge abzulehnen. Wenn sie davon überzeugt sind, ihnen folgen oder ihnen Freude machen zu müssen, sollen sie es ruhig tun. Die Verneinung des Lebens besteht lediglich darin, daß man gegen seine eigene Überzeugung handelt, weil man nicht den Mut hat, die Verantwortung für seine Entscheidungen auf sich zu nehmen.

Fortgesetzte Unentschlossenheit ist ein Gift für den Menschen. Sie entspringt stets aus einem inneren Konflikt, den man nicht zu lösen oder den man sich vielleicht nicht einmal bewußtzumachen wagt. Man trifft sie häufig bei Menschen, die von ihren Eltern beherrscht und in Abhängigkeit gehalten wurden. Sie kann ein ganzes Leben lang fortdauern, selbst noch nach dem Tode der Eltern. Derartige Menschen geben offen zu, daß sie nicht einmal wissen, was sie gerne haben, was sie glauben und was das Ziel ihres Lebens ist. Von den Umständen hin und her geworfen, treiben sie ziellos umher. Kaum haben sie einen Entschluß gefaßt, dann fragen sie sich auch schon, ob sie sich nicht geirrt haben.

Solche Patienten wünschen sich immer, daß wir für sie entscheiden. Sie fordern Ratschläge oder ein medizinisches Urteil, das sie ihrer eigenen Verantwortung enthebt. Im Moment würde das zwar ihrer Unentschlossenheit ein Ende machen, aber es würde nicht ihr Lebensproblem lösen. Sie hätten uns alle Augenblicke nötig und würden unmündig und abhängig bleiben. Man muß hier sehr vorsichtig sein. Der Arzt ist gewohnt, etwas zu verschreiben und anzuordnen, denn das ist in der technischen Medizin seine Rolle. Oft hat er selber einen „Vaterkomplex“, da er wie ein Vater für sein Kind alle Dinge zum Wohl seiner Patienten ordnen will. So entscheidet er auch manchmal über eine Operation, ohne sich vorher genügend um das freie Einverständnis des Kranken zu bemühen.

Daher hat auch Papst Pius XII. in einer Rede vor Neurologen feierlich daran erinnert, daß „der einzelne ein Recht hat, frei über sich selbst zu verfügen ... ein Recht auf seinen Leib und auf sein Leben, auf seine körperliche und seine seelische Unverletzlichkeit“. Ein Pariser Nervenchirurg hat diese Dinge gleichfalls sehr klar ausgesprochen: „Solange er unversehrt ist, bleibt der Bereich der Person unantastbar und darf nur mit ausdrücklicher Zustimmung des Betreffenden angerührt werden.“ Die Achtung vor der Person ist die Achtung vor dem Recht eines jeden, frei über sich selbst zu verfügen, denn der freie und verantwortliche Einsatz seiner selbst ist eben das, was den Menschen zur Person macht.

Auch wenn wir in der rein technischen Medizin Entscheidungen über den Fortgang der Behandlung zu treffen haben, verpflichtet uns die Achtung vor der Person dazu, diese dem Kranken zu erläutern, damit er mit ausreichendem Wissen und in freier Zustimmung an der Behandlung teilnehmen kann. Wenn es sich jedoch um die Heilung der Person handelt und es darum geht, daß der Kranke seinen Weg im Leben findet, verpflichtet uns diese Achtung vor der Person zu noch größerer Zurückhaltung: Wir müssen ihm dabei helfen, seine eigenen Entscheidungen zu treffen, aber wir dürfen nicht an seiner Stelle entscheiden.

Das erste und wichtigste dabei ist das Vertrauen, und zwar das bedingungslose Vertrauen in seine eigene verantwortliche Entscheidung, selbst wenn uns diese fragwürdig erscheint. Wollten die Eltern eines Kranken oder sein Bruder, seine Schwester, ein Lehrer oder andere Menschen statt seiner entscheiden, dann würden sie ihm damit zeigen, daß sie kein Vertrauen in sein eigenes Urteil hätten. Sie säen damit in seinem Herzen den Zweifel an sich selbst, der ihn schwach, unentschieden und unmündig macht und der die Entfaltung seines eigenen Ichs verhindert.

Die Aufgabe des Arztes besteht darin, jedem dazu zu verhelfen, ein freier Mensch zu werden und die Verantwortung für seine Entscheidungen auf sich zu nehmen. Das bedeutet jedoch nicht, ihn einfach sich selbst zu überlassen und aus Angst, ihn zu beeinflussen, selber nichts mehr zu sagen. Eine verantwortliche Entscheidung ist kein blinder Entschluß, ohne Kenntnis der Gefahren, die er mit sich bringt, und all der verschiedenen Aspekte eines Problems, auf die ein erfahrener Arzt hinweisen kann.

Wir kommen hier wieder auf unseren Grundbegriff des Gesprächs zurück. Ich meine damit, daß wir in völliger Offenheit alles sagen, was wir zu sagen haben, aber in einer Haltung, die dem Gesprächspartner das Gefühl gibt, daß wir es sagen, um ihm zu helfen, seine eigene Entscheidung in voller Kenntnis der Situation zu treffen, und daß wir Vertrauen in seine Entscheidung haben, auch wenn wir selbst eine andere Entscheidung treffen würden.

Gerrit van Balen schrieb mir einmal, daß es ihm große Sorgen mache, wenn er sehe, wie wenig Menschen heute bereit sind, verantwortliche Entscheidungen zu treffen. Ich erwähnte diese seine Ansicht im Laufe eines Vortrages, den ich auf einem Dorf hielt und bei dem der Bürgermeister und einige Gemeinderäte anwesend waren. Einer von ihnen erhob sich und sagte: „Sie erinnern sich alle an die Frage, mit der wir uns auf unserer letzten Sitzung beschäftigt haben. Wir wußten im Grunde alle, welche Entscheidung es zu treffen galt, aber wir haben die Angelegenheit an die Kantonalregierung weitergeleitet, um nicht selber die Verantwortung dafür übernehmen zu müssen."

So etwas kommt nicht nur bei einem Gemeinderat vor, sondern auf allen Stufen der politischen, beruflichen und sozialen Stufenleiter. Wie viele Menschen versuchen ständig, sich durch die Autorität eines anderen zu decken: vom Ehemann angefangen, der die wirtschaftliche Verantwortung auf seine Frau abschiebt, über die Arbeiter, Werkmeister, Beamten und Geschäftsinhaber bis zum Regierungschef, der sie auf das Parlament abwälzt.

Wie viele Menschen fragen alle Leute um Rat, obwohl ihre Meinung längst feststeht, nur um das Risiko ihrer Entscheidung mit anderen zu teilen. Hat Sartre unrecht, wenn er sagt, daß wir unsere Ratgeber nach dem Rat auswählen, den wir von ihnen erwarten? Jemand, der sich in einem Ehekonflikt befindet und zur Scheidung neigt, wird sich gern von einem Psychiater beraten lassen, der selber geschieden ist und ihm sagen kann: „Man muß manchmal im Leben den Mut haben, die Dinge so zu sehen, wie sie sind, und das aufzugeben, was man doch schon verloren hat, statt sich in alle Ewigkeit mit der Vergangenheit zu belasten." Wenn er dagegen die Absicht hat durchzuhalten, wird er zu einem Arzt gehen, der weiß, daß der wahre Mut nicht darin besteht, vor den Problemen des Lebens zu fliehen, sondern sich ihnen zu stellen.

Daher antwortet ein Psychotherapeut, dem es um die menschliche Person geht, oft wie Sokrates auf eine Frage mit einer Gegenfrage: Wenn mich ein Ehemann, der seine Frau hintergangen hat, fragt: „Meinen Sie, daß ich es meiner Frau sagen soll?" Dann frage ich: „Was meinen Sie selber dazu?"

*

Nach seinen Überzeugungen zu leben erfordert sehr viel Mut. Darum fällt es stets schwer, sich den geltenden Konventionen zu entziehen und anders zu handeln als alle anderen. Weil sich jeder den allgemeinen Sitten und Bräuchen fügt, wird es so schwer, ihnen nicht zu folgen. Das menschliche Zusammenleben wird auf diese Weise zu einem Stück mit festen Rollen. „Habe den Mut, dich aus der Herde zu lösen", sagt Romain Rolland. Sobald ein Mensch seinem inneren Anruf gehorcht, bringt er dieses Rollenspiel durcheinander und erweckt in seiner Umgebung alle Menschen, die unter ihrer Rolle begraben waren, zu neuem Leben. War es nicht das, was Camus mit seinem „Homme révolté" („Der Mensch in der Revolte", Rowohlt 1953) meint, wo er alle diese Dinge so prachtvoll darstellt?

Auch das glücklichste Leben verlangt eine ständige Auseinandersetzung mit den Problemen, die es uns stellt, mit allen äußeren und inneren Konflikten, dic es hervorruft und die eigentlich das

Leben selber sind. Es ist ein ständiger Kampf, in dem wir uns selber treu bleiben und die Verantwortung für unsere Überzeugungen und unsere Anlagen und Begabungen auf uns nehmen müssen. „Es ist viel leichter", schrieb mir eine Patientin, „in der Haut eines Verurteilten oder Gefangenen zu stecken als ein Mensch zu sein, der sich seiner Verantwortung und seiner Gaben bewußt ist. Aber es ist die wesentlichste Voraussetzung für die innere Reife und Selbständigkeit."

„Wie schwer ist es doch", schreibt dieselbe Patientin weiter, „wirklich sein eigenes Leben auf sich zu nehmen. Aber ich weiß, daß gerade davon alles abhängt und daß dies auch der wahre Schlüssel zum Glück ist." In der Tat, sein Leben auf sich zu nehmen heißt keineswegs, die Dinge laufen zu lassen und auf den Kampf zu verzichten. Es heißt vielmehr, diesen Kampf auf sich zu nehmen, so wie er sich darstellt, mit allen Nachteilen und Hindernissen des überkommenen Erbes, unserer Leiden, unserer psychologischen Komplexe und aller Ungerechtigkeiten.

Wenn der Kampf hart ist, können ein Beruhigungsmittel, ein Schlafmittel oder ein Erholungsaufenthalt die nötige Entspannung verschaffen, um ihn darauf unter besseren Bedingungen wiederaufzunehmen. Sie können aber ebensogut auch ein Mittel sein, um der Auseinandersetzung zu entgehen.

Von daher versteht man auch, wie weit die personale Medizin von einem sentimentalen Mitleid mit den Patienten entfernt ist. Die wirkliche Liebe besteht darin, von denen, die zu uns kommen, ihr Bestes zu fordern. Das bedeutet, daß wir Mut von ihnen verlangen, indem wir selbst den Mut haben, ihnen zu helfen, statt uns mitverantwortlich für ihre Flucht- und Ausweichreaktionen zu machen. Ich sprach neulich mit einem Patienten, der einsah, wie arm und begrenzt sein Leben dadurch geworden war, daß er Angst hatte, sich fremder Kritik auszusetzen. Er glich langsam einem Karussellpferd, das sich immer wieder auf engem Raum im Kreise dreht. Ich konnte ihm nichts anderes sagen als: „Haben Sie doch den Mut, über die Hürden zu springen!"

In der Tat, leben heißt über die Hürden springen und den Zwang der engen äußeren Hülle und erstarrten Rolle zu sprengen, in der wir uns nach und nach festgefahren haben. Leben heißt Wagnisse auf sich nehmen, denn „Wer nichts wagt, gewinnt nichts“, wie das Sprichwort sagt. Man meint, durch kluge Vorsicht sein Leben zu erhalten und erstickt es dabei nach und nach. „Wer sein Leben behalten will, der wird es verlieren.“ (Mark. 8,35).

Ein fruchtbares Leben ist die Verwirklichung einer Idee, hat einmal jemand gesagt. Unser Ich ist also nicht schon etwas Festes und Gegebenes, das man dadurch kennenlernt, daß man es objektiv untersucht. Es entsteht durch den subjektiven Entschluß und ist das Ergebnis einer Entscheidung. „Ich habe mich bemüht stets zu sagen ‚ich wähle mich selbst‘ statt ‚ich erkenne mich selbst‘“, sagt Kierkegaard. Hier zeigt sich deutlich die Sackgasse, in die der Intellektualismus geraten ist, der eben diesen Anspruch erhebt, den Menschen als Objekt und als Gegenstand zu erkennen.

Das ist auch die Haltung des seelischen Tagebuchs eines André Gide, der die Wahl und die Entscheidung ablehnt, um nur ja nichts von sich selber zu verkennen oder zu verlieren. Auch ich habe mich als Student so verhalten und war daher zersplittert, dilettantisch und an allem und jedem interessiert. Das Gespräch mit Gott hat meinem Leben eine Mitte gegeben. Es ist dadurch keineswegs verarmt, sondern fruchtbarer, lebendiger und abenteuerlicher geworden.

Sich entscheiden hießt verzichten. Es bedeutet, sich selbst festzulegen und entschlossen auf das zu verzichten, was eine solche Entscheidung behindert. Unser Verstand nimmt alles und jedes in sich auf und macht aus uns ein grenzenloses Museum. Nur unser Herz kann wählen und entscheiden und erneuert dadurch wieder den Strom unseres Lebens:

Viele Menschen sind durch diese Trennung von Herz und Verstand gespalten und gelähmt. Sie leben zwischen Traum und Wirklichkeit oder zersplittern sich in viele verschiedene Interessen. Viele Menschen hängen ihr Herz an andere Dinge als an ihren Beruf, der dann wie ein Bleigewicht an ihren Füßen hängt. Das Leben vieler Frauen spaltet sich einerseits in ein Berufsleben und andererseits in ihr Leben als Gattin und Mutter. Unter den anormalen Bedingungen des heutigen Lebens können zweifellos viele von ihnen nicht auf eine Berufsarbeit verzichten. Aber dann ist zumindest eine innere Entscheidung notwendig, die eine Rangordnung der Pflichten festsetzt.

Manche Menschen leben auch sozusagen dauernd in einem Provisorium, verschieben immer wieder die Entscheidung und sind mit ihrem Herzen nicht bei dem, was sie tun. Immer warten sie auf den Moment, an dem ihr wahres Leben beginnen soll und der dann doch nie kommt. Das gilt für viele Frauen, die auf die Ehe warten. Zweifellos haben sie ein Recht, sich die Ehe zu wünschen. Aber indem sie gewissermaßen bis dahin mit dem Leben warten und nicht bereit sind, sich mit ihrer ganzen Existenz auf ihr gegenwärtiges eheloses Leben einzulassen, verlieren sie an Spannkraft und an Wagemut und vermindern eben dadurch ihre Heiratsaussichten. Und wenn dann die Ehe nicht kommt, dann haben sie ihr Leben lediglich mit Warten zugebracht.

Das gleiche gilt auch für viele Männer, die ihre jeweilige Tätigkeit als provisorisch betrachten. Bei solcher inneren Geisteshaltung verliert diese alles Interesse und alle Anziehungskraft. Solche Männer wechseln dann unter Umständen immer wieder ihre Tätigkeit, lassen ein Provisorium auf das andere folgen und ihre Fähigkeit, sich voll und ganz für eine Sache einzusetzen, wird immer geringer. Man kann nicht verlangen, daß sich jemand in seinem Beruf einkapseln soll. Aber es fällt mir immer wieder auf, wenn ich sehe, wie wenig Menschen sich für ihre wirkliche Berufung entschieden haben.

Oft ist ihnen diese von den Eltern eingeredet worden, die ihre eigenen Wünsche in ihren Kindern erfüllt sehen wollen. Solche Eltern werden immer gerne sagen, daß sie ihrem Sohn dazu geraten haben, weil er selber unschlüssig war. Hier treffen wir wieder auf das Problem der Unentschlossenheit und der inneren Konflikte bei den Kindern, die zu sehr von ihren Eltern abhängig sind. Andere wissen nicht einmal, was eigentlich zu ihrer Berufswahl geführt hat, die sich aus dem Zusammentreffen von Umständen ergeben hat, denen gegenüber sie sich passiv verhalten haben, ohne selber eine eigene Entscheidung zu fällen.

Es kommt auch vor, daß sich jemand klar darüber wird, daß sein Beruf nicht seinen Neigungen entspricht und daß er einsieht, daß er nicht den Mut hatte, das Risiko seiner inneren Berufung auf sich zu nehmen. Eine Wiedergeburt seines Ichs kann dann das schwere Opfer der Aufgabe seiner materiellen Sicherheit kosten. Aber so fruchtbar eine solche mit voller Überzeugung getroffene Entscheidung sein kann, und wenn sie noch so spät geschieht, so unfruchtbar ist andererseits ein provisorisches Leben, das von Stellung zu Stellung wechselt, ohne sich je voll und ganz einzusetzen.

Das schlimmste ist, weder auf das eine noch auf das andere verzichten zu wollen. Es ist besser, sich mit voller Überzeugung zu entscheiden und dabei zu irren, als nie zu einem Entschluß zu kommen.

Trotzdem – seien wir vorsichtig! Diese Theorie kann uns zu einem neuen Dilettantismus führen, nach dem es gleichgültig ist, wozu man sich entscheidet, wenn man sich nur überhaupt entscheidet. Das hieße in die Haltung André Gides zurückfallen. Vor einigen Tagen war ein Mädchen bei mir, das eben eine solche Selbstbestätigung ihren Eltern gegenüber suchte, die allzu ängstlich waren und sie unter strenger Kontrolle hielten, um sie vor den Gefahren des Lebens zu bewahren. „Jeder muß seine eigenen Erfahrungen machen", sagte sie mir. „Gewiß", gab ich zur Antwort, „aber es ist nicht gleichgültig, welche Erfahrungen man macht."

Alles einmal versuchen und unter dem Vorwand der eigenen Verantwortung irgend etwas Beliebiges wählen ist eine Entscheidung aufs Geratewohl, aber keine wirkliche und verantwortliche Entscheidung. Eine wirkliche Entscheidung steht daher notwendigerweise in Beziehung zu einer Wertordnung. Weil er jeden solchen Wert leugnet, kann Sartre sagen, daß sich der Mensch in einer beengenden und beängstigenden Ausweglosigkeit befindet: zur Entscheidung gezwungen und doch nicht imstande zu entscheiden. Bei dem, was er sagt, merkt man übrigens, daß er trotz seiner Theorien unausgesprochen doch noch bestimmte Werte anerkennt, wie zum Beispiel den inneren Zusammenhang des Denkens oder die Ehrlichkeit sich selbst gegenüber.

Es zeigt sich somit, daß uns die personale Medizin aus der objektiven Neutralität der Naturwissenschaften und dem Agnostizismus des reinen Gelehrten hinausführt. Das bedeutet nicht, daß sie notwendigerweise mit der Anerkennung der Wertmaßstäbe aus der christlichen Offenbarung verbunden ist. Auf jeden Fall aber ist sie mit einer bestimmten Wertordnung, das heißt mit einer geistigen Grundlage verbunden. Im Hintergrund jeder bindenden Entscheidung steht also eine vorangehende und grundlegende geistige Entscheidung, nämlich die Wahl des Gottes, zu dem man sich bekennt: Wer ist dein Gott? Deine Mutter, dein Vorteil, dein Instinkt, dein Vergnügen, dein Verstand, die Wissenschaft oder Christus?

Es kann nicht die Rede davon sein, daß wir unseren Patienten unsere eigene Wertordnung aufdrängen. Aber wenn wir ihnen helfen, jene grundlegende Aufgabe des Daseins, nämlich die Entscheidung, wiederzuentdecken, werden sie selbst früher oder später die Frage nach der Wertordnung stellen, und das Gespräch wird dann zu einem geistigen und religiösen Gespräch. In diesem Moment kann ich dann nicht das Gespräch abbrechen, unter dem Vorwand, daß ich weder Philosoph noch Theologe, sondern lediglich Arzt bin. Es geht also darum, daß man selber eine klare Haltung hat und die Verantwortung für seine Überzeugungen auf sich nimmt, ohne sie dabei anderen aufdrängen zu wollen.

Ich habe schon vom „Erwachsenwerden“ gesprochen, von dem in der Schule Freuds die Rede ist. Für einen nichtgläubigen Arzt kann dies zum entscheidenden Kriterium jedes Entschlusses werden. Aber es ist unbestreitbar ein Wert, etwas, das mehr ist als die bloße wissenschaftliche Feststellung einer natürlichen Tatsache. Wenn man will, kann man auch sagen, daß hier die Natur zu einem Wert, zu einem Gott erhoben wird. Ein solcher Arzt vertritt trotz seiner Theorie der Neutralität in geistigen und religiösen Dingen seinem Patienten gegenüber einen Wert. Desgleichen vertritt er einen Wert, wenn er den Kranken zur Ehrlichkeit sich selbst gegenüber oder zum Jungschen Ideal der „Ganzheit“, das heißt zum Bewußtmachen der verdrängten Lebensfunktionen und zur Übernahme der Verantwortung für das gesamte eigene Wesen führen will.

Die christliche Wertordnung bestreitet, wie ich schon mehrfach betont habe, keineswegs die Bedeutung dieser Dinge, die

die Psychologie herausgestellt hat. Sie enthält das alles, aber sie geht darüber hinaus. An sich selber die „Wiedergeburt" erfahren, von der Christus spricht (Joh. 3,5), und den „neuen Menschen anziehen", wie Paulus sagt (Eph. 4,24), heißt durchaus erwachsen werden, aber es ist noch viel mehr als das. Es bedeutet, durch das Erlösungswerk Christi den persönlichen Kontakt mit Gott und die Abhängigkeit von Gott wiederzufinden.

*

So ist die Bibel das Buch der Entscheidung. Von Anfang bis Ende stellt sie den Menschen vor die oberste Entscheidung, die alle anderen Entscheidungen des Lebens bestimmt. Angefangen von dem Gesetz Moses: „Siehe, ich lege vor dich das Leben und den Tod. Wähle das Leben!" (5. Mos. 30,19) bis hin zu Christus, der sagt: „Niemand kann zwei Herren dienen." (Luk. 16,13). In all diesen persönlichen Gesprächen, von denen die Bibel voll ist, wird der Mensch von Gottes Wort angerufen. Dadurch wird der Mensch zur Person, zu einem Wesen, das antworten muß und damit verantwortlich ist. Die Bibel betont den unerbittlichen und radikalen Charakter dieser Entscheidung, vom Alten Testament an, wo der Prophet Elias ausruft: „Wie lange hinket ihr auf beide Seiten?" (1. Kön. 18,21), bis hin zur Offenbarung Johannes': „Ich weiß deine Werke, daß du weder kalt noch warm bist. Ach, daß du kalt oder warm wärest!" (Offenb. 3,15).

Zugleich zeigt uns die Bibel, worin das wahre Leben und die wahre Freiheit bestehen. Kommen wir noch einmal auf das junge Mädchen zurück, das mir sagte, jeder müsse seine eigenen Erfahrungen machen. Sie war sofort still und sah mir klar und sauber in die Augen, als ich ihr antwortete: „Es ist nicht gleichgültig, welche Erfahrungen wir machen." Sie weiß also genau, daß es keine ausreichende Lebenshaltung ist, einfach die Autorität der Eltern abzulehnen, sondern daß es darauf ankommt, wirklich eine eigene und persönliche Haltung zum Leben zu finden. Sie fühlt sich bedrückt durch die elterliche Kontrolle, und um sich selber zu beweisen, daß sie kein Kind mehr ist, lehnt sie diese Kontrolle selbstherrlich ab. Das ist zwar ein Befreiungsakt, aber noch nicht die Freiheit selbst.

Solange die Kinder klein sind, können die Eltern sie durch feste Regeln und Vorschriften schützen. Sie können ihnen zum Beispiel verbieten, allein über die Straße zu gehen, damit sie nicht von einem Lastwagen überfahren werden. Aber eines Tages müssen die Kinder wohl oder übel alleine über die Straße gehen, wenn sie nicht Neurotiker werden und statt unter einen Lastwagen unter den Druck einer Neurose kommen wollen. An Stelle des äußeren Schutzes muß also der innere Schutz treten, der Schutz ihres eigenen Urteils und ihrer eigenen Entscheidung. Denn es gibt viele Lastwagen auf der Welt.

Übrigens ist das Mädchen außerdem noch zutiefst unzufrieden mit seinem Beruf. Sie hatte keine Lust gehabt, zu studieren, wodurch sich ihr andere Berufslaufbahnen geöffnet hätten. Statt dessen wäre sie gern auf Reisen gegangen, um ihren Horizont zu erweitern und Erfahrungen im Ausland zu sammeln. Die Eltern hinderten sie jedoch daran, aus Furcht, ihre Tochter könnte dadurch vielleicht unter schlechte Einflüsse geraten. Dazu kam noch die Sorge der Eltern um die materielle Sicherheit ihres Kindes: „Eine so gute Stelle, wie du sie hast, gibt man doch nicht auf."

Zum Ausgleich für diese innere Unzufriedenheit mit dem Leben läßt sie sich dazu verleiten, jeden Abend mit einer Schar von jungen Nichtstuern in eine Bar zu gehen. „Ich tue aber nichts Unrechtes mit ihnen", setzt sie lebhaft hinzu. Das zeigt, daß sie vor der Entscheidung zwischen Gut und Böse steht. Übrigens fügt sie gleich hinzu, daß sie keinen von diesen jungen Leuten zum Mann haben möchte. In ihren Augen sind sie alle „nur Lausbuben". „Ein Mann, für den die Frau nur ein Spielzeug bedeutet, ist nicht mein Ideal", erklärt sie.

Aber wenn sie schon für diese jungen Leute nur eine Spielerei ist, gibt sie bald zu, daß diese für sie selber auch nichts anderes sind. Durch Spielzeug wird man kein Erwachsener. Wie viele Menschen begnügen sich in ihrem Leben mit Spielzeugen, ob es sich nun um mehr oder weniger kostspielige und lehrreiche oder mehr oder weniger harmlose Spielzeuge handelt. Anstatt die Fragen zu lösen, die aus ihrer Unzufriedenheit mit dem Leben entspringen, trösten sie sich mit minderwertigen Freuden und Vergnügungen. Von hier aus gesehen erscheint zum Beispiel auch jeder Ehebruch als Kinderei. Aber auch die Ehe ist eine Wahl und seine Entscheidung, und sie wird nur dann gut, wenn man sich dabei voll und ganz einsetzt und bindet. Der Ehebruch ist eine infantile Handlungsweise, einerseits als Flucht vor der Verantwortung, die eine solche eheliche Bindung mit sich bringt, andererseits als Spiel wie mit einem Spielzeug.

Ich erfahre das oft bei einem vertraulichen Gespräch mit einem schwachen Mann. Zusammen mit seiner Frau muß er die Probleme der gegenseitigen Anpassung, die Probleme des Lebens, die finanziellen Nöte oder Fragen der Kindererziehung lösen, das heißt, er muß ein wahres Gespräch mit ihr führen. Zusammen mit seiner Geliebten wiegt er sich in der Illusion eines Gesprächs. Losgelöst von allen wesentlichen Sorgen und Problemen, die er bei ihr vergißt, findet er einen angenehmen und schmeichelhaften Trost. Er gefällt sich darin, ihr wie ein Kind seiner Mutter seine Nöte zu erzählen, er spielt ihr gegenüber das Opfer des Lebens und weckt dadurch das Mitleid und die Zärtlichkeit ihres weiblichen Herzens. Er fühlt sich verstanden, gehätschelt und getröstet, ohne sich mit Schwierigkeiten und Konflikten beschäftigen zu müssen. Und wenn es zu Konflikten kommt, kann er sich ein anderes Spielzeug suchen, wie ein Kind, das von seinen eigenen Spielsachen genug hat und das Spielzeug seines Kameraden begehrt, das ihm viel schöner erscheint.

Er bildet sich dabei ein, Entscheidungen zu treffen und seine Freiheit unter Beweis zu stellen, die er dann spontane Natürlichkeit nennt. Diese Täuschung kommt sehr oft vor. Viele Leute glauben, sie selbst zu sein, wenn sie einfach spontan handeln, das heißt, allen ihren Launen nachgeben. Der Spontaneität fehlt jedoch sowohl die Überlegung als auch das Urteil, und sie ist daher noch lange keine Entscheidung.

Vor kurzem sprach ich mit einem Ehemann über diese Dinge. Seine Frau war zu mir in Behandlung gekommen und gibt sich jetzt große Mühe, die Fehler zu überwinden, die ihr Mann ihr vorwirft, um dadurch die eheliche Eintracht wiederherzustellen. „Ich gebe zu, daß sie sich sehr geändert hat“, sagt mir jetzt ihr Gatte. „Aber es ist alles nicht ganz aufrichtig. Sie ist viel weniger spontan und natürlich und berechnet jetzt ihr Verhalten." Ich machte dem Ehemann klar, daß es zwei Stufen von Aufrichtigkeit gibt: eine natürliche Aufrichtigkeit, die in der ersten Zeit der Ehe leichtfällt, und eine zweite Art von Aufrichtigkeit, die eben darin besteht, sich aufrichtig für ein bestimmtes Verhalten zu entscheiden und um den Preis einer gewissen Anstrengung und Selbstbeherrschung diesem Verhalten treu zu bleiben.

Wir sehen, wie wichtig diese Frage der Aufrichtigkeit ist. So hat etwa jemand in seiner Kindheit traumatische Erlebnisse gehabt. Vielleicht wurde er von seiner Familie unterdrückt oder stand unter dem Zwang der sozialen Konventionen. Dabei ist er in den Zirkulus vitiosus der Schüchternheit hineingeraten. Nun wagt er nicht, sich so zu geben, wie er wirklich ist, und offen seine Gefühle zu zeigen oder auch nur sich diese Gefühle selber einzugestehen. Unsere Aufgabe ist es, ihm dazu zu verhelfen, seine natürliche und ursprüngliche Spontaneität wiederzufinden und den Firnis von seiner äußeren Rolle abzukratzen, damit er seine wahre persönliche Farbe wiedererhält. Hier geht es zunächst um eine Befreiung, damit der Strom des Lebens wieder zum Fließen kommt.

Doch dieses neugewonnene Leben stellt ihm jetzt auch neue Probleme, nämlich die persönliche Entscheidung für ein bestimmtes Verhalten und die Frage, was er mit der gewonnenen Freiheit tun soll. Die bloße Natürlichkeit genügt jetzt nicht mehr. Mit ihr allein wäre er ein Tier, aber nicht ein Mensch. Unter Berufung auf sie könnte er jeden Verrat an sich selber rechtfertigen: „Was wollen Sie, ich bin eben so. Man muß mich nehmen, wie ich bin." Was ihn zum eigentlichen Menschen macht, ist gerade ein gewisser Sieg über seine ursprüngliche Natur und seine Instinkte.

An dieser Stelle trenne ich mich von meinen Kollegen, die keine Religion haben und sich von der Entwicklung der Person eine rein naturalistische Vorstellung machen, obwohl ich ihnen, wie ich gerne anerkenne, vieles zu verdanken habe. Für mich ist die Person mehr als Natur. Sie ist eine übernatürliche geistige Macht, die der Natur befiehlt und sie nach ihrer Wahl formt. Worauf es ankommt, ist die Aufrichtigkeit einer solchen Wahl, und diese erst macht einen Menschen zur Person, selbst wenn es dadurch, wie in dem Beispiel, von dem wir gerade sprachen, zu einem Verhalten kommt, das mit den natürlichen Reaktionen nicht immer im Einklang steht.

Das junge Mädchen, das gern seine eigenen Erfahrungen machen wollte, folgt einem ursprünglichen und echten Lebensbedürfnis, wenn sie sich von der Kontrolle ihrer Eltern lösen will. Sie weiß aber auch, daß das Handeln aus bloßer Opposition noch kein freies Handeln ist. Sie weiß ebenfalls, daß man sich lediglich mit Spielsachen tröstet, wenn man einfach seinen natürlichen Antrieben nachgibt und seine Entscheidungen auf gut Glück und nach Lust und Laune trifft. Wie kann man nun frei und lebendig werden? Hier taucht ein weiteres verborgenes Hindernis auf, die „Übertragung".

Tatsächlich können dadurch die Gefühle kindlicher Abhängigkeit von den Eltern einfach auf den Arzt übertragen werden. Das Mädchen kann innerlich Arzt und Eltern einander gegenüberstellen und sich auf den Arzt stützen, um sich von den Eltern zu befreien. Es kommt jetzt zwar zu Entscheidungen, aber nicht zur Verantwortung, denn sie wird ihre eigene Verantwortung hinter der Verantwortung des Arztes verbergen. Sie wird in allen Dingen seinem Beispiel folgen, wird so handeln, wie sie glaubt, daß er es wünscht, wird seine Ideen und seine Weltanschauung oder das, was sie dafür hält, übernehmen und zur eifrigen Verfechterin seiner psychologischen Theorien werden.

Diese Übertragung ist eine ganz gewöhnliche und sinnvolle, unvermeidliche und allgemeine Erscheinung, die nicht nur in der psychotherapeutischen Beziehung zwischen Arzt und Patienten zu finden ist. Wenn ein heranwachsender Mensch sich seiner selbst bewußt wird und die Erziehungsprinzipien, die er passiv von seinen Eltern übernommen hat, in Frage stellt, dann wird ein älterer Freund, ein Lehrer, ein Pfadfinderführer oder eine historische Persönlichkeit, wie Sokrates, Mark Aurel oder Pasteur, oder ein Schriftsteller, wie Stendhal, Nietzsche oder Saint-Exupéry, eine starke Anziehungskraft auf ihn ausüben, die so weit geht, daß er genauso eine Krawatte wie Lamartine oder den gleichen Hut wie Rembrandt trägt.

So formen wir unser ganzes Leben lang äußerlich und innerlich unsere Persönlichkeit nach dem Vorbild eines anderen. Wie gesagt, können wir nicht umhin, eine bestimmte Rolle zu spielen und eine bestimmte Gestalt darzustellen, und eben in der Auswahl dieser Rolle zeigt sich auch unser eigenes Ich. Gleichzeitig sind uns aber dadurch auch Grenzen gesetzt, es kann zu einem mechanischen Verhalten kommen, unter dem das Leben erstickt und unsere Entscheidungsfreiheit eingeschränkt wird. Das geschieht dann, wenn die Übertragung zu einseitig ist und den Charakter einer engherzigen und dauernden Abhängigkeit annimmt.

Eine lehrhafte Haltung oder ein Bekehrungsversuch von seiten des Arztes kann dann beim Patienten zu einer falschen Bekehrung führen und ihn zum Anhänger der Weltanschauung machen, die der Arzt vertritt. Der Patient wird das für eine freie Entscheidung halten, obwohl es in Wirklichkeit gar keine ist. Der Arzt muß wieder in den Hintergrund zurücktreten. Die Frage ist nur, hinter wem er zurücktreten soll. Hinter einem anderen Menschen? Das würde das Problem nicht lösen. Jede Nachahmung eines Menschen begrenzt den Horizont des Patienten. Nur allein Gott ist unbegrenzt. Es gibt keine andere Lösung, als das persönliche Gespräch, das der Kranke, oft ohne es selber zu wissen, mit Gott führt, zu achten und zu unterstützen.

In der Tat wird dieser manchmal glauben, nur mit sich selber zu sprechen und allein auf seinen eigenen Verstand gestützt seine Weltanschauung und seine Verhaltensregeln herauszubilden. Er wird sich dazu vielleicht einzelne Teile bei den indischen Philosophen, bei Konfuzius, bei Platon oder bei den Stoikern, vielleicht sogar bei der Schule Freuds, beim Marxismus oder beim Existenzialismus ausleihen. Soweit er dabei echte Wahrheiten entdeckt, wird er stückweise einen Teil der göttlichen Offenbarung wiederfinden, etwa die Achtung vor dem Leben, die Liebe zum Nächsten, das Gefühl für Verantwortung, die Pflicht zur Wahrhaftigkeit. Auf diese Weise kommt er wieder zu ihr zurück, wie Ramon Rey Ardid sagt, der an den Satz Thomas von Aquins erinnert: „Jede Seele ist von Natur aus christlich." Aber statt einer lebendigen, saftigen und knospenreichen Pflanze hat er einen Strauß abgeschnittener Blumen in der Hand und läuft außerdem Gefahr, daß sich darunter ein paar gut nachgebildete künstliche Blumen befinden.

Man glaubt heute übrigens weniger als im vorigen Jahrhundert daran, daß die Vernunft die rechte Führerin der Menschheit ist. Auch die Atombombe hat hierbei mitgewirkt. Die Gelehrten, die an der Front des wissenschaftlichen Fortschritts stehen, sind selber erschreckt über die Gefahr, die er mit sich bringt. Professor Robert Moon von der Universität Chicago, einer der Kernphysiker, die an der Herstellung der Atombombe mitgewirkt haben, entschuldigte sich auf einer Versammlung der Moralischen Aufrüstung öffentlich beim japanischen Volk und erklärte, daß diese tödliche Gefahr erst dann gebannt sei, wenn wir wieder auf Gott hören würden. „In unserem Zeitalter", so fuhr er fort, „muß an erster Stelle der Heilige Geist stehen und erst an zweiter Stelle der Verstand."

Außerdem führt diese gewaltige Anstrengung, auf rationalem Wege die großen Gesetze des Lebens wiederzuentdecken, unvermeidlich zu einem starren System abstrakter moralischer Prinzipien, das, wie alle Moralsysteme, den Menschen erdrückt. Ein solches System strömt kein Leben, sondern statt dessen eisige Kälte aus. Und früher oder später entdeckt man, daß es trotz aller noch so aufrichtig gemeinten Resolutionen unmöglich ist, diesen Prinzipien wirklich treu zu bleiben. Das führt dann zur Verzweiflung oder zu einer Kompromißhaltung, wenn man nicht in der lebendigen Verbindung mit Gott eine andere Lösung findet und die Erfahrung der Gnade macht.

Die christliche Haltung besteht darin, daß die Entscheidung nicht auf Prinzipien beruht, sondern auf der Beziehung zu einer Person, zu Christus und zum lebendigen Gott. Sie gibt uns zwar alle sittlichen Prinzipien, die der Verstand entdecken kann. Aber sie macht aus uns mehr als eine Maschine zur Anwendung von Prinzipien, sie macht uns zur Person. Und sie gibt uns mehr als eine Moral, nämlich eine persönliche Beziehung, das lebendige Wasser des Lebens, das aus der Quelle selber strömt, und die wahre Freiheit.

12. Die Erneuerung des Lebens

Wohin führen uns diese Überlegungen über die menschliche Person? Sie zeigen uns eine auffallende Zusammengehörigkeit des Lebens, der Freiheit und der Person, die alle eng miteinander verbunden zu sein scheinen.

Am 1. August läuten abends in allen Städten und Dörfern meines Landes die Glocken, und auf allen Bergen und Hügeln und an allen Ufern unserer Seen werden Feuer entzündet. Diese Feuer riefen einst in der Stunde der Gefahr, wenn ein fremdes Heer ihre Freiheiten bedrohte, die Eidgenossen zum Kampf. Mein Vaterland hat einen Leib: seine Berge und Täler, seine Städte und seine Felder. Es hat eine Seele: die Freuden und Leiden seines Volkes, den Geist seiner Gelehrten und Wissenschaftler, seinen zähen Willen zur Arbeit und seine leidenschaftliche Liebe zur Freiheit.

Aber mein Vaterland ist mehr als das. Es ist eine Person. Der Rütlischwur war eine Verpflichtung „auf den Namen Gottes des Allmächtigen". Ein überzeugter Entschluß und das aus der Tiefe hervorbrechende Leben hat diese paar Hirten von ihrem erbärmlichen Dasein als Untertanen der fernen Habsburger zu einem persönlichen Dasein emporgehoben. Immer wieder in der Geschichte ist so das Leben von neuem hervorgebrochen.

Plötzlich, in einer freien und verantwortlichen Entscheidung, bestätigt sich unser Ich. Dann bricht aus uns das Leben hervor. Nach und nach versinkt es dann wieder in den automatischen Abläufen, die es selber geschaffen hat und die uns zu Gefangenen machen. Die äußere Rolle verdeckt das eigentliche Ich, das dann in einem neuen Einsatz seiner selbst wieder zum Vorschein kommt. Das Leben ist kein starrer Zustand, sondern Rhythmus,

Wechsel und stets sich wiederholende Neugeburt. Das zeigt sich schon in der Art, wie es sich erhält. Es verharrt nicht dauernd in einem unveränderlichen Organismus, sondern strömt von Generation zu Generation, von Geburt zu Geburt immer wieder von neuem hervor.

Die wahre Freiheit setzt die Befreiung von den automatischen Abläufen voraus. Frei sein heißt: wieder zu unserem Selbst zurückfinden, nicht zu dem biologischen Träger der Reflexe und unerbittlichen Mechanismen, die das Leben hemmen, sondern zum Selbst der Person. Das sind die wahrhaft fruchtbaren Augenblicke des Daseins. Ich erinnere mich an den Augenblick, in dem ich plötzlich im Alter von fünfunddreißig Jahren nach einem langen Gespräch mit meiner Frau über den Tod meiner Eltern weinen konnte, die ich in früher Jugend verloren hatte. In einer Erschütterung meines ganzen Wesens spürte ich, daß etwas in mir endgültig anders geworden war. Ich war von mir selber befreit, von meiner eigenen Fassade und von zahlreichen unbewußten psychologischen Kompensationen meiner gehemmten Gefühle.

Wie oft habe ich seitdem in meiner Sprechstunde gesehen, wie jemand etwas Ähnliches durchmachte. Er fühlte dann ein schweres Gewand von seinen Schultern gleiten, ein Gewand, das er seit Jahren herumschleppte, ohne es überhaupt noch zu wissen. Eben dieses Wiederauftauchen der Person durch das Aufreißen und Zerreißen der äußeren Hülle macht die personale Medizin aus. Immer ist es ein Riß, etwas, das weh tut wie eine Geburt. Diese äußere Hülle ist außerordentlich stark, die automatischen Abläufe halten uns fest und verstärken sich durch die dauernde Wiederholung. Wenn man jemand nachsagt, er spiele Theater oder gar er sei hysterisch, verletzt man ihn immer, denn man tut ihm unrecht. Man gibt zu verstehen, daß er sich anders verhalten könnte, wenn er nur wollte.

Eingefahrene psychologische Schemata sind etwas Schreckliches. Der Wille verzehrt sich an ihnen so wie sich Fingernägel an einer Betonmauer abschleifen. Ein „Komplex" ist etwas Unerbittliches. Und an den Festungsmauern steht als Wachtposten die Angst. Ich kenne ein junges Mädchen, bei dem sich durch schwere Verletzungen eine Schranke vor dem geschlechtlichen Leben aufgerichtet hat. Sie sehnt sich von ganzem Herzen nach Liebe und hat doch zugleich Angst vor ihr. Als ihr ein junger Mann auf einer Versammlung ein paar harmlose Komplimente machte, ertönte bei ihr sofort die Alarmglocke und löste Panik und Angst aus, so daß sie krank nach Hause gehen mußte.

Das gilt nicht nur von den Komplexen, mit denen sich die analytische Psychotherapie beschäftigt, sondern von allen Reflexen, die unsere Alltagshaltung bestimmen. Unser Verhalten ist, ohne daß wir es wissen, ständig von automatischen Gefühlsreaktionen bestimmt. Man denke zum Beispiel an die Macht der Eifersucht, die vom Willen völlig unbeeinflußbar ist und die uns meist nicht einmal bewußt ist.

Es gibt eine instinktive Eifersucht, die der Liebe so dicht und so gewiß auf den Fersen folgt wie ein Schatten. Ich muß dabei an eine Frau denken, die von ihrem Mann ausgiebigst hintergangen worden ist. Eine religiöse Bekehrung hat ihr eine wunderbare Befreiung von ihren heftigen und beschämenden Eifersuchtsszenen gebracht. Doch da stürzt sich ihr Mann in ein neues Liebesabenteuer, und ihre alten Reaktionen erwachen wieder von neuem, obwohl sie selber so enttäuscht darüber ist, daß sie an ihrem Glauben zu zweifeln beginnt.

Ich muß sie an die Macht der Natur erinnern, die den Ärzten und übrigens auch den Theologen gut genug bekannt ist, so daß Thomas von Aquin sagen konnte, daß „die Gnade die Natur nicht aufhebt“. Die Gnade schenkt uns einzelne Siege über die Natur, Durchbrüche des Lebens, die zu einer Befreiung führen. Aber die völlige Freiheit werden wir erst jenseits des Todes und der Auferstehung erfahren. Dennoch hat sich bei jener Frau etwas geändert. Das beweist schon, daß sie hier in meinen Sprechstunden ist, um ihre Eifersucht zu bekennen und im gemeinsamen Glauben eine Kraft zu finden, die ihr die Eifersucht wieder überwinden hilft.

Ein völliges und dauerndes Verschwinden der natürlichen und instinktiven Reaktionen muß uns stets eher an eine unbewußte Verdrängung als an einen Gnadenakt denken lassen. Ich sage ein dauerndes Verschwinden, denn in den ersten Augenblicken nach einer großen religiösen Erfahrung fühlen wir uns wie befreit von unserem Körper und unserer eigenen Psychologie. Aber dieser Stand der Gnade dauert nicht an, und die natürlichen Reflexe erscheinen wieder. Wenn das nicht der Fall ist, liegt eher eine Hemmung als eine Befreiung, eher eine Verdrängung als eine Aufhebung der natürlichen Reaktionen vor. Medizinisch gesprochen ist dies das wesentliche Merkmal für eine Diagnose, die zwischen der Scheinlösung der pathologischen Reaktionen und der wahren Lösung der Gnade unterscheidet.

Ich halte seit mehreren Tagen keine Sprechstunde, um mich ganz der Niederschrift dieses Kapitels widmen zu können. Ein junges Mädchen, dem ich sage, daß sie diese Woche nicht zu mir kommen kann, reagiert darauf zunächst mit heftigem Ärger. Aber schon schreibt sie mir einen freundlichen Brief, bittet mich um Verzeihung und sagt, sie wolle lieber versuchen, mir durch ihr Verhalten bei der Erfüllung meiner Aufgabe zu helfen, statt mich daran zu hindern. Ihre erste Reaktion war natürlich. Mehr als natürlich dagegen war ihr Brief, der offenbar einer inneren Umkehr entsprang.

Zur Freiheit, von der wir sprachen, kommt es also manchmal durch einen plötzlichen Durchbruch des Geistes, der uns völlig von den natürlichen Mechanismen befreit, von denen wir bis dahin bestimmt waren. Oft jedoch müssen wir uns mit der viel bescheideneren Freiheit begnügen, uns diese Mechanismen bewußtzumachen, um sie dann nachträglich zu überwinden. Auch die Vergebung ist nicht einfach ein Fehlen der natürlichen ersten Widerstands- und Abwehrreaktion, sondern eine geheimnisvolle zweite Regung, die erst nachträglich diese Reaktion überwindet und aus der Welt schafft.

Die Zensur, von der Freud sprach, die sich dem Bewußtwerden dieser tiefeingewurzelten Mechanismen widersetzt, ist außerordentlich stark. Es ist schon eine erhebliche Befreiung, wenn man dazu fähig wird, sie sich bewußtzumachen. Zugleich ist diese Befreiung eine Tür zu einer noch weitergehenden Befreiung: Solange sie unbewußt blieben, waren diese psychischen Mechanismen allmächtig. Wenn sie bewußt werden, sind sie viel weniger mächtig. Glaube und Selbstvertrauen können es dann durchaus zu einem Sieg über sie bringen.

Der Traum von einem Leben ohne jeden Komplex ist jedoch eine Utopie. Jeden Augenblick entdecken wir in uns alteingewurzelte Reflexe, von denen wir uns befreit zu haben glaubten. Im Stand der Gnade zu leben bedeutet daher keineswegs, in Watte verpackt zu sein. Wer die Gnade kennengelernt hat, kann sich gerade nicht mehr mit Kompromissen und psychologischen Kompensationen begnügen. Er fühlt sich gezwungen, den Problemen des Lebens mutig ins Auge zu sehen und ehrlich mit ihnen zu kämpfen.

So ist oft etwas, was wir an uns für ganz persönlich und charakteristisch halten, in Wirklichkeit ein ganz unpersönlicher automatischer Reflex. Wir sind ganz einfach Sklaven bestimmter Antriebe, die aus psychologischen und von der Gewohnheit verfestigten Mechanismen hervorgehen. Der eine ist Sklave seines Geizes, der andere seiner Verschwendungssucht. Beide fühlen sich dabei nicht ganz wohl. Der eine wie der andere hat das Gefühl, daß er von solch einem Antrieb bestimmt wird und damit also gar nicht frei handelt, daß er dabei nicht persönlich ist, sondern vielmehr seine eigene Person aufgibt. Das läßt sich daran sehen, daß solche Menschen dauernd das Bedürfnis haben, sich zu sichern und zu rechtfertigen. Der Geizige rechtfertigt seinen Geiz, indem er die Verschwendungssucht kritisiert und der Verschwendungssüchtige seine Verschwendungssucht, indem er gegen den Geiz spricht. Jede prinzipielle Kritik eines einzelnen Menschen oder einer bestimmten menschlichen Gemeinschaft ist ein Zeichen für Neid und Eifersucht oder irgendeinen anderen persönlichen Komplex.

Hier liegt auch der Ursprung auswegloser Ehekonflikte. Es ist so leicht, den Fehler des anderen anzuprangern. Der Verschwendungssüchtige bildet sich ein, frei zu sein, weil er nicht der Gefangene des Geizes ist, sondern die Freiheit zur Großzügigkeit besitzt. Der Geizige glaubt frei zu sein, weil er nicht der Gefangene verschwenderischer Neigungen ist, sondern die Freiheit zum Sparen hat.

Dasselbe zeigt sich natürlich auch auf allen anderen Gebieten.

Der eine ist der Gefangene seines prinzipiellen Optimismus, der andere seines prinzipiellen Pessimismus. Der eine ist ängstlich genau und gewissenhaft, ein anderer lebt in ständiger Unordnung. Der eine ist klug und vorsichtig, der andere kühn und wagemutig. Der eine hat die Gewohnheit, allen seinen Gefühlen freien Lauf zu lassen. Er betont dauernd seine Leiden, indem er sie jedem erzählt, und macht sie noch schlimmer, indem er seine eigenen Gefühle dabei übersteigert. Der eine ist immer pünktlich, der andere kommt immer zu spät. Ich warte gerade auf einen Patienten, der heute zum ersten Mal kommt und sich offenbar verspätet hat. „Vielleicht ist er ein freier Mensch", denke ich, „der sich nicht zum Sklaven der Zeit gemacht hat und, wie so viele Leute, an dauernder Zeitangst leidet. Kommt er jedoch auch zu seinen anderen Verabredungen und Terminen zu spät, dann muß ich eher annehmen, daß er nicht frei ist, und mit ihm zusammen untersuchen, warum."

Es ist keineswegs ein Zufall, wenn jemand ewig zu spät kommt. Ein solches dauerndes Zuspätkommen kann zum Beispiel ein auf kleine Einzelkundgebungen verteilter Streik, ein Protest gegen die Gegebenheiten dieser Welt oder eine Art Ablehnung der menschlichen Bedingtheiten und gesellschaftlichen Pflichten sein. Man sieht also, daß die guten und schlechten Eigenschaften, die uns auf den ersten Blick zu kennzeichnen scheinen, lediglich sekundäre Erscheinungen sind.

Wirklich persönlich zu werden bedeutet soviel, wie seine Handlungsfreiheit zu gewinnen und sich wenigstens bis zu einem gewissen Grade selbst zu entschließen, statt von automatischen Antrieben bestimmt zu werden. Es bedeutet die Fähigkeit, je nach dem einzelnen Fall und aus freier Überzeugung bald großzügig und bald sparsam sein zu können. Es bedeutet, Idealist sein zu können, ohne den Sinn für die Wirklichkeit zu verlieren, und Realist zu sein, ohne dabei seine Ideale zu verraten.

Wenn man sich auf die Willensanstrengung und die guten Vorsätze verläßt, vor allem, wenn dieser instinktive Triebe oder starke psychologische Kausalstrukturen gegenüberstehen, führt dies lediglich zum Mißerfolg und zu einer dauernden Spannung, die die persönlichen Energien untergräbt, statt sie zu beleben. Einer kleinen Schwäche, wie etwa der Unordnung gegenüber kann man damit Erfolg haben, aber nur um den Preis einer neuen Abhängigkeit, nämlich der Abhängigkeit von den eigenen Vorsätzen, die dann keinerlei Raum für eine geschmeidige Anpassung oder für die Phantasie mehr übriglassen. Man bekommt sofort Angst, sobald die Ordnung der Dinge, an die man sich klammert, von einem unvorhergesehenen Ereignis durchbrochen wird.

Damit ist nicht gesagt, daß jeder Wille und jede Anstrengung umsonst sind. Nur geht es darum, sie dort einzusetzen, wo sie Aussicht auf Erfolg haben. Ich sprach gerade mit einer meiner Patientinnen, der ich das Manuskript dieses Buches zum Lesen gegeben hatte. „Eine Geschichte hat mich besonders beeindruckt", sagte sie mir, „und zwar die Geschichte von dem alten Fräulein, das die Liebe zum Leben verloren hatte. Auch ich habe keine Freude am Leben, darüber bin ich mir völlig klar. Ich habe hier also eine falsche Haltung zum Leben, aber es hilft nichts, wenn ich versuche, mich darin zu ändern. Mir vorzunehmen, Freude am Leben zu haben – das gelingt mir nicht, wie jenem alten Fräulein." – „Wenn Sie in Ihrem Garten einen Apfelbaum haben", entgegnete ich ihr, „und der Apfelbaum keine Früchte trägt, werden Sie ihm nicht vorwerfen, eine falsche Haltung zu haben. Die Freude am Leben ist eine natürliche Frucht des Lebens. Sie werden sich auch nicht bemühen, Äpfel zu produzieren. Die müssen von selber wachsen. Dagegen werden Sie sich alle Mühe geben, Ihren Apfelbaum zu pflegen, den Boden zu düngen und die Schädlinge zu bekämpfen, mit einem Wort, ihm günstige Lebensbedingungen zu verschaffen, damit die natürlichen Säfte und der Lebensstrom wieder in Fluß kommen können."

Die wahre Befreiung hängt somit von einem solchen Emporquellen des Lebens ab. Jenes alte Fräulein hat dies erfahren: Ihre Versöhnung mit dem Leben kam ganz plötzlich und von innen heraus, während meine Patientin sich vergebliche Mühe gab, sie zu erzwingen. Dagegen können wir jedoch unseren Willen daransetzen, jenen persönlichen Kontakt mit Gott und mit dem Nächsten zu suchen, aus dem das Leben hervorbricht und die Person zum Vorschein kommt.

*

So können wir auf der Suche nach der Freiheit zwischen zwei völlig entgegengesetzten Wegen wählen: Zwischen einer gewaltsamen Selbstzucht, die lediglich die künstliche Konstruktion einer äußeren Hülle und eine gewisse Meisterschaft bei dieser Konstruktion darstellt, und dem Weg der vertrauensvollen persönlichen Begegnung. Der eine Weg bedeutet Spannung, der andere Entspannung. Der eine besteht in der Übersteigerung des eigenen Willens, der andere in der Hingabe. Der eine ist der Weg der Stoiker, der andere der Weg der modernen Psychologie.

In der Tat haben alle die verschiedenen Schulen der Psychotherapie das eine gemeinsam, daß sie eine vertrauensvolle Entspannung verlangen, fördern und für sich verwenden. Ob es sich nun, wie bei der Schule Freuds, um die freie Gedankenassoziation, oder bei den Schülern Jungs und Adlers, um das Gespräch, oder ob es sich, wie bei Desoille, um die Methode des Wachtraums handelt, bei der sich der Patient auf Grund der dargebotenen Bilder und Symbole seinen frei aufsteigenden Träumereien hingibt, immer erfolgt die Befreiung der Person durch diesen Verzicht auf die Anwendung jeglichen Zwanges sich selbst gegenüber.

Dies ist aber auch zugleich der Weg des christlichen Glaubens, der den durch Christus mit Gott versöhnten Menschen zu einer vertrauensvollen Hingabe an Gott führt. Daher können Andacht und Selbstbesinnung, vor allem, wenn sie in Gemeinschaft geschehen, und jenes Einssein im Glauben, das die Kirche ausmacht, oft zu ähnlichen seelischen Ergebnissen führen wie eine ärztliche Behandlung. Ich kann dabei jenes Hervorquellen des Lebens erfahren, durch das sich mein ganzes Wesen erneuert. Ich kann mein eigenes Ich, meine wahren und bisher zurückgehaltenen oder verdrängten Gefühle entdecken, das, was ich in Wahrheit ablehne oder gern habe, das, was ich wahrhaft wünsche und wovon ich wirklich überzeugt bin.

Und ich sehe dann, wie wenig ich im gewöhnlichen Leben ich selber war, selbst dann, wenn ich glaubte, aufrichtig zu sein, wie sehr ich eine Rolle oder einen Typ spielte, der etwas ganz anderes war als das, was ich bin. Indem ich so meine äußeren Hüllen ablege, finde ich mich selbst wieder und habe zugleich den starken Wunsch, mich so zu bewähren und zu zeigen, wie ich bin.

Bei mir befindet sich eine Patientin, die gerade an sich diese große Erfahrung macht. Mitten aus ihren Gedanken heraus stellt sie mir plötzlich die Frage: „Ich selbst sein, mich selbst bestätigen und bewähren, ist das nicht gerade das Gegenteil von dem, was das Evangelium von mir verlangt: ‚Wer mir will nachfolgen, der verleugne sich selbst?‘ (Mark. 8,34)“. Noch bevor ich antworten kann, spricht sie schon weiter. Eine Flut von Kindheitserinnerungen steigt in ihr auf. Sie hat eine Schwester, mit der sie sich in früheren Jahren oft beim Spielen herumbalgte. Jedesmal endete das Spiel auf dieselbe Weise mit dem Sieg ihrer Schwester, die sie zu Boden warf, obwohl sie gar nicht stärker war als sie selber.

Kinder haben solche Spiele, die immer wieder nach demselben Ritus ablaufen, gerade als ob ein stillschweigendes Übereinkommen schon im voraus unerbittlich das Ende bestimmte und jeder nur die ihm zugeteilte Rolle spielen dürfe: Eines Tages aber hatte meine Patientin plötzlich, ohne recht zu wissen warum, diese Konvention gebrochen, hatte von ihrer Kraft Gebrauch gemacht und die Schwester mit Leichtigkeit zu Boden geworfen. Daraufhin fing die Schwester an zu schreien, die Eltern kamen dazu, und meine Patientin wurde heftig gescholten, daß sie sich so böse gegen ihre Schwester verhalten hätte.

Jetzt wird es ihr bewußt, daß sie seit diesem Ereignis in gewisser Weise ihr eigenes Leben unterdrückt hatte, um ihre Schwester nicht in den Schatten zu stellen, so, als ob die Entfaltung der einen die Verkümmerung der anderen zur Voraussetzung gehabt hätte. So etwas kommt viel häufiger vor, als man vielleicht glauben möchte, vor allem bei vielen Ehepaaren, wo der eine Gatte ständig zurücktritt, um dem anderen, den er liebt, zur Selbstbestätigung zu verhelfen. Das Ergebnis ist meist erbärmlich, und die Ehe ist keine Ehe mehr, denn diese bedeutet die Entfaltung beider Teile in wahrer gegenseitiger Hilfe.

Das andere dagegen ist in jeder Beziehung falsch. Stellt sich der eine in christlicher Entsagung und Selbstverleugnung in den Schatten, so wird der andere zum Tyrann und hält seine Herrschsucht für Selbstentfaltung. In Wahrheit sind die Dinge oft noch komplizierter, und beide Teile versagen sich ihre Selbstentfaltung, um den anderen nicht in den Schatten zu stellen, so daß die Ehe in einer doppelten Verkümmerung verarmt.

Wenn ich mit der Schwester meiner Patientin spräche, würde diese wahrscheinlich auch entdecken, daß sie aus Rücksicht auf ihre Schwester auf ihre eigene Selbstbehauptung verzichtet hat. In vielen Familien und menschlichen Gemeinschaften scheint so einer vom anderen erdrückt zu werden, während sich in Wahrheit jeder selber unterdrückt, als ob er dadurch die Entfaltung der anderen begünstigen könnte.

Hier zeigt sich ein schweres und häufiges Mißverständnis. Sich selbst zu behaupten und nach seiner Überzeugung zu handeln heißt nicht, den anderen in den Schatten stellen, solange es mit Liebe geschieht. Es heißt vielmehr, den anderen aufzufordern, dasselbe zu tun und mit ihm in jenes echte Gespräch zu kommen, von dem wir gesprochen haben. Und sich selbst verleugnen heißt keineswegs soviel wie sich zu zwingen, eine untergeordnete Rolle zu spielen, seine eigenen Überzeugungen zu unterdrücken und ein unechtes Aushängeschild an seine Tür zu hängen. Es heißt vielmehr gerade, darauf zu verzichten, sich eine konventionelle Hülle zurechtzumachen und statt dessen den eigenen Lebensweg in die Hände Gottes zu geben, damit er uns im Gespräch mit Ihm nach seinem Plan zu uns selbst erweckt. Es heißt, die Frage nach seinem Willen zu stellen, aber dann auch den Mut haben, dazu zu stehen.

Viele Menschen haben vom Christentum eine völlig negative Vorstellung, als ob es darin bestünde, sich ständig selbst zu beschneiden und als ob Gott unsere Zerstörung statt unsere Entfaltung wollte. Würde er dann noch den Namen Vater verdienen, den ihm Christus gab? Wenn ich mich bemühe, ein zerstörtes Leben wieder aufzurichten, käpfe ich nicht gegen Gott, sondern mit ihm. Wie ein Gärtner, der mit der ganzen Sorgfalt, die ein Geschöpf Gottes verdient, um eine Pflanze herum all das Unkraut ausreißt, das sie zu ersticken droht, so versuche ich, an der Wiederherstellung des von Ihm entworfenen Lebensplanes mitzuwirken.

Gott hat der Pflanze das Leben gegeben, und er will gewiß, daß sie blüht und Früchte trägt. Spricht Christus nicht immer wieder vom Früchtetragen? Fruchtbringen heißt: wir-selber-sein, uns-selbst-behaupten und uns nach dem Plan Gottes zu entfalten.

Man kann also das christliche Leben von einer positiven, bejahenden und schöpferischen Seite sehen, die viele Christen verkennen. Ich bestreite nicht, daß man dabei auf bestimmte Dinge verzichten muß. Christus bringt das Gleichnis des Weingärtners, der die Rebe beschneidet, damit sie mehr Früchte trägt. Aber dabei handelt es sich gerade nicht darum, das Leben einzuengen, sondern vielmehr darum, alles zu tun, damit es reicher und voller hervorströmen kann.

Hierin liegt die Freiheit und die Herauslösung der Person aus den zahlreichen Fesseln der äußeren Einflüsse. Der Saft quillt von innen hervor, und das Leben steht unter der Führung Gottes. Es kommt zum Gleichgewicht zwischen der andächtigen inneren Sammlung und der Tat – der Sammlung als der Zwiesprache mit Gott und der Suche nach seiner schöpferischen Inspiration, der Tat als der mutigen und überzeugten Selbstbehauptung und der Verwirklichung der erhaltenen Eingebung. Unsere äußere Hülle und Rolle ist ein Gefängnis aus schematisch ablaufenden Verhaltensweisen und ist wie bei meiner Patientin, die ihr Leben unterdrückte, mit einem falschen Verzicht verbunden. Die Person dagegen lebt aus der freien Bindung und in der Wiederherstellung der göttlichen Ordnung.

Ich weiß, daß das keineswegs leicht ist. In diesem Buch habe ich immer wieder darauf hingewiesen, daß wir dieses Ziel nie ganz erreichen, daß unser Ich sich nie ganz von seiner äußeren Hülle löst und daß unser Gespräch mit Gott sich immer wieder verschleiert und abreißt. Aber so schwer und unvollkommen auch diese Suche nach der göttlichen Führung sein mag, sie ist der Weg zum Selbstsein, die Quelle des Lebens und der Ursprung einer neuen Lebendigkeit und Freiheit.

Nach dem Plan Gottes suchen heißt sich mit ganzem Herzen jeder Situation anpassen, sich den Problemen stellen, die sie mit sich bringt, und das hören, was Gott uns durch diese Situation sagen will.

Von Gott abhängen heißt frei von den Menschen und Dingen

und frei von sich selber sein. Es bedeutet, sich an allem freuen zu können, was er gibt, ohne davon abhängig zu werden. Es bedeutet die Fähigkeit, von Fall zu Fall Geld auszugeben oder zu sparen, zu reden oder zu schweigen, zu handeln oder auszuruhen, ernst oder fröhlich zu sein, sich zu verteidigen oder nachzugeben.

Zu mir kommt ein Künstler, der den Gipfel des Erfolgs erreicht hat. Von Jugend an hat er alle seine Energien für dieses Ziel eingesetzt und inzwischen Weltruf erlangt. „Im Beruflichen bleibt mir nichts mehr zu wünschen übrig", erklärt er mir, „mein Traum ist Wirklichkeit geworden. Dennoch komme ich zu Ihnen, denn ich fühle, daß mir etwas fehlt: Ich habe keine Freude an meinem Erfolg." Er erzählt mir dann, daß sein Vater ein schwacher Mensch war, der sich im Leben nicht durchzusetzen vermochte und durch die Konkurrenz zugrunde ging. In seiner Jugendzeit litt er sehr unter dieser unverdienten Lage, die seine ganze Familie ins Elend gebracht hatte. Damals hatte er sich vorgenommen, mit unbeugsamem Willen sich den Erfolg zu erkämpfen.

Und jetzt, wo er sein Ziel erreicht hat, ist er der Gefangene dieser Haltung; er hat keine Freude an seinem Erfolg und kann nicht mehr aufhören zu arbeiten. In seiner Ehe ist er nicht glücklich, und es ist ihm klar, daß er genauso wie von sich selbst auch von seiner Frau zuviel verlangt. „Im Grunde können Sie sich nicht loslassen, was gerade für einen Künstler sehr wichtig ist." „Ja, das ist es, ich kann mich nicht loslassen und bin immer in Spannung. Aber wo ist die Grenze zwischen einem sinnvollen Sichgehenlassen und der Trägheit? Hier hilft nur die innere Sammlung, in der uns klar wird, ob die verlorene Zeit eine berechtigte und gottgewollte Hingabe und Entspannung oder Ungehorsam und Versäumnis ist.

In der Abhängigkeit von Gott sein bedeutet, daß wir bei unserer Zeiteinteilung nach seinem Willen suchen. Theo Bovet hat hierüber ein ausgezeichnetes kleines Buch geschrieben. Um die nötige Ruhe für eine persönliche ärztliche Hilfe zu finden und die für die Meditation und das Familienleben erforderliche Zeit zu gewinnen, mußte ich mich dazu entschließen, viele Sprechstunden zu verlegen und vielen Leuten nein zu sagen, die von mir Artikel oder Vorträge haben wollten. Das ist mir sehr schwergefallen, denn ich wollte nie gern jemand enttäuschen. Aber ist mein Wunsch, anerkannt und geschätzt zu werden, nicht bloße Eigenliebe? Wenn ich jedem ja sagen würde, wäre ich nicht ein freier und persönlich handelnder Mensch, sondern der Gefangene jenes dauernden Kampfes gegen die Zeit, an dem die moderne Welt leidet.

*

Kürzlich sprach ich mit einem etwa vierzigjährigen Mann, der in aller Ehrlichkeit versucht, die Bilanz seines Lebens zu ziehen. Er hatte einen Beruf nach dem anderen ausgeübt und war – stets unzufrieden – von einem Ort zum anderen gezogen. Er hat mit mehreren verschiedenen Frauen zusammengelebt, ohne sich an eine von ihnen binden zu können. Das allgemeine Urteil lautet, er mache es sich zu leicht, er lebe sich nirgends richtig ein oder er passe eben nirgendwohin. Das stimmt, aber dieses Urteil reicht nicht ganz aus. Er erklärt mir, daß er sich immer nach dem Absoluten gesehnt habe und überall danach suche. Er bringt es nicht fertig, sich mit dem Unrecht abzufinden. Wenn ihn sein Chef oder sein Vorgesetzter ungerecht behandelt, wird er verdrießlich und mutlos und fängt an einem anderen Ort von neuem mit seiner Suche an.

Der Mann ist mir sympathisch, und ich fühle mich ihm verwandt, denn auch ich suche leidenschaftlich nach dem Absoluten. Aber das Absolute, nach dem er sucht, gibt es nur im Märchen – ohne jeden Fehler und ohne jede Unvollkommenheit, so daß man sich endgültig zufriedengeben könnte und vor jeder Enttäuschung und Beschränkung geschützt wäre. Jetzt sieht er erst, wie arm sein Leben war. Er ist den Schwierigkeiten ausgewichen, statt sich ihnen zu stellen. Immer wieder hat er das Gespräch abgebrochen, in dem sich die Persönlichkeit formt. Und statt sich zu entfalten, ist seine Persönlichkeit verkümmert. Er weiß selber nicht mehr, was er will, wird unfähig zu jeder Entscheidung und ist nicht mehr imstande, eine Verantwortung zu übernehmen. Sein Leben rinnt ihm durch die Hände.

Viele Leute sagen ihm, es gäbe kein Absolutes, und man müsse sich mit den kleinen und vorübergehenden Freuden des Lebens begnügen, um wenigstens etwas zu haben. Diese billige Philosophie befriedigt ihn nicht. Ich für meinen Teil weiß, daß es das Absolute gibt, daß man es fühlen und mit ihm in Berührung treten kann. Man kann es zwar nicht besitzen und dann sozusagen dauernd darin wohnen. Doch wenn in bestimmten Augenblicken das volle und unbegrenzte Leben hervorbricht, dann offenbart es sich, und dann können wir es auch erfahren. Das ist kein Dauerzustand, sondern eine Bewegung, eine Erschütterung und ein Auftrieb auf dem entscheidenden Höhepunkt des Kampfes mit dem Übel, den wir sowohl nach außen wie nach innen, sowohl mit unserer Umwelt wie mit unserer Innenwelt zu führen haben.

Claude Bernard definierte das Leben als einen Konflikt des Organismus mit seiner Umwelt. Gerade weil die Welt – genauso wie wir selber – bedingt, unvollkommen und unvollständig ist, bricht das Leben immer wieder mitten aus den Konflikten hervor, die sich daraus ergeben. Ein völlig zufriedener Mensch wäre verhärtet und erstarrt. Gerade durch sein Ungenügen erhält sich das Leben in ständiger Bewegung, wie auf einem Weg, dessen Ziel noch nicht erreicht ist. „Wir suchen nicht die Dinge, sondern die Suche nach den Dingen“, sagt Pascal. Das Absolute liegt in dieser Suche und Sehnsucht selbst, es findet sich nicht in den Dingen, auch nicht in den absoluten und vollkommenen Dingen, sondern es gehört in den Bereich der Person und ihrer Auflehnung angesichts der Unvollkommenheit der Dinge.

Das Leben ist kein Zustand, sondern eine Bewegung. Nirgendwo in der Natur hat es den Charakter eines festen und stabilen Höchstwertes, sondern es zeigt sich vielmehr in einem ständigen Auf und Ab einander folgender Lebenswellen. Wie wir sahen, ist Aufrichtigkeit nicht ein vollendeter Zustand, sondern eine Regung, die man gerade dann empfindet, wenn man merkt, daß man nicht aufrichtig genug war. Liebe ist gleichfalls kein Zustand, sondern auch eine Regung. Ebensowenig ist der persönliche Kontakt ein Zustand, sondern vielmehr ein flüchtiges Geschehen, zu dem man immer wieder von neuem zurückfinden muß. Die Ehe selbst ist erst recht kein Zustand, sondern ein bewegtes Geschehen und ein ständiges Abenteuer.

Genausowenig ist das geistig religiöse Leben ein Zustand. Der Glaube ist eine Bewegung zu Gott hin, eine Rückkehr zu Gott. Man spürt das gerade dann, wenn man sich eingestehen muß, daß es an dieser inneren Bewegung fehlte. Daher vergleicht Christus den Geist mit dem Wind, von dem man nicht weiß, woher er kommt und wohin er geht, mit einer Kraft, die nicht bei uns bleibt, die man nicht mit den Händen zurückhalten kann und die dennoch unseren Durst nach dem Absoluten stillt.

Auch die Person ist etwas Ungreifbares und Unvollendetes, das unser Wesen, unseren Leib und unsere Seele in Bewegung setzt und ihnen immer wieder eine neue Gestalt gibt. Die Entfaltung des Menschen ist kein Zustand und Ziel, sondern eben diese Bewegung, die sich aus der dauernden Unfertigkeit ergibt. Wenn die Entfaltung das letzte Stadium der Entwicklung wäre, dann müßte sie zugleich auch das Ende des Lebens sein. Eine vollaufgeblühte Rose beginnt bereits zu welken. Die Entfaltung der menschlichen Person ist auch nicht, wie so viele Leute meinen, eine Anhäufung von Kenntnissen und Erfahrungen, bei der wie beim Bau eines Denkmals ein Stein auf den anderen gelegt wird. Das würde zwar zu einer grandiosen Gestalt führen können, aber nicht zu einer menschlichen Person.

Die Person ruht im Sein und nicht im Haben. Sie entzieht sich jeder Messung, jedem Test und jeder Definition. Wer meint, sich zu kennen, ist auf dem besten Wege dazu, sich zu verkennen.

So können Gebrechliche, Neurotiker und Greise trotz allem, was ihr Dasein stört und beschränkt, diese persönliche Entfaltung manchmal viel stärker an sich erfahren als andere, die von lauter Leben umgeben sind.

Man verfolge den Traum einer Übersteigerung und Verherrlichung des Menschen und seiner quantitativen Entfaltung und denke an ein Leben ohne Beschränkungen und ohne Leid. Viele psychologische Schriften stiften hier Verwirrung und erwecken den Eindruck, als ob das volle Menschsein von der Lösung aller Probleme und der Befreiung von allen Hindernissen abhängen würde.

Die menschliche Person ist etwas völlig anderes als ein schöner runder und voll aufgeblasener Ballon. Sie ist etwas Unwägbares, und sie ist eine innere Erfahrung, die man sowohl als Kranker wie als Gesunder machen kann. Sie gleicht einem Samenkorn, das sich entwickelt. Was aber ist ein Weizenkorn? Damit, daß man es wiegt, daß man es mißt, daß man es einer chemischen Analyse und einer mikroskopischen Untersuchung unterzieht, hat man noch lange nicht gesagt, was es ist. Es enthält eine ganze Pflanze in sich, die man noch gar nicht sehen kann. Was ist ein Kind? Man kann es nicht sagen, ohne dabei das ganze von so viel unvorhersehbaren Dingen und Ereignissen erfüllte Leben in Betracht zu ziehen, auf das es sich vorbereitet.

Es zeigt sich, daß unser Begriff der Person etwas Offenes und nicht etwas Abgeschlossenes ist. So hat auch Bergson zwischen den offenen und den verschlossenen Menschenseelen unterschieden. Die verschlossenen Seelen sind tote Seelen, genauso wie das Absolute aus der Märchenwelt, von dem mein Besucher einmal sprach, ein totes und nicht ein lebendiges Absolutes war. Wir müssen darauf verzichten, auf die Frage: „Wer bin ich?", die ich am Anfang dieses Buches stellte, wie ein Magister oder ein Wahrsager zu antworten. Wir müssen darauf verzichten, die Person so wie ein fertig vorliegendes und genaues Inventar erkennen zu wollen. Es bleibt stets ein Geheimnis um sie bestehen, das eben dadurch zustande kommt, daß sie lebt. Wir können heute nicht sagen, in was sie ein neuer Lebensstrom vielleicht schon morgen verwandelt.

Die Person ist eine Quelle von Möglichkeiten, ein Lebensstrom, der unaufhörlich hervorbricht und sich bei jedem neuen Aufblühen des Lebens von einer anderen Seite zeigt. In solch einem schöpferischen Augenblick der Zwiesprache mit Gott oder mit einem anderen Menschen mache ich in der Tat eine doppelte Erfahrung: Ich habe zugleich das Gefühl, mich zu „entdekken" und mich zu „wandeln". Ich entdecke, daß ich anders bin, als ich zu sein glaubte, und bin von nun an anders als zuvor. Zugleich aber habe ich auch die Gewißheit, daß ich dieselbe Person bin und daß dasselbe Leben, das hier hervorbricht, schon gestern in mir verborgen war, obwohl von dem, was ich heute entdecke, noch nicht das geringste zu ahnen war.

Nie haben wir stärker das Gefühl des persönlichen Lebens und das Gefühl, wir selbst zu sein, als in dem Augenblick, wo wir über uns selbst hinauswachsen und uns von einer Kraft getragen fühlen, die nicht von uns, sondern von Gott kommt. Das Gesicht unseres ganzen Lebens wird dadurch verwandelt, und doch ist es unsere eigene und wahre Person, die in diesem Hervorströmen des Lebens an den Tag kommt. Dabei kann der Keim eines ganzen Lebenswerkes gelegt werden. Sehr bewegend schildert das der Philosoph Charles Secrétan, als er erzählt, wie er als junger Mann auf der Terrasse der Kirche von Montreux im Anblick der herrlichen Landschaft des Genfer Sees plötzlich die Gewalt und Größe der göttlichen Liebe erfuhr. Dieser eine Augenblick eines wahrhaften persönlichen Kontaktes und Gesprächs mit Gott enthielt seine ganze Philosophie der Freiheit, das heißt sein ganzes Lebenswerk in sich.

Solche Augenblicke sind keineswegs das Vorrecht einiger weniger außergewöhnlicher Denker. Sie gehören zu einem normalen Entwicklungsgang der Person. Dieser verläuft nicht gleichförmig, sondern ist immer wieder unterbrochen. Wir betreiben ihn nicht selber, sondern bereiten ihm nur den Weg und die allgemeinen Bedingungen vor. Der Entwicklungsgang vollzieht sich von selbst, so wie wir auch in der körperlichen Medizin nicht das Leben selber hervorbringen, sondern ihm lediglich günstige Bedingungen schaffen.

Mit jeder körperlichen und psychologischen Methode, die wir anwenden, können wir unseren Patienten helfen. Aber die entscheidende Hilfe, die die Person und ihre Erweckung und Entfaltung betrifft, können wir nur von Gott erwarten. Der Glaube ist dieses Warten auf das Eingreifen Gottes, in dem sich das löst, was wir nicht zu lösen vermögen.

Wochen-, ja vielleicht monatelang bemühen wir uns um einen Patienten und tappen völlig im dunkeln, und plötzlich taucht ein Licht auf, das nicht von uns stammt und das von nun an sein Leben erhellt. Das kommt daher, daß während der ganzen Zeit, in der wir uns mit dem Leib und mit der Seele unseres Patienten beschäftigt haben, begünstigt durch den persönlichen Kontakt, der zwischen uns entstand, sich im Verborgenen noch ein zweites Gespräch vollzog. Der lebendige Gott trat mit der Person in Berührung und weckte die richtungweisende Kraft, die plötzlich in einer freien und verantwortlichen Lebensentscheidung sichtbar wird.

Wir kommen noch einmal auf das Bild zurück, das uns schon oben in den Sinn kam und das wir jetzt ergänzen können: Unser Leben ist eine Partitur, die Gott komponiert hat. Die Person ist der Dirigent, der diese Partitur zum Klingen bringt, indem er das Orchester, das heißt unseren Leib und unsere Seele leitet. Der Komponist ist jedoch auch dabei, wenn die Partitur gespielt wird. Er neigt sich zum Dirigenten und spricht ihm Mut zu, er flüstert ihm ins Ohr, er gibt ihm seine Absichten zu verstehen und hilft ihm dabei, sie auszuführen.

So ist die Person sozusagen dasselbe wie der Lebensweg und das Lebensziel. Nach und nach, bei jeder bedeutenden oder auch unbedeutenden Wendung des Lebens enthüllt sie ein Stück mehr von sich. Aber bis zum Ende hin bleibt diese Enthüllung unvollendet. Zugleich bleibt sie unsichtbar, denn wir vermögen lediglich in den körperlichen und seelischen Äußerungen ihren Widerschein zu entdecken. Sie entzieht sich allen unseren Versuchen, ihrer habhaft zu werden und sie zu zergliedern. Je gelehrter man ist, desto mehr läuft man Gefahr, sie zu verkennen.

Sie ist eine geistige Wirklichkeit voller Geheimnis – geheimnisvoll an Gott und geheimnisvoll an den Mitmenschen gebunden. Wir fühlen diese Zusammengehörigkeit in den glücklichen Augenblicken, in denen ein neuer Lebensstrom aus uns hervorbricht, den tödlichen Zwang unserer erstarrten Rolle sprengt, unsere Freiheit offenbart und Raum schafft für die Liebe.